严春宝 编译

林文庆儒学文选译注

本书由海南师范大学资助出版

中国社会科学出版社

图书在版编目 (CIP) 数据

林文庆儒学文选译注/严春宝编译 . —北京：中国社会科学出版社，
2014.9

ISBN 978 - 7 - 5161 - 4755 - 9

Ⅰ.①林…　Ⅱ.①严…　Ⅲ.①林文庆（1890~1931）—儒学—
哲学思想—研究　Ⅳ.①B222.05

中国版本图书馆 CIP 数据核字（2014）第 206320 号

出　版　人	赵剑英
责任编辑	顾世宝
责任校对	韩天炜
责任印制	李寡寡

出　　　版	中国社会科学出版社
社　　　址	北京鼓楼西大街甲 158 号（邮编100720）
网　　　址	http：//www. csspw. cn
	中文域名：中国社科网　　010 - 64070619
发 行 部	010 - 84083685
门 市 部	010 - 84029450
经　　　销	新华书店及其他书店

印　　　刷	北京市大兴区新魏印刷厂
装　　　订	廊坊市广阳区广增装订厂
版　　　次	2014 年 9 月第 1 版
印　　　次	2014 年 9 月第 1 次印刷

开　　　本	710×1000　1/16
印　　　张	20
插　　　页	2
字　　　数	333 千字
定　　　价	56.00 元

杜维明先生序

林文庆：一个会说英语的儒家

多年以来，我一直很关注鲁迅与林文庆两位先生的关系，他们代表两个不同的思想方向，彼此摩擦出了思想的火花。我们面对中西文化，应该怎么样去理解，可能有什么样的期待？在现代中国的文化中，西学的分量非常重；而传统文化，正在慢慢地恢复，虽不能说是一种遥远的回响，但声音确实是相当的微弱。在这样的氛围下，传统文化被边缘化了。不仅是儒家的传统，也包括国学。在西学的背景下，我想强调的一点是，我们每个人受到西学的影响是远远超过受到传统文化的影响的。从西化背景来看国学，我们如何来理解林文庆？还有辜鸿铭？辜鸿铭的背景与林文庆有很多相似的地方。他主要在苏格兰的爱丁堡留学，而且跟卡莱尔——西方最重要的史学家之一学习，他到中国以前英文已经很熟练了。但是到了中国以后，他留辫子，成了一个保守主义的代表，与胡适、陈独秀、鲁迅等西化派形成鲜明的对比。林文庆也到英国爱丁堡大学深造，回返新加坡后，却大力提倡儒教，将儒学当作一种宗教的现象。我们想一想，他是"峇峇"①，完全是另外一个文化系统的人。但他既不是因为狭隘的民族主义，也不是因为受到英国人的欺侮，而是通过自己的文化自觉去寻找中国文化的，通过精华典籍（诸如《左传》等很难读的经典，且都是用很典雅的英文进行翻译的）去寻找中国文化，这与辜鸿铭的文化寻根很相似。

五四以后出现了一个大的潮流，一直发展到今天，这个潮流最大的影

---

① 所谓"峇峇（BaBa）"，指17世纪以来居住在马来群岛的华人移民后裔。峇峇一词多数时候是指这一特定的族群，但有时候又特指该族群中的男性，女性则称为"娘惹（Nyonyas）"。

响力当然是鲁迅，当然是陈独秀，当然是胡适。这个潮流有非常大的价值和深刻的意义。但是，从民族文化自觉的角度来看，假如我们不能把传统文化非常深刻的价值，像林文庆和辜鸿铭等所代表的，加以发展，我觉得是非常可惜的。

林文庆受英文教育，在爱丁堡大学获得医学学位，回到新加坡后积极推动儒学运动。我认为，在讨论林文庆的这些社会活动时，他的英文背景相对于儒学的华文根源，格外有意义。我和著名历史学家余英时在1982年与李光耀总理见面，被问到儒家文明到底能不能用英文讲清楚时，我们几乎同时给出了恰恰相反的答案：余英时认为不行，而我认为可以。我的逻辑是假如可以不通过希伯来文而了解《圣经》的意义，假如可以不通过梵文而了解佛教，假如可以不通过阿拉伯文而了解《古兰经》，就表示世界这三大宗教是全人类的，不仅是地域的。能不能够用英文，可以说是对儒家传统本身的考验，也与英文世界能不能够从中国文化思想的精华中得到一些参照和资源，有密切关系。林文庆在新加坡推广儒学的实践因此具有特殊的意义。

在中国文学史和教育史中，林文庆和鲁迅之间的争执众说纷纭、评价不一。实际上，从某种角度看，林文庆是一个边缘人。虽然他和鲁迅之间有些矛盾，鲁迅把他描述成英籍、土生、华人孔教徒，持非常严厉的批评态度，但从鲁迅的描述来了解他，也会一些非常了不起的价值。

首先，正因为林文庆是海外华人，他心里体现出"少数民族"的情结。我时常觉得，在中国生长的学人是很难深入了解海外华人所碰到的困境。

其次，林文庆是让我们心灵开放的他者。孔教徒在鲁迅年代的气氛里，是落伍的、保守的，甚至也可以说是反动的。但我认为，今天重新来看，林文庆是一个他者，要放在整个中国文化圈中了解这一现象。著名文化人类学家克利福德·格尔茨有一个观念，就是面对极端的他者，是我们心灵的解放。正因为我们遇到了一个他者，假如我们的心灵不是封闭的，是可以因此而开放的。林文庆这样一个现象，对我们所有从事中国文化研究的人来说，是心灵开放的一个非常重要的助力。

我认为，林文庆具有强烈的乡土根源性。因为林文庆是峇峇，他具有乡土的根源性，但又不是封闭的，可以在新加坡有安身立命的地方，也可以认同厦门，在鼓浪屿安居乐业。我相信，如果能见到他的人，一定会认为他很宽和、内心很平静，他知道他要干什么，一定有他的方向性。不像很多现代知识分子、五四以来的中国知识分子，急躁、异化、愤恨，有各种不同的情绪，有些情绪完全是不合理的。

林文庆所提倡的尊孔读经，和现在中华文化新的复兴氛围相契合。在我看来，林文庆是一个会说英语的孔教徒，或者是一个会说英语的儒家。他代表了一种非常强烈的文化自觉。他的文化自觉，和他作为英国公民的身份，是没有矛盾的。海外华人对中华文化光辉灿烂的一面有特别深刻的印象。很多中国的学者对此有误会，认为你们在国外，总是把它看得很美，却不知道这个文化在我们的土地上曾经多么"龌龊"。对此，我想提醒大家，不要忘记，在国外要了解中华文化，是要有非常强烈的文化自觉的，而没有文化自觉的人是占多数的，因此林文庆的所作所为是非常难能可贵的。

我觉得，像林文庆这样一个现象，对我们所有从事中国文化研究的人来说，是心灵开放的一个非常重要的助力。从文化交融与文明交往的角度来看，我以为，可以将林文庆视为一座连接儒家文明和基督教文明的桥梁。在这个全球化时代，在文化交往日益频繁、密切，因而各种矛盾和冲突也愈加突出的今天，我们很有必要重新解读、检视一下林文庆在百多年前对于儒学的诠释与说明。

是为序。

杜维明

编译者序

关于本书的由来

笔者于 2007 至 2009 年，在厦门大学跟随曾玲教授从事博士后研究。由于研究的对象是厦大私立时期的校长林文庆博士，故而曾经花费了相当多的时间和精力在厦大图书馆中搜集有关林文庆的文献史料，将图书馆中现存私立时期的《厦大周刊》、《厦大校刊》及各种纪念特刊中凡是涉及林文庆的内容几乎全部做了复制，以供研究之需，其中包括林文庆的大量演讲报告、开学式训词及各种场合的讲话，等等。我感到很幸运也很内疚的是：那时的厦大图书馆对于这些旧报刊资料的使用还没有加以任何限制，完全允许自助复印！这当然为我的资料搜集工作提供了极大的便利，省却了手工抄写的麻烦、节省了大量的时间；但另一方面，我也知道，任何复制活动，都或多或少地会对这些旧报刊资料造成一定的损伤。为了尽可能降低对这些旧报刊资料的伤害，我准备了无数的细小纸条，将需要复印的部分夹在中间，以避免折叠这些原本就已经相当脆弱的旧报刊。尽管如此，我相信还是不可避免地给这些旧报刊带来了一定的伤害。对此，唯有自我安慰：等将来有机会了，一定想办法将这些文献资料整理出版，以惠及更多研究者，更加充分地发挥这些珍贵资料的作用！

想不到的是，这样的机会很快就到来了。在厦门大学历史学博士后流动站度过了愉快而充实的两年研究生涯后，我不得不出站了。当时，合作导师曾玲教授很想让我留在厦大继续从事研究工作，对此我自然也是梦寐以求。为此，曾老师曾先后拜托过很多人帮忙，遗憾的是，这一切都没有结果。2009 年 3 月，完全不了解内情的我，带着自己精心设计的厚厚一大叠个人简历，信心满满也可以说是满怀希望地去北京参加一年一度的博士后人才招聘会。结果，在招聘会上转了一圈后，我就发现自己真的是很傻、很天真！我毕恭毕敬地递送出去了几十份个人简历，结果除了收到北京市海淀区旅游局打给我一个邀请参加挂职锻炼的电话（且明言：只是挂职锻炼而已，他们无能力，也无法解决实际工作问题）之外，其他的个人简历，最终都泥牛入海不知所踪了。

在北京《中国社会科学报》（当时还没改现名，仍为旧称《中国社会科学院报》）做了近两个月颇为愉快的实习编辑之后，最终还是因个人家庭等原因不得不选择了离开。5月份，我从北京撤返厦大，试图为留在厦大作最后一搏：第一次前往人文学院办公室拜访院长周宁教授！因为在京期间始得知，原来周教授跟我大哥是朋友，所以希望他能对我的工作有所关照。我至今依然能清晰记得在周教授办公室谈话的情形：周教授对我非常热心，在详细了解我的个人情况后，还进一步帮我分析了当时的形势，最后，他实事求是地说，形势很不乐观！盖因当时的厦大规定：学校引进的讲师人选年龄不能超过35岁，引进的副教授人选不能超过40岁，而当时的我，不仅没有任何职称，且即将在平淡中悄然迎来我人生中的第43个生日！虽然周教授还不肯轻言放弃希望，想再作一番努力，但我却深知其中的难处，而且因为我们彼此间谈得特别投机，虽说是初次见面，但给我的感觉却像我们是失散多年的老朋友！因此，我不想让周教授过于为难，就主动提出了放弃留在厦大的想法。之后，我们转而谈论学术研究，很自然地，话题就转到了对林文庆的研究方面。当周教授听说我在研究林文庆时，就跟我说：为了庆祝厦门大学成立90周年，厦大准备筹划出版一套大型丛书，挑选一批跟厦大密切相关的学者，为他们每个人出版一本文集。林文庆作为厦大私立16年期间的"唯一"校长，我们责无旁贷应该为其出版一本文集。我当时立刻想到的就是我在厦大图书馆中复印的林文庆的那些文章、讲话、报告，等等。在不经意间，事情就这样被确定了下来，我们还商定了编选的原则，甚至是书的规模：因为受出版经费的制约，这本设想中的文集，字数被限定在20万字左右。现在，这本书虽延宕已久，但终于得以出版面世，我以为周宁教授功不可没：如果没有当初他埋下的那颗种子，恐怕就不会有今天这本书的诞生。

之后，我在无奈中恋恋不舍地告别厦门大学，前往被称为"南方之南"、孤悬海外、自古被视为放逐之地的海南岛，在海南师范大学继续从事我的研究生涯。虽然离开了厦大，但2009年5月在厦大人文学院办公室中，我和周宁教授彼此之间的这份承诺，却一直延续了下来。我开始将收集到的林文庆以中文发表的所有著述、讲话、报告等资料，一一加以整理，然后再录入电脑中，总共得到了十余万字。仅凭这些出版一部文集，显然不够分量，于是，我又将目光重新转到了新加坡，想从林文庆的众多英文著述中寻求具有代表性的文章，以弥补文集分量上的不足。经过一番研究之后，我选取了最能代表林文庆儒学思想的 10 篇英文文章。从 1904 年开始，林文庆在他与宋旺相合作创办的《海峡华人杂志》（*The Straits Chinese Magazine*）上陆续发表了多篇论述儒家思想的文章，如《儒家的天道观》、《儒家的人性观》、《儒家的伦理基础》、《儒家的孝道观》、《儒家的祭拜仪式》、《儒家的理想》、《儒家的兄弟观》、《儒家社会中妇女的身份地位》、《儒家的婚姻观》以及《儒家的交友之道》等一系列文章，可以说是从多个方面较为详细、集中、系统地阐释了自己对于儒家的基本观点。由于《海峡华人杂志》属于稀有文献资料，所以它的收藏者——新加坡国家图书馆不允许翻阅，自然更不允许复印其原件，图书馆所能提供的服务就只有缩微胶卷以供阅读了。之后，在新加坡国家图书馆 11 楼那昏暗的缩微胶卷阅览室里，就开始了我后来始知实为"非法偷拍"的历程。由于文章太多，而我又只能利用学校假期南返回家时才能前往图书馆中查阅资料，因而没有足够的时间在缩微胶卷阅览室里进行文章的抄录，于是我就将缩微胶卷的投影一页一页地拍摄下来，然后带回家拷贝在电脑上，再对着这些照片，一个字母一个字母地将 10 篇文章逐一敲入电脑中。后来在一次"例行"的拍照过程中，不巧被图书馆一个正在巡视的马来族女职员发现了，她对我的行为显然很是不满，叽里呱啦地对着我嚷了老半天，虽然我不能完全听懂她的话，但我终于明白：原来我一直自视为光明正大的拍照行为，竟然是不合乎图书馆有关规定的，因而，我以往的所有拍照活动，实际上都属于非法的"偷拍"！虽然明知这不合规定，但为了收集更多有关林文庆的资料，我后来还是"知法犯法"，又陆续"偷拍"了好多次。我自然知道"偷拍"是一种不甚光彩的行为，但聊以自慰的是：我的"偷拍"行为只是不合乎规定而已，"偷拍"的对象毕竟不是人，尤其不是天生敏感的美女！只是近乎被人们遗忘了的林文庆著作罢了，而且也不会给缩微胶卷本身或任何人带来任何的伤害，因为我所"偷拍"的对象，实际上只是缩微胶卷经聚光灯后投射出来的"影子"而已。

就这样，在有惊无险的大费周章之后，终于将林文庆的 10 篇英文稿收齐了，补充进原有的文稿中，编成了一本 20 万字左右的《林文庆文集》。事情至此本以为已大功告成，就差交付出版社出版了，然而事情并没有这么简单。将《林文庆文集》编订完毕之后，我却从别的渠道得知，厦大并没有筹集到足够的出版经费，周宁教授原本设计的丛书出版计划自然也就泡汤了。在得知这一信息之后，为了不让周宁教授感到为难，我没有再跟他联络或以任何方式谈起出版《林文庆文集》的事。

虽然历经两年编订的《林文庆文集》未能如愿出版，但在编选《文集》的过程中，我却还是获益颇丰：我对林文庆及其儒学思想的认识更加深入，也更加全面了，而且我愈发感到，仅仅编订出版一本文集是不够的。于是，又产生了一个更新、更大胆的想法：应该编纂出版《林文庆全集》！有所想法就要有所行动，之后，我如"祥林嫂"般的逢人便说，开始了四处宣扬编纂出版《林文庆全集》的游说活动。可惜的是，"说者有心"，无奈"听者无意"，闻者大多木然没有任何反应，就算偶尔有个别人士在口头上表达了理解、支持之意，但始终不见任何具有实质性的行动，一切竟如同古巴比伦人的那座塔，一直停留于半空中。

2011 年春节期间，我回新加坡过年，偶遇南洋孔教会会长郭文龙先生，事情才开始有所改观。我与郭会长的相识，缘起于我之前撰写林文庆的传记著作《一生真伪有谁知：大学校长林文庆》一书，当时，出版社希望我尽可能多找一些关于林文庆的照片，以便增加书的可读性。我知道南洋孔教会有几张林文庆的照片，因此特意写信请朋友转交给郭会长，希望他能授权让我使用这些照片。郭会长很快就给我回信，完全同意我在书中使用这些照片。为表示感谢，我特意在该书的后记中对郭会长的慷慨授权表达了谢意。然而，很不幸的是，由于我个人莫名其妙的疏忽大意，竟然在后记的感谢词中，将郭会长的尊讳大名写错了：郭文龙变成了郭金龙！而我自己对此一直浑然不知，直到 2011 年春节期间，在初次拜会郭文龙会长并赠送书籍给他的时候，才由郭会长本人亲自给我指出了这一不可饶恕的错误。对于我的这一错误，郭会长倒是极为大度，完全不在意我把他的名字写错了，反倒是念念不忘提醒我，让我将来有机会修订再版这本书的时候，记得将书中的其他几处小错误予以改正！由于《一生真伪有谁知：大学校长林文庆》一书的再版目前来看仍遥遥无期，因此，唯有借此机会先行向郭文龙会长表达歉意！

郭文龙会长对于编纂出版《林文庆全集》这一想法，当即给予了毫无保留的全力支持，甚至还为此专门于 2011 年 11 月底前往厦门大学，与学校有关部门进行了商谈，力促由南洋孔教会与厦大合作，早日启动《林文庆全集》的编纂出版工作。在积极筹划和支持《林文庆全集》出版计划的同时，郭文龙会长也关注着我对《林文庆文集》编订的进展，并决定以南洋孔教会的名义资助这本书进一步的研究。而正是 2011 年春节期间郭会长简单的一句话，让我再次延缓了《林文庆文集》一书的出版计划。由于林文庆对于儒家思想的重要表述，很多都是以英文完成的，为了便于不谙英文的读者和研究者全面了解林文庆的儒学思想，郭会长建议：应该将林文庆有关儒家思想的论述翻译成中文！对此，我觉得非常有道理。于是，2011 年春节过后，我就着手翻译工作，在时断时续经过了整整一年的时间之后，到 2012 年春节期间，方将林文庆论述儒家思想的 10 篇文章全部翻译完毕。文章译完后，又承蒙郭文龙会长牵线搭桥，使我有幸结识新加坡国立大学英语语言交流中心高级讲师吴恩慈博士（Dr. Ng En Tzu, Mary），吴博士于百忙之中抽空审校了其中的部分篇章，对此，笔者深表谢意！除吴博士外，新加坡南洋理工大学的严寿澂教授和南洋孔教会的张静小姐，也曾分别对本书中部分章节的译文进行过校译，特表谢意！当然了，文责自负，如果读者感觉译文较好，那自然是因有了吴博士等人的生花妙笔之故；如果读者感觉译文还有进一步改进的空间，则皆由笔者翻译功力不足所致，非关吴博士等人事也。

就南洋孔教会郭文龙会长对《林文庆文集》的编译及出版诸事所提供的帮助而言，显然绝非一个简单的"谢"字可以交代清楚的。郭会长不止一次地对笔者说：林文庆是南洋孔教会和厦门大学的主要奠基者之一，作为曾经受惠于林文庆的两个组织机构，南洋孔教会和厦门大学都有责任和义务帮林文庆做一点儿事情。也就是说，郭会长之所以要支持《林文庆文集》乃至于《林文庆全集》的编纂出版工作，除了继承和发扬光大林文庆的儒学思想以有益于今人的思想进步之外，也是出于道义上的感恩之心和根植于他内心深处的一种强烈使命感。面对如此宽广的胸襟，我觉得自己作为《林文庆文集》的编译者，如果不能代表《林文庆文集》一书的所有读者和受益者向郭会长说一声"谢谢"的话，那么，作为我个人的一声谢语，显然是无足轻重的，因而，不说也罢。

以上所述，即为《林文庆文集》的编译始末，或曰该书诞生的前因后果。

关于本书的编译原则

笔者在 2009 年最初与周宁教授讨论编订《林文庆文集》的时候，并没有刻意强调林文庆的儒学思想，而是首先考虑到这本书的主要受众将是一般的国内研究者和读者，因而，文集首先收入的就是林文庆以中文发表的一系列文章和演讲报告。及至后来发现仅仅依靠这些中文文稿，并不足以形成一部有分量的文集的时候，才开始全面考虑文章的筛选范围。考虑到研究、宣扬和实践儒家思想是林文庆信守终生的事业，也是他在主政厦大期间教育厦大学子的主要理论依据，而将厦大学子培养成"止于至善"的仁人君子，更是林文庆提倡教育的终极目标。因此，最终决定将文集的编选目标集中在林文庆的儒学教育思想方面。虽然最终选入文集中的有些中文文稿，从表面上看未必与儒家思想有着十分密切的关联，但考虑到林文庆广博的学识背景和其独特的儒学思想特点，亦酌情予以收录。

至于英文译文方面，则相对简单。文集中选译了最能体现和代表林文庆儒学思想的 10 篇文章和林文庆专著《从儒家观点看世界大战》中的部分章节。文集中所收文章的编排次序，除中、英译文稿分开编排外，每一部分的文稿又是按照发表时间的先后排列的。采用这样的编排方式，主要是为了方便读者全面了解、认识林文庆儒学思想的演进脉络。

此外，鉴于林文庆本人在厦门大学期间，从不向外人谈及他个人在新加坡时原本享有的崇高社会、政治地位及其在经济领域和社会上的巨大影响力，更不会谈及他自己对厦大的重大贡献、无私付出等种种牺牲，反而时时刻刻提醒厦大的莘莘学子，不要忘记了校主陈嘉庚对于厦大的贡献，因而厦大学人一直无法完整了解林文庆放弃新加坡如日中天的事业、前往厦门大学所作出的巨大牺牲。为了让读者全面、深刻地领会林文庆为厦大所作出的无私奉献，在本书的最后，特以附录的形式收入了当年陪同林文庆前往南洋募捐的傅文楷、曾郭棠两位时人的演讲报告，这也是目前仅见的、正面叙述林文庆对厦大所作贡献和牺牲的两篇文章。

在文章的编排方面，虽然林文庆的文章中，某些词语的运用甚至是用词习惯会与今天稍有不同，但为了尽可能保持林文庆文章的原貌，除非是特别明显的错误在后面用括号予以说明外，一般不影响理解的字词等皆不予更正或说明。

至于这样的编订方式是否得当，还望读者不吝赐教，以供将来编纂《林文庆全集》的时候作参考，因为说到底，笔者编译《林文庆文集》的根本目的还是在于抛砖引玉，希望它的出版能引起更多学者的关注，以推动《林文庆全集》的编纂出版工作。

关于林文庆所代表的一种社会现象

说林文庆代表着一种社会现象，并非空穴来风，而是有依据的。林文庆曾于19世纪末20世纪初在新加坡、马来西亚领导、发动了一系列的文化教育和社会改革运动，虽然这些运动一开始主要是针对峇峇华人社会的，但后来亦逐渐地延伸到了移民华人社会中。就峇峇华人社会而言，改革的主要目的是为了使因逐渐西化兼马来化而背离华人文化传统日渐远去的峇峇华人重新回归中华文化的怀抱，因而，后人将之称为一次华人的再华化运动（Re - Sinicization）。

说起峇峇华人的再华化，林文庆肯定不是第一人，因为与林文庆同一时代、年龄比他大12岁的辜鸿铭，就是一个峇峇再华化的典型例子。但与林文庆比较起来，我们只能说辜鸿铭所代表的只是一个个案，而林文庆却代表了一种现象。其理由就在于，从现有资料来看，辜鸿铭的回归中国与中华文化，单纯只是他的个人行为，他并没有因此而影响或带动更多的人像他一样回归中华文化。林文庆则明显不同，他不仅自己彻底回归儒家传统，而且还以自己的言行直接影响、带动了身边的一大批人跟随他一起回归中华文化。其中最典型的就是出生于槟城的中国检疫、防疫事业的先驱人物、有"防疫斗士"之称的伍连德博士（Dr. Wu Lien - Teh, 1879—1960），出生于印尼、享有"复旦大学的保姆"称号、被陈望道誉为"复旦传统的象征"的复旦大学校长李登辉博士（Dr. Lee Teng - Hui, 1873—1947），以及出生于马六甲、曾担任袁世凯翻译和总统图书馆馆长的孔天增（Kung Tien - Cheng, 1879—1915），他们都是在林文庆的直接影响下回归中国和中华文化的。三人当中，除孔天增因英年早逝对中国影响甚微之外，伍连德博士和李登辉博士都长期在中国服务，他们分别对中国的医学和大学教育事业作出了巨大的贡献。

由林文庆而发酵、引发的这一连串华人再华化现象，在当时就引起了新加坡英文报章《海峡时报》的不满和批评，甚至有人因此而质疑女皇奖学金是否还有继续存在下去的必要。因为由海峡殖民地提供奖学金培养出来的社会精英，不是留在殖民地为当地政府和人民服务，而是在林文庆的影响和带动下，一个个跑到中国去为他们的祖国服务、作贡献去了。为此，作为林文庆好友的陈嘉庚还特意出面替他辩护，说林文庆回归中国并为中国服务的本意，是"不敢违背本坡政府官费生之主义，尽政府培养优秀分子，莫非希望他日成才，为大规模之救人且无界限地方种族"①。

主要是由林文庆在新加坡、马来西亚乃至于整个南洋地区所发起的一系列社会改革运动，为当时已经日渐成形的海外华人民族主义的出现奠定了进一步发展的基础。可以毫不夸张地说，如果没有这些早期的社会改革运动作为铺垫，海外华人民族主义在 20 世纪三四十年代的出现和高涨，就几乎是一件不可能的事情。而毫无疑问，林文庆正是点燃海外华人民族主义这把熊熊火炬的最重要的先驱人物之一：当"中国的民族主义横掠整个的海峡殖民地，而他（林文庆）就是第一个起来响应的人"②。

就此而言，如果我们说林文庆所代表的这样一种社会现象，是近现代海外华人民族主义崛起的一个前奏，应该不算是过分。

关于林文庆研究的现状

在《林文庆文集》的开篇中讨论和叙述林文庆研究的现状，这从表面上看起来似乎是一件不怎么合乎时宜的事情，但也并非全然多余。笔者于 2010 年出版了海内外第一部全面介绍新加坡土生华人、厦门大学私立时期校长林文庆博士生平的大型学术性传记著作《一生真伪有谁知：大学校长林文庆》（福建教育出版社 2010 年版）。该书自出版以来已引起海内外学术界及众多新闻媒体的高度关注：除入选《中华读书报》"2010 年度图书之 100 佳"外，还受到了新加坡广播电台（新传媒属下 958 城市频道，2011 年 7 月 26、30 日）和凤凰卫视中文台（2012 年 5 月 22、23日）的推荐。由此可见，林文庆的传奇一生和其非凡事迹，即使是在今天，也还是很有感染力的。伴随着该书在社会上的影响持续扩大，使一些

---

① 《陈嘉庚先生在中华俱乐部欢迎林文庆先生之演说词（一）》，新加坡《南洋商报》1926 年 2 月 1 日。

② 《林文庆传》，该小册子除封面下署"林文庆博士诞生百年纪念刊"字样外，无其他出版信息，第 47 页。

学者逐渐产生了想进一步了解、认识乃至研究林文庆的兴趣。拙作出版后，就曾有"朋友""善意"地提醒：为何在该书中没有出现关于林文庆研究现状的说明？这样做是否有些不太合乎"学术规范"的要求？显而易见，由于不同的人对于"学术规范"有着不尽完全相同的理解，故而产生了误解和歧见。事实上，按照本人对于"学术规范"的理解，作为学术性传记著作，当然是以人立传，所有传主的生平事迹、一举一动乃至于传主的喜怒哀乐，才是应该重点记录和叙述的核心成分，而有关传主的所有资料、研究者的观点、看法及研究成果等，都只是撰写传记时必需的辅助材料和依据。传记作者虽然对众多甚至有些杂乱无章的文献史料享有选择权，但在撰写的过程中，必须以"述而不作"作为最高原则。唯有这样，才有可能向读者完整地呈现出传主那有血有肉、活生生的丰满形象。笔者以为，这应该也是撰写学术性传记著作时大家都要遵循的一般性原则。因此，为了尽可能在学术的严肃性和人物传记的趣味性之间取得平衡，笔者在撰写《一生真伪有谁知：大学校长林文庆》时，尽可能地舍弃了与林文庆生平事迹关系不大或无关紧要的一些内容。如此一来，关于林文庆研究现状的说明毫无疑问就是多余的了：试想一下，如果在阅读林文庆的生平事迹之前，先要读者花费相当的气力去了解当下学术界关于林文庆研究的观点或者争议，岂不是大有喧宾夺主之嫌？甚至成为一桩大怪事？一般读者之所以选择阅读林文庆的传记，相信是为林文庆博士那富有传奇性的曲折人生所吸引，而并非对学者们研究林文庆的那些枯燥的学术争论感兴趣：这个世界上，并非人人都可以或愿意成为专家、教授！当然了，如果有人因阅读了林文庆的传记进而产生想要研究林文庆的欲望，那么，接下来应该阅读和研究的，自然就是眼下这本资料性的《林文庆文集》或设想中的《林文庆全集》了。

现在呈现在大家面前的这本《林文庆文集》，作为一本资料性的史料汇编，主要是为有兴趣进一步研究林文庆的学者们服务的，为了让有意加入到林文庆研究行列中的学者全面了解和把握林文庆研究的前沿问题，以便尽快进入研究状态，笔者觉得很有必要对林文庆研究的现状作一个概括性的说明。

由于受历史、政治等多方面因素的制约，长期以来，在国内学术界基本上不存在针对林文庆的学术层面上的研究，有关林文庆的学术研究，主要来自海外，而且集中于新加坡。在新加坡，林文庆作为一个时代的东南亚闻人，关于他的文章真的不算少，但早期的那些文章，大都是一些简短的人物传记或回忆性的纪念文章，基本上没有展开学术性的探讨。对于林文庆研究较具有学术价值的文章首推陈育崧的《林文庆论》一文（新加坡《南洋学报》第 19 卷第 1、2 辑合辑，1965 年）。海外华人史家颜清湟在其专著中亦曾涉及对林文庆的研究（《1899—1911 年新加坡和马来亚的孔教复兴运动》，《海外华人史研究》，新加坡亚洲研究学会，1992 年）。此外，叶钟铃（《鲁迅和林文庆在厦大的一场冲突》，新加坡《人文与社会科学论文集》1984 年第 4 期；《林文庆、邱菽园与华人好学会（1896—1905）》，新加坡《亚洲文化》2003 年第 27 期；《林文庆是一位反基督教分子？——1896 年英华学校传教事件的探讨》，新加坡《亚洲文化》2007 年第 31 期）和毕观华（《林文庆》，《怡和轩俱乐部九十周年纪念特刊（1895—1985）》，新加坡大水牛出版机构，1985 年）也先后对林文庆进行了初步的研究。至于对林文庆生平展开较为系统研究的著作则当推《林文庆传》这本小册子，该书署名为"林文庆博士诞生百年纪念刊"，除此之外并无更多出版信息，但据林文庆研究专家李元瑾博士考证，该书实际上系新加坡前马来亚大学 Khor，Eng Hee 未发表学位论文的中文译本（Khor，Eng Hee：*The public life of Dr. Lim Boon Keng*，Singapore：University of Malaya，1958）。

真正对林文庆展开学术层面上的探讨研究、对林文庆研究贡献最大、最突出的专家，则非新加坡南洋理工大学副教授李元瑾博士莫属。李博士对林文庆的研究，最早可以上溯至 20 世纪 70 年代，她还在南洋大学求学期间，就开始了对林文庆的研究。1971 年，李博士完成了她的荣誉学士论文《林文庆与邱菽园：马来亚华族社会的两个改良主义者》；1974 年，李博士又完成了她的硕士学位论文《林文庆的思想：中西文化的汇流与矛盾》（新加坡亚洲研究会，1991 年正式出版）。1998 年，李博士进一步完成了她的博士学位论文《东西文化的撞击与新华知识分子的三种回应：邱菽园、林文庆、宋旺相的比较研究》（新加坡南洋理工大学中华语言文化中心，2001 年正式出版），以较为宽广的视角，对林文庆展开了比较性研究。除上述外，李博士还先后撰写、发表了数篇直接、间接涉及林文庆的重要论文，如《林文庆的儒家思想》（《亚洲文化》1987 年第 10 期）、《新加坡海峡华人知识分子的女权与女学思想》（新加坡"东南亚华人文化、经济与社会国际学术研讨会"会议论文，1994 年）、《林文庆走向厦门大学：一个新加坡海峡华人的寻根之路》（新加坡《南洋学报》1998年第52卷）、《新马儒教运动（1894—1911）的现代意义：以1980年代新加坡儒学运动验证之》（载李元瑾主编《南大学人》，新加坡南洋理工大学中华语言文化中心，2001年）以及《林文庆：中华文化复兴者与现代教育家》（载何国忠主编《承袭与抉择：马来西亚华人历史与人物文化篇》，马来西亚华社研究中心，2003年），等等。李博士的最新成就，是编纂了《东西穿梭　南北往返：林文庆的厦大情缘》一书（南洋理工大学中华语言文化研究中心、八方文化创作室联合出版，2009年），书中收入了杜维明教授、梁元生教授、何国忠博士、颜清湟教授等人以及李博士本人研究林文庆的最新研究成果。

　　李博士的上述研究成果，不仅在学术界带来了广泛、深远的影响，而且真正从学术层面上揭开了研究林文庆的序幕。更为难能可贵的是，李元瑾博士对林文庆的研究，并没有仅仅停留和局限于纯学术层面上的探讨，而是能以历史学家的良知，勇于"为林文庆向历史讨公道"。当李博士最初于1995年5月访问厦门大学时，因在厦大"宽敞的校园里，找不到一砖一瓦可以凭吊林文庆"、"校园内不见任何纪念文物，哪怕仅仅一张墙角照片或一间斗室"而心绪惆怅、感慨万千。李博士回到新加坡后，即以历史学家的使命感奋笔疾书，写下了万字长文《为林文庆向历史讨公道》，投书《联合早报》。7月间，《联合早报》在"根"版上以连续三个星期日，图文并茂地整版刊出了李博士的长文，分别从林文庆选择出掌厦大校长的原因、离开新加坡前往厦大后林文庆个人的付出与牺牲，以及陈嘉庚对他的评价、林文庆与鲁迅之间的矛盾、日本占领新加坡期间林文庆被迫出任"华侨协会"会长的由来和作为、新加坡人对此事的看法等各个方面系统地阐述了林文庆对厦大的贡献、林文庆的思想及人格，等等。① 李元瑾博士的这一系列工作，对于最终改变厦门大学校方原本对林文庆所持的冷漠态度和重新认识、评价林文庆对于厦大的贡献，可谓是至关重要。在李博士的一再努力下，厦大最终于2005年为林文庆修建了文庆亭，其后，又于2008年在文庆亭的左侧竖立起了林文庆的雕像。

　　林文庆作为厦门大学私立时期"唯一"的"创校"校长，其身影曾

---

　　① 有关详情，参见李元瑾编著《东西穿梭 南北往返：林文庆的厦大情缘》，南洋理工大学中华语言文化中心、八方文化创作室联合出版，2009年。

一度被厦大逐出校园长达半个多世纪之久，而林文庆之所以能重新回到校园中，可说正是因为有了李元瑾博士的一路相伴。显而易见，李博士对于林文庆的研究，早已远远地超出了一般历史学家的职责。笔者相信，当后人再次垂悼于文庆亭下、默哀于林文庆雕像前的时候，也不应该遗忘了李博士与这一段历史的特殊关系。就此而言，笔者以为，李元瑾博士对于林文庆的研究，完全可以说是一种里程碑式的贡献，对于任何将要研究林文庆的学者而言，李元瑾博士和她的研究成果都将是一座无法绕过的"大山"。

在林文庆的研究方面，笔者近年来亦作出了一点儿小小的贡献，如于2010 年出版了林文庆的传记《一生真伪有谁知：大学校长林文庆》，鉴于前面已对该书有所说明，故在此不再赘述。除《一生真伪有谁知：大学校长林文庆》一书外，笔者还先后发表了数篇研究林文庆的文章，如《我们能为林文庆做点什么?》（《联合早报》2007 年 2 月 2 日）、《历史是死的 思想是活的——再论林文庆对儒家思想的贡献》（《联合早报》2007 年 2 月 27 日）、《在想象中被人为夸大了的思想冲突——剖析鲁迅在厦门大学期间和校长林文庆之间的"矛盾"》（《河南师范大学学报》（哲学社会科学版）2010 年第 1 期）、《海外华人林文庆与中国近代史》（《中国社会科学报》2011 年 1 月 6 日）、《被误读和夸大了的"伪命题"——从鲁迅书简看他与林文庆之间的"矛盾"》（马来亚大学《汉学研究》学刊第二卷 2011 年 10 月）、《辜鸿铭与林文庆》（《中国社会科学报》2011 年 11 月 22 日）、《新加坡华侨华人与辛亥革命》（《中国社会科学报》2012 年 2 月 8 日）、《林文庆儒学思想研究》（《哲学动态》2012 年第 11 期）以及《林文庆与孙中山及辛亥革命》（《河北学刊》2012 年第 6 期）等。

除上述外，笔者所见，国内最新出版的一本关于林文庆研究方面的专著是厦门大学张亚群教授的《自强不息 止于至善——厦门大学校长林文庆》（山东教育出版社 2012 年版）。该书重点对林文庆主掌厦大期间的办学理念、行为举措及教育成就和历史地位等作了较为系统的探讨研究。此外，林坚的《芙蓉湖畔忆"三林"——林文庆、林语堂、林惠祥的厦大岁月》（厦门大学出版社 2011 年版）一书，对林文庆亦颇多叙述，可供林文庆的研究者参考。朱水涌的《厦大往事》（厦门大学出版社 2011 年版）中也用了相当多的笔墨来记录林文庆的事迹。至于国内不同时期学者们叙述、研究林文庆的单篇论文不能说很少，但因受制于各个不同历史时期客观条件的制约，这些文章对于林文庆的研究来说，并不具有很高的学术价值，笔者所见较有价值的论文主要有李珊的《义和团时期西方特别的华人声音——林文庆〈中国内部之危机〉一书论析》（《福建论坛》2009 年第 8 期）。

在林文庆研究方面，除上述学者们的学术研究活动外，还有一件与之相关但并非纯学术方面的事情，那就是为了纪念林文庆逝世 50 周年，新加坡官方曾于 2007 年开展了为期三个月的一系列纪念活动，其中就包括了在国家图书馆举办长达近两个月的"林文庆的生平事迹展览"，新加坡国家图书馆还为此专门出版了两本中英文的小册子：《林文庆：生平回顾（1869—1957）纪念书》及 Lim Boon Keng: a life to remember（1869—1957）（新加坡国家图书馆，2007 年）。林文庆作为在新加坡历史上享有"圣人"美誉的杰出先贤人物，无论新加坡以怎样的方式来纪念他，笔者都不认为这是一件过分或奇怪的事情，相反的，对于这么多年以来，在林文庆的出生地——新加坡，竟然主要只有李元瑾博士一个人在孤军奋战式地从事着有关林文庆事迹的研究，笔者倒是觉得太让人感到不可思议：自林文庆于 1957 年逝世至今，在长达半个多世纪的时间里，新加坡的学者几乎是以不约而同的方式集体缺失了对林文庆的研究！个中原因，似乎颇值得玩味：是日益西化的新加坡不再需要中西文化贯通的林文庆了，还是新加坡的学者们有更为重要的其他研究课题需要优先进行？

笔者近年来之所以致力于编纂、研究、翻译林文庆的著述，包括呼吁编纂出版《林文庆全集》，其目的都是为了扩大学术界对林文庆的研究。由于林文庆的大量著述多以英文撰写而成，而且其著述大都沉睡在新加坡和厦门大学的图书馆里，这无形之中严重抑制和阻碍了学术界对林文庆研究的热情。为了让更多的学者能加入到研究林文庆的队伍中来，尤其是吸引国内学术界关注并参与到对林文庆的研究中，笔者觉得尽快编纂出版《林文庆全集》就显得尤为迫切了。

接下来需要关注的问题

前面已经提到，在过去很长的一段时间内，由于多种复杂的原因导致林文庆一度被他亲手缔造的大学无情地抛弃了。林文庆被厦门大学逐出了校园，其实这还只是悲剧的开始，因为接下来自然而然地，林文庆又依次遭遇到了中国历史、中国哲学史乃至儒学史的无情抛弃。林文庆曾经穷毕生之精力研究、宣扬、坚守并践行儒家的思想和原则，然而，颇具讽刺意味的是：国内学术界专研儒学史、中国哲学史的学者竟然绝大多数都未曾听说过林文庆其人其事，反倒是研究鲁迅的学者，都或多或少曾听过林文庆的尊姓大名！

如前所述，为林文庆在厦门大学平反、让林文庆重返厦大校园乃至恢复林文庆在厦大的历史地位等目标，这一工作在新加坡南洋理工大学李元瑾博士的不懈努力下，现在也已部分完成或基本上实现了。之所以这么说，是因为笔者一直有一种很强烈的感觉：直到今天，厦大在直面林文庆时，似乎仍然有些心不甘、情不愿。尽管厦大的确为林文庆建了亭子，也立了雕像，就此而言，说林文庆重返厦大尚勉强可以，但如果因此就断言"林文庆魂归厦大"，似乎有些言过其实。关于这一点，只要看一看纪念林文庆的碑亭位置之所在，即便是一个思维反应迟钝的人，恐怕都能从中得到一丝联想；就算是一个再无心的人，恐怕都要怀疑厦大纪念林文庆的诚意所在了。纪念林文庆的亭子，说得好听一点儿，是坐落于一片池塘或湖面的前边，说得直白或难听一点儿，它实际上是被隐藏在图书馆的屁股上（林文庆亭、像每时每刻都需要直面的方向，正是厦大图书馆的厕所之所在）。如果不是有心人，且不说到访厦大的访客很难发现和找到文庆亭，就算是一般的厦大学子，实际上也有很多人并不知道文庆亭的确切位置之所在。我们虽不敢期盼林文庆能得到跟陈嘉庚、跟鲁迅并驾齐驱的同等待遇，但面对隐蔽如此严密的纪念方式，倘使林文庆真的在天有"灵"，其灵魂又该"魂归何处"？我们只能说，厦大对林文庆的纪念，似有实无！

笔者以为，作为一个被长期扭曲、误解了的历史人物，如果林文庆真的需要"平反"的话，那么这种"平反"起码应该包含两步或两个层次。其一，最基本的要求，当然是厦大为林文庆"平反"、彻底公正地恢复林文庆在厦大历史上的地位，这一步现在算是已经走过，虽然厦大做得还有些勉强；其二，恢复林文庆在儒学史、中国哲学史乃至中国历史上的地位。林文庆本是一个接受西式教育的峇峇，纯然接受英文教育，但他却最终选择了回归中华文化的怀抱，穷其一生研究、宣扬和坚守儒家的教义，被誉为"真正的儒者"（郁达夫语）。在儒家备受践踏、饱受非议的那个时代，林文庆却试图恢复儒家应有的尊严，可说为儒家文化的延续与发展作出了巨大的贡献。但颇具悲剧意味的是，儒家文化最终却冷酷无情地抛弃了他！

因此，笔者以为，为林文庆"平反"或正名，不只是还他历史清白和公道的问题，还应包括将他所倡导的儒学思想发扬光大。如果能将林文庆的儒学思想正式写入儒学史中，必将会有更多的人了解其思想。要真正恢复林文庆在中国历史上的地位或为林文庆彻底平反，接下来更为重要的一步就是：恢复林文庆在儒学史、思想史上应有的地位！假如真能走到这一步，那么，这反过来对于改善今日厦大面对林文庆时仍多少存在的扭扭捏捏、羞羞答答的态度，必定大有帮助。

最后，笔者想在此作一个大胆的假设：假使有朝一日林文庆成了中国哲学史、儒学史上的名人，能跻身堂堂文化界名人的行列，那么，在功利主义至上已然成为今日中国大学的普遍追求甚至是最高原则的情况下，相信厦大绝不会再以当前这种"犹抱琵琶半遮面"式的态度对林文庆，它必定会以毫无保留的态度，张开热情的双手、热烈欢迎林文庆这位老校长的真正回归！理由很简单：既然自家原本就有足以让厦大感到自豪兼且自傲的文化名人——一个为厦大俯首甘当十六年孺子牛的老人家，那么，又何必非要一相情愿地硬拿自己的热脸去贴伟大的鲁迅先生的冷屁屁呢？又何必非要牵强附会地去拥抱只在厦大待了短短一百余天（不足三分之一年也！）即已感到度日如年、如坐针毡且一直对厦大横眉相向、曾把厦大骂得狗血淋头，但对全人类来说却是伟人的鲁迅先生的大腿而苦苦不肯放手呢？

目　　录

第一部分　中文文稿

第三部分　附录

第一部分　中文文稿

募创本坡女学堂缘起[*]

林文庆曰：不佞不揣谫陋，思贡一得之愚，冀为南洋我同胞诸华族筹一积福裕后之谟，宜莫若共兴女学堂为急务矣。不佞尝获阅敝友邱菽园[①]所著笔记有云：

> 星嘉坡受廛而为民者，区其数而十之，则华人实占十之九焉。九之中，凡虽为流寓者七、本籍者二，然本籍实前日之流寓，流寓又他日之本籍也。间有六七传而乡音冠履尽改旧制者，问其先，固自麻

---

　* 本文系林文庆为筹建新加坡华人女子学校（Singapore Chinese Grils' School）而发起的倡议书，发表于 1899 年 4 月 18 日的新加坡《天南新报》。1899 年 4 月，林文庆与宋旺相等人组织了筹办"新加坡华人女子学校"临时委员会，林文庆担任该委员会的秘书，负起了创校的大部分责任。他们总共筹到了六千元的捐款，其中三千元是由林文庆好友邱菽园捐赠的，建设校舍的土地则由林文庆提供。学校于同年 7 月开课，首批注册学生仅有七人。学校开办之后，不仅时常面对财政上的困难，在顽固保守思想的禁锢下，学校也一直面临生源缺乏的问题。为打消家长们顾虑，学校甚至安排马车接送学生上下学，但家长们仍不愿意送女儿去学校读书，甚至每年都有一些学习优异的学生迫于保守家长的压力而退学。尽管如此，林文庆始终坚持不懈，自创校后一直担任学校董事会主席，坚持为女校服务二十余年，直到他离开新加坡前往厦门担任厦门大学校长，才算是暂时地告别了女校。林文庆夫人黄端琼女士也积极参与学校的教学活动，负责教授中国语文。新加坡华人女子学校为了感谢和纪念林文庆为该校所作出的杰出贡献，特将学校图书馆命名为"文庆图书馆"。

　① 邱菽园（1874—1941），福建海澄（今厦门海沧）人，名炜菱，别号啸虹生、星洲寓公等，光绪年间举人。嗜好写诗，有"南国（侨）诗宗"之美誉，著有诗集《邱菽园居士诗集》和《啸虹生诗钞》以及笔记体著作《菽园赘谈》、《五百石洞天挥麈》等。邱氏是新加坡史上前无古人、后无来者的唯一一位举人，曾积极支持康有为领导的维新运动，参与"公车上书"，并于 1898 年创办《天南新报》（林文庆受邀担任英文总校），鼓吹保皇思想；他甚至捐献巨款予康有为，以支持唐才常在武汉发起勤王的武装起义，是当时一位非常有名的海外维新志士，日本史学家田野枯次甚至将他与康有为、孙中山并列为清末三大革命家。邱氏虽继承百万家产，然不善经营，且为人仗义疏财，挥霍无度，结果不足十年即告破产。林文庆自英国留学东返新加坡之后不久，即与邱菽园结为知己，然后一同办报办学，共同发起并领导了影响深远的新马孔教复兴运动。

（马）六甲来云。英属近称三洲府，曰星嘉坡、麻六甲、槟榔屿，星、槟二岛，皆孤峙海中，独麻埠与中国云南大地毗连壤土尤广，故垦荒为久。我华国初沿海居民，谋食南洋者，虽取海道，星、槟未开，咸以麻为归宿。其时海禁严，犯无赦，既壮游而作子身外出之计，明知故乡永弃，亦复无可如何，求偶于斯，滋族于斯，华巫通偶，由来久矣。亦越道、咸、同、光，先因欧、美数强国之请，姑准通商，继得使臣薛福成之奏，始宽出洋。相距禁令盖二百余年。此二百余年中，由内地而出洋，而流寓、而土著、而隶籍、而安居，上鲜家学师承，下囿故乡俗见，朝不闻汉京明诏，野不见夫子宫墙，是故，不通巫言无以浃岛上戚里之欢。即思显荣，只安下泽款段之素，求能自拔于二百余年中，如东亚、西欧所谓杰人伟士者盖寡。其尤失初着者，又在妇女之妆饰、俗尚、语言、仪节，尽从巫夷。其于我华犹有一丝之似，不过佞佛媚神诸小端耳。尝从故老询华人初来事，始悉多属吾闽漳泉乡人，其从麻埠求妇也男俾从父，女俾从母，由麻埠以迄星、槟、爪亚、乌肚、暹罗、吕宋各岛，一遵麻六甲老例，罔敢或越云云。余既因流溯委，意当日流寓诸君，必多拘于乡俗，重男轻女，有以致是，而不知日后改归西人保护，有男女平权之利益也。且男子日逐什一，阃内一秉诸妇，古人胎教姆教，何等严重？此而忽之，其子幼与母习，天性少成，与母亲即与父疏，不必问其长嬬室人，更多习染已？且今日之人子，即他日之人父，久而久之，女与父殊，自与母习，移华而巫，尽变种质，理有固然，势成难挽。试思自华人流寓至今，生养休息，不知几何，为问某也女，某也妇，某也母，能通华文或西文之意理者乎？无有也，安在而能善其后也？今欲匡政之，数百年之妆饰、语言、习尚、仪节，实难猝移，亦不得尽人而移，况在妇女辈为尤甚，则莫若先兴女学。目下沪上有创设女学堂之举，效西国教法，浅而易入，教中国文字，切而可行，无事穷四库之精微，惟在识三从之大义，易于男学，传者女师。即在沪上延聘数人来岛，使之聚学一堂，其潜移默化，必有可观。星洲诸君如有意乎？余敢左袒以示。

菽园之言如此，夫亦思之深而虑之长哉！微特不佞闻之而兴，亟愿引为同心，伏想诸公俱有积福之心，裕后之谟者，应亦无不闻而首肯矣。

或顾难曰：《易》道先乾而后坤，人道首家而后室，本坡学堂之宜办者，孰为大学？孰为小学？孰为政学？孰为艺学？孰为西学？孰为中学？亦孔多矣。今子均弗务，而猥于女学堂是亟，毋亦先其所后，而后过其首乎？不知男子各学，其规模粗具者，已见于诸家前设之学堂，何烦旁观之拟议？而章程大备者，必赖夫各埠分途之集款，更非仓卒可经营。不佞此举，意欲补前人之未足，且便为大学之发喤，集款不多，即能举事，学堂试办，借以呈功绩，虽邻子就易舍难，理不外乎因小生大，故力任而不辞也。

或又难曰：女子无才是福，华俗扶阳抑阴。则又不然。孔子，我众人之宗也，其筮《易》至离，于卦为中女，乃系之以文明；他日至兑，于卦为少女，复系之以讲习。《诗经》独详师氏三百，多女子之章；《礼记》明列妇言，四德为闺门之范。三迁有孟母，斯教子以成名；三家有敬姜，则世禄能由礼。凡兹往训，畴敢或违？古义虽湮，今时宜复。吾人舍孔子六经之说不从，而惟乡曲小夫之言是梗，岂不昧欤？况乎人种强弱之原，童孩智愚之故，家门戾顺之道，风俗贞淫之端，胥于彼妇之一身判之！谁无爱女？谁无佳妇？苟习礼而明诗，申礼防以自持，夫亦极人生之美遇乎？师之师之，学之学之，又乌容已。不佞今敢正告我同胞华族之在本坡者曰：女学堂之设，凡以为女孩计，即以为本坡之人士计，并以为本坡人士之继继绳绳永无穷期者计也。诸公其乐有积福裕后之谟，不佞诚谫陋，亟愿前而奉教焉。谨草《简明章程》数则，即呈削定：

一、学堂议虽倡于一人，款必赖乎众举，公事公办，凡有捐款诸公，皆须作为本学公司同人，推举董事，第年更易，以次挨举，同人是谋，务使众皆预闻。此条永久遵守，秉大公，不得删抹。

一、捐款用月收法，分为数层，由每月五元至三数元，此为定例，蒙签名后，俟至学堂举办，然后走收。其有乐捐创始经费由数千元至百十元，君所拜嘉。收银出银，须由公举董事数人画诺乃行。存项一概皆用学堂名号，寄入银行，以备清查。

一、本学堂已函请辅政使司大人知照，盖此实本坡众华人义举，亦南洋之创举，将来捐款推广，必能分设南洋各埠。

一、本学堂拟商请督宪大人之夫人为监督，并请西国著名绅商之夫人为副监督，以肃观瞻。

一、本学堂课程，书艺兼课，既授以中国文字及圣贤义理、治家格言。其一切针绣缝剪，为女工所必需。诗歌琴乐，为性情所有事，亦并授之。惟是各籍女孩不一，拟各聘能操各籍乡谈之女师训之，初时访聘未便，或竟一律教训官音。

一、捐款家人来学，不收束金，无捐来学，则当酌收。

一、女孩以七岁受业，至十三岁出学。

一、章程未备，尚望诸公赐函教正，或面加改正，实所乐受。

论孔教*

    中国人民不可谓不众矣，熙来攘往，试问其所行者何教乎？则皆不知也。就目中之所见者而论，当以释教为最多，道教次之。至于儒教，徒有其名而已，无其实也。虽建立圣庙崇祀孔子，观其外一似有教然者，而究之不得谓之教。盖所行之道，无以合人心于大同也。中国于儒道释三教之外，又有回回教。信回教之人，在中国民原亦不少，然以西北之人为最多。自康乾以后，耶稣、天主二教渐入于中国，以迄于今，信之者日益众。此数种之教，其名目不同如此。而信之之人，大率自是其教而非他人之教；常诋人之教者，又以回回与耶稣二教为最甚。教之门类既多，必有合理与不合理之分别。欲知数种之教以何教最为合理，当先究教之职分若何；欲知教之职分，当先问教之宗旨若何。数种之教，其立意皆教人为善，此悉由立教之人思想得来也。然至今日，教之所以大乱而纷纷不一者，其故何也？盖因后世传教者有两事不能分别耳！何谓两事？一立教者所著之书，一立教者所传之道。于此二者，不知分别明白教之，所以乱也。书者非立教之人所著，由其身后或数十年，或一二百年后之人为记述其事。后之人，或见识未广，故不免有怪诞之说杂乎其间，教之所以不一者，职是之故。若就其道而参考之，则不相差矣。孝弟仁恕，皆人类中善事，而教人为善者必有此说，无此则不足谓之教矣。以数种之教互相比

---

    * 本文发表于林文庆主办的《日新报》上，于 1899 年 12 月 13、14、15 日三天连载。在林文庆所使用的的语义环境中，儒家或儒家思想大多是以儒教的形式出现的，他不仅时常发表一些维护儒教、批评他教的言论文章，更是发动和领导了波及整个新马地区、持续时间长达十年之久的新马孔教复兴运动。在本文中，他将各种宗教，如回教、基督教、天主教、佛教和道教等逐一批评一番，然后得出结论："统而言之，数教之中，惟孔子教为大中至正，亘千古而不可易。"并说明自己写作的目的在于："列举诸教之得失，使世之人比较自明。如两物然，并取而权之，则轻重不差；如两人然，并立而镜之，则妍丑立见。知其得失，然后可以自择一途焉，以为终生之遵守。"

较，从其所著之书而论，则异同相去，不啻霄壤，若即其所言之道而论，则吻合者当在十之七八。设后世信教之人，皆遵循立教者之道，则天下之教，宜乎无所不合。所惜者分门别户、重己轻人，而执各人之意见而不以道为衡，是以传教至今，愈久愈歧，而愈乱也。此由传教之人不明立教本意，是以致此。试问立教之圣人如孔子者，虽周游列国，欲行其道于天下，然尝闻孔子之言曰：世不行吾道而不从吾教，即不得谓之人类乎？夫信吾之道与否，他人之事也。圣人必不以此置喜愠于心，即耶稣与释迦牟尼，亦未尝言世人不信吾教者，死后无登天堂、升西天之望也。两人之言曰：无论世人从吾教与否，但能各行正道，便为有功于世之人；且果行正道，则自知吾道之得失。信与不信，我不计也。乃后之人，藉此牟利，借立教之人之名目，为今日生财之资，故以信则降福，不信则降殃之说劝愚夫妇之听。闻夫传教之人，至欲藉立教之名目以牟利，其居心不可问，而行事更不可知矣！盖如商贾之人，无不欲其货物之流通，无不欲其贸易之兴盛，人情常态也。故一遇时常往来之人，则诩其货之佳，以广招徕。设其人不与之购，则其心怫然不悦，而谗谤加之矣。呜呼！商贾之人，意在求利，求之不可得，于是乎不悦于心，犹理之可说也。今以传教之人而亦行此道，安怪乎立教之本意不尽流于泯灭，怪诞之说大行于天壤之间，而教之门类至今日而纷纭大异耶?!

回教之祖，曰穆罕慕德。其为人也，每欲行一事，或格于势，或不合大众之意，不能卒果，则告人曰："昨夜梦上帝命我为此。"盖以己之权力，不足令人以信从，故托言上帝，藉此以动人心也。究竟毫无根据之言，即足以取信于一时，万不足取信于后世。耶稣、天主二教，其论亦必无能见信于明理之人。何以言之？二教之言曰：上帝始造地球，即造生物、男女，居处、食息于其间。当时有魔鬼以邪说惑人，教人不必听从上帝之令，于是人遂不从上帝，而从鬼、而行诸不善之事。上帝大怒，谓其人曰：子之罪当死，且子之子孙虽相传数千百年，永不能得好处。但上帝之言虽如此，而从兹而降，后人之为不善而听信鬼说者益多。上帝恐迁流之无所极也，不得已以大水溺死天下之人，而所拯者仅一家而已。上帝冀此一家之人可能迁善改过，传人类于无穷。不意传之既久，其为不善也如故，其听信鬼说也亦如故。上帝怜之，于是藉女子之身而降生于世，代世人受一切之罪。上帝之生于世，有圣父、圣子、圣神三者之神，故曰三位一神，三神一位（注：此语乃二教书中之言，实不解其何谓。兹不过即其言而述之耳）。上帝既降生，以死以应其当时已发之重誓（注：二教之言上帝曾发重誓，言我当代世人受一切罪而死。故曰应其当时已发之重誓。实亦不解何谓也），上帝既死，后复升天。以上所言，皆二教之书最古之言也。由此言观之，虽互相辩驳至数百年之久，亦无能究出名理。然彼传教之人，亦自知所言之理不足以见信于人，故不敢以上帝降生而死、死复升天等事与人考究。有时外人诘问其所以然之故，则曰：此事但当信之而已，不可问也。窃尝深究，其实二教所言，发源甚远，在于耶稣之前数百年。后人袭其意而窃取之，以为是耶稣之事耳。盖玩二教之言，即太阳教之遗意也。太阳历四时，而出入长短不同，即耶稣降生而死、死而升天之说也。是以耶稣生日近于冬至，盖日短于冬至，自此而长也。耶稣死而升天之日，近于夏至，盖由春而夏，日光放大光明也。耶稣之事，与太阳教合者甚多，不能一一详举，兹不过言其大略耳。后人以太阳教之说，参入耶稣教之书，即此可为明证也。

中国今日所传之佛教，与释迦牟尼立教之本意，亦歧异殊多。推究其故，实因佛教初入中国时，经由巴西而来，因与巴西所传流之太阳教混杂为一，故中国因误传误，大失本真。耶稣教亦曾经西巴之地，故其弊与佛教同。今观佛教与耶稣教，甚多相同之处，便知其所由来矣！耶稣教有耶稣之母抱子之像，佛教则有观音佛抱子，而太阳教亦有女子抱子，佛教有观音持水瓶、有捻珠、人死有忏悔超度之事，一一与耶稣教吻合；至西天之说，亦即耶稣教天堂也。康熙时有牧师来中国者，见佛教与其教相似，心大异之，致书于本国大牧师云：魔鬼在中国知我辈将来传道，先以相似之教惑众人之耳目，冀鱼目可以混珠，令中国民无所适从。牧师之言如此，其不明耶稣教之原本可知矣。究之耶稣、天主二教所言鬼神怪异等事，皆异端之说，不可为训。教化文明之国，必不肯信从其道，故今泰西之文明国，虽奉是教者，亦将其鬼神怪异之事扫除殆尽。耶稣、天主往往谓世人不信吾教者，则身后不得登天堂，此乃其大病痛处也。若回回教则惟以专信上帝为主，并无三神三位之说，其言怪诞之事者，亦视二教为较少，惜其行事，与人道之五常多不合处。若但论其教，则较易令人信也。

道教祖于老聃。老聃之书，以清静无为为宗旨，其道最高，至以德报德。老子主持此说，其发端前于耶稣数百年，惜传道者不得其正，流至今日，变为世俗之所谓道士者，招摇撞骗，百计欺人。夫怪力乱神四者，孔子所不语。孔子非不知其理，不敢言者，恐言之徒启无识者之惑也。乃孔子所不言，彼道教之人竟取而行之。以老子至高之道，变为今日欺人之道士，可慨也！

　　统而言之，数教之中，惟孔子教为大中至正，亘千古而不可易。孔子之教人也，归之以一大。一大，即天也。孔子言天，并未尝指出一物，如所谓上帝者，盖孔子知太极之原质，一而已矣！然前乎孔子之时，亦有称天为帝者，或称为皇、皇后、帝者，即老子书中亦有称帝之说。孔子知称天为帝之流弊，异日者将历久失真。而实指一物，不免近于异端之说者。故孔子之书，不敢言帝而言天。盖天者，浑然无物，非形迹之可指。五洲万国之人，政教异、种类异、风俗异，独至公共之天，则未尝或异。盖天也者，不可得而升，无所从而测，无鬼神怪诞之可比拟，无分门别户之相攻击。此圣人所以为天下后世计而以信天为至当之说也。既信天矣，天有一定不易之则，即所谓天命也。天命之理，虽流传千万年，更变而至于极尽，亦皆无所不善；即有不善之人，亦将自新而归于至善。惟其无所不善，是以孔子教无所用地狱也。天下不善之人、之事，人知之；不善之人、之事之原故，人不知也。天下之事，必有一理。如此则善，不如此则不善。善不善之分途处，即原故也。如毒药，然不善用则杀人，善用之则可以治病。人道亦然，或为善，或为不善，其原故甚微而又至显，惜世之人无能知之耳。惟天有绝大之量，可以化天下人于至善。世间苦恼之事，天之刑罚人也。刑罚之，欲其改过迁善也。天者，民之父母。为父母之人，断不忍其子受一切苦恼，至不得已而鞭挞加之，斯时，为父母者之心，苟非望子之切与乎？鞭挞有迁善之权，吾知其不忍出此也。由此言之，则孔子之教，其力量能使天下人无不尽善，以至不用地狱为也！彼夫他教之言地狱者，无论必无其事，即曰有之，亦可见其教之力量不足以化人，故天下有不善之人，而不得不以地狱偿其罪恶。地狱之说，固孔子所不言，即天堂，亦未尝言也。然古人谓死为升天，孔子不驳其说，可见孔子之心，固以升天之论为然。门人以死为问者，则曰："未知生，焉知死？"孔子答门人之言虽如此，其实孔子知人之生也由于天，死也亦由于天，不过以无稿（确）实凭据之可考，故置之不言耳。是故信儒教之人，但当信天。孔子曰："获罪于天，无所祷也。"又曰："天之未丧斯文也，桓魋其如予何？"天下间至乐之遇，天为之；至苦之遇，亦天为之。奉最大之天，而万物莫能外，其余鬼神怪诞之说，又何取焉?！今日者，天下人悉弃其可信之天，而求鬼怪神诞之说，此所以民智不开也。为今日计而欲转移世变，必乎使人人知天命之理于尽量，而后孔教可兴也。

此篇名曰《论孔教》，而论他教者犹多。以今日孔教失传、异端纷起，人心蒙蔽，不辨邪正，若但告之以孔教之有益于人、可传于久，虽竟日哓哓，未必能入众人之心思，而令之信从。故列举诸教之得失，使世之人比较自明。如两物然，并取而权之，则轻重不差；如两人然，并立而镜之，则妍丑立见。知其得失，然后可以自择一途焉，以为终身之遵守。果能如是，则孔教之兴，可立而俟矣！予所为日厚望于四百兆之华人也！自记。

格致杂说[*]

释名上

格致之学，必情理通达，议论明澈，而后其意始精实而不浮。情理通达，则言者无影响之病；议论明澈，则读者无疑似之弊。著格致学之书者，当以此为第一要着。

夫天下之物，虽云多矣，然而物自物，而人自人也。乃人能思索而有智慧、而得各物之意者，何也？由于脑质之功用也。中国人则不言脑力，而言心力，因中国人皆不知脑质之理，其言未可信也。脑质功用虽能得各物之意，而所谓意者，非无因而自生也，必乎由外物而入脑质，脑质中有转运之力，于是乎，生出各物实在之意。至脑质洞然无因，而意自生者，则殊不多觏，譬如一物，然以人之目力所及，则物之形、物之色以及物之动，无一不由目力而入于脑。脑质中得此形、色、动三者之感触，而意即闪之以生。若乎声则由耳而入脑，其法亦与目力相同。《大学》云："视而不见，听而不闻"者，言既用耳目之力而脑质中不得其意，虽有闻见，犹之乎未闻未见也。不然，视即见之因，闻即听之因，既视既听，断无不见不闻之理。是故，天地间，无论何物，必先得各物之意，然后知此意确系此物，而命之以名。顾脑质中虽得物之意，而加之名，然名非为意设也，为物设也。□名者，物之名也。何以言之？譬如冰之为物也，其性至冰冷者，物之名也，冷者，物之意也，人但言冰，则脑之智慧，自然能知

---

    * 本文先后以《格致杂说——释名上》和《格致杂说——释名下》发表于1899年12月19日和12月22日的《日新报》上，从该报著者栏中标明的文字"林文庆译著己亥年十一月十七日"及"林文庆译著己亥年十一月二十日"推断，应当是林文庆的翻译之作。

其为至冷之物，此即所谓得其物之意也。然设使以冰而为冷之名，则大谬矣。故曰：名为物设，非为意设也。是故，无论著何等之书，必先由识物始，既识其物而后能识其意，而既识其意矣，又必有名焉，以名其物，而后著书之功成。

天下间之物，不特笔之书者必有名，即言之口者，亦不可以无名名之，为□大矣哉！名何解？物之记号也，无论其为已经过去之物，或为初见之物，但欲使其物之意留存于吾脑质中，可以使人人亦并存于脑质者，即名之力也。然一物一名，只得谓之记号也，苟欲显明其立言之意，必乎合二名而成言。不然，名而已矣，听者不解其主意何属也。是故，谓之言也者，因其有命意在其中也，有命意在其中，而后可以得听言者之信。是故，言即名也，名非言也，即，一言而分之，皆名也；即，一名而指之，非言也。盖必合二名而成，而后可谓之言也。譬如言马，马，一物耳，设言者但言马之名，听者必不解其意也，因名之所包涵者，仅该物之意，而言者之意，不能分别而显明之也。夫马之色，有白黑之分；马之形，有大小之分；马之动，有奔走迟速之分。名之曰马，则此三者之意，尽藏于"马"字之内，而脑质之智慧所以能得其意也。然，但言马之名，不能显明马之色或白或黑，马之形或大或小，马之奔走或迟或速也。是以言者，必以黑白大小之数者，举其一属之于马。言白，则人知言者主意以马之色为白也；言大，则人知言者主意以马之形为大也；言速，则人知言者主意以马之奔走为速也。如此，则听者以为然耶，或以为否耶，可以决定矣。故曰：言也者，至少亦须合两名而成也。由此观之，则格致之书，虽长篇累牍，亦由其每句凑成之耳。

释名下

是故，文者，句之积也；句者，名之积也。天下间有物必有名，不易之理也。然物有虚实二者之别，实者何实？有物实者如虫、鱼、鸟、兽、草、木之类是也。虚者何无？物可指由脑质思想得来者，如鬼、神、仙、道、理、法之类是也。二种之名所赅甚广，然天下有物而无名者亦殊不少，无定名而欲实指其物，则必用虚字以分别之，如俗所谓这物那物者，设有定名则甲物呼为甲，乙物呼为乙，语既不烦，物亦不紊，岂不大便？故名者，虽至小节关系□不轻也。虽然名之门类至众矣，必分别其门类而后知名也者。其体繁而其用广。今但举其大略而言之，名之门类厥有十二：

一曰公名，二曰私名。国，公名也，英、俄、德、法，私名也。国之内所包涵者，有君、有民、有人、有地、有风俗、有政教，有此数者无论为英、为俄、为德、为法，皆谓之国。是以国者，公共之名，故曰公名。英、俄、德、法乃各国之私号，英不得移之俄，德亦不得移之法，故曰私名。如人之姓、字亦然。姓，公名也；字，私名也。姓者，众人所公也；字者，一己所私也。

三曰会名。何谓会？若合群之名也。会名与公名，意甚相似，然不得谓公名即会名者。何也？以公名虽包涵甚□，然可以专属于一人，如人之姓，然张、李、黄、郑，公名也，而姓张之人，则谓之张某，姓李之人，则谓之李某，推之黄、郑亦然。张、李、黄、郑，不仅一人之姓，而一人即可以自称其姓。会名，所以异于公名者，以合众人而后可谓之会，非一人之所得称也。

四曰物质名，五曰物性名。物质名，有实实可考者，如草木禽兽之类是也。物性名者，非实实之物质，而其意包于物质之内，如草木之能生殖，禽兽之能飞走之类是也。

六曰合名，七曰独名。合名者，合物质、物性而统言独名者，或专言物质，或专言物性。如言人然则其人之有四肢全体、言动举止，皆包括于人字之内。设使一事不全，则不得称之为人。合物质、物性而以一言赅之，合名也。若但言手足口鼻，则专指物质而已，不能赅物性也。或但言喜怒忧乐，则专指物性也而已，不能赅物质也，此之谓独名。

八曰正名，九曰反名。如善恶、清浊之类，对待之字是也。

十曰缺名。如盲、聋、喑、哑之类，不得谓之反名者是也，何以不得谓之反名？以反名者，多指物性、物形而言，而缺名，则另有一种实物。譬如，盲与明，乃对待之字，有见谓之明，不见谓之盲。然使有人焉，以不见此物而告人曰盲，此物则人必不能解矣。故二者不能合为一。而反名之外，另须有一种缺名也。

十一曰伦名。如父子君臣之类，言父则子在其内，言君则臣在其内，虽其记号不同，而其伦则一。父固不得称之为子，然父之于子，与子之于父，其意不殊，盖父为子而称子，亦为父而称也。如父为甲，子为乙，甲为乙之父，乙为甲之子，岂有二理哉？由人类而推之于物，如有甲物能与乙物牵连者，则亦可用此法矣。

十二曰疑名。盖疑似之字，如乐、乐、乐之类是也。① 此又于各门类外另有一种用名。类之繁若此，苟欲明格致之理者，非先于此究心焉。后来乱杂无章，其弊岂可胜道哉！

---

① 根据作者意思，此处的三个"乐"字，应为三种不同的读音，相应地也具有三种不同的含义。

校长报告*

鄙人于民国十年六月，承永久董事陈嘉庚先生聘任为厦门大学校长，函电交驰，催促甚亟，即于是月中旬离新加坡，于是月杪到校时，刘树杞博士为代理校长，因前校长邓萃英仓卒辞职，校务进行均赖刘博士搘持。

前校长邓萃英任职二月，草创未有头绪，遽尔辞职，故本校种种之组织，均未完全就绪。大纲之修改，各种规则之制定，学校政策之采择，各学部及各学科之设立，均须通盘筹划，逐渐整理。

校舍及校地

本校于民国十年四月六日，借集美中学校舍开学，是年五月九日，在本校南普陀校址行奠基式。校舍建筑原由美国工程师麦菲但那公司计划，嗣因特别情形，对于原有之图样，稍加修改。

本校之校地，原承本省行政长官拨给旧演武场官地若干亩，近因计划将来发展地步，原有地亩，尚不敷用。曾向道尹请加给官地若干亩，已蒙赞许，一俟测量告竣，即当绘就图样，正式向政府请求。

本校因谋将来校务之发达，故不得不求政府多给官地，盖此项官地，既足以供本校农工试验场之用，复足以增本校常年之收入。此种办法，在欧美各国，已通行之，否则，将来政府对于本校之津贴，势必加重，而政府之津贴，往往视政治之潮流为转移，故为本校安全起见，似不能恃此项津贴为本校经常之收入。

---

* 此《校长报告》系林文庆以校长身份在《厦门大学民国十年度报告书》中向陈嘉庚所提呈的，报告书对刚刚诞生的大学现状作了比较全面的说明，同时对于大学的办学主张等进行了详细的阐述，并对大学的未来前景进行了充满希望的描绘，从中可以看出林文庆的基本办学理念及其教育思想，因而，是研究林文庆教育思想不可或缺的一篇重要文献。

十年二月，本校校舍"映雪楼"告竣[1]，即于是月，全体教职员及学生，由集美迁入新校舍。

是年五月，集美楼告竣；七月，同安、群贤两楼，亦相继完功。

本校现在尚无自来水，于实验室及浴所、厕所，均感不便，故拟提早设置之。

本校拟另外建筑教员住宅，并加建学生寄宿舍。

科学馆、博物院及图书馆之建筑，亦拟次第进行。

陈嘉庚先生捐款

陈嘉庚先生之捐款，几为本校现在唯一之收入，但本校规划颇大，需费浩重，势非一人之财力所能应给，故拟向南洋各部华侨募集捐款，并拟向政府请给津贴。

财政

本校财政，虽大部分仰给于私人之捐款，而政府之津贴、学生之学费，亦在所当受，惟贫苦之学生，设有奖学费办法，以补助之。

十年七月前，何崧龄君为会计主任，计自四月开学至六月底止，共支出三〇四〇八．七一元，时学生共九十八名，每学生、每月合费洋百〇三元四角五分。

是年七月，林菁华君继何君为会计主任，自七月至十二月底，共支出二一二九五．八八元，时学生共一百三十六名，每学生、每月合费洋二十六元一角。十一年春，本校议决：会计年度改为自八月一日起，故十一年上半年之簿计，改至七月底为止，此七月之支出，共为三一五八三．一五元，计每学生、每月合费洋三十三元一角八分。凡以上支出各款，均于陈嘉庚先生所捐之经常费——每年一十二万元中开支，其剩余之款，移作本校将来之用。

以上所述，专就经常支出而言，至于学生所缴之学费，及其他各收

---

① 此处时间疑为排版之误，盖因厦大的第一批建筑——群贤楼群的奠基日期为1921年（即民国十年）5月9日，最早完工的映雪楼系竣工于1922年（即民国十一年）2月，故，准确的时间实应为"民国十一年"。

款，则当于会计处全年收支对照表中载明之。

关于建筑及购办校具各费，现在共支出二十三万六千元，已购之仪器费共支出九千二百元，将购之仪器费为一万八千七百元。

学费

学费问题，甚为重要，现方由特别委员会细为研究，不久即当决定。盖吾人之目的，实欲使一般社会知吾人对于公有之财产，不敢稍为忽视，然后，一般社会，自当对于本校之进行，赞助不遗余力。

奖学费及师范生

本校师范生，照旧章免费，鄙意对于此举，颇不以为然。盖学生之免费与否，应视其成绩之优劣与家境之贫裕为断，若不论优劣贫裕，凡属师范生皆一律免费，则富者、劣者虚耗公费，而贫者、优者无以自励矣。故拟自十年秋季起，凡教育学部学生，均须与其他学部学生一律缴费，但其中成绩优良、境遇困难者，得于入学试验时，请求给予陈嘉庚奖学费之优待。此项奖学费，分甲乙两等，其他学部学生，亦得请求奖学费，但其奖额，不及教育学部之多耳。至于旧有师范生，除退学、休学丧失免费资格外，其余均暂照旧免费。

预科

我国中学程度，大都过低，于英文及各科学尤甚。故目下大学预科之设，颇为重要，虽靡费过多，亦属莫可如何。俟将来新学制实行，中学程度提高，中学毕业生可以直接升入大学本科，则预科即可裁撤。

各学部

本校原设有师范学部，其目的在养成中等学校教师，以期发达本省之地方教育。文理两学部：本校向无专科，仅于师范学部内附设之，殊为不合，因改师范学部为教育学部，并增设文理两学部，使与商学部等同为独立之学部，以期与国内外各大学编制相同。十一年，又经评议会议决及董事会同意，增设医药、新闻诸学部。

英文

本校首重国文，而英文一科，亦极重要，因本校之目的，在养成专门人材，使之与世界各国大学学生，受同等之教育。我国现在各种专门学问，尚为幼稚时代，故各门学科所用之教科书及参考书，势不得不暂用西文书籍，以为研究之资料。但同时，本校拟对于各门学科之教授，极力提倡采用国语及国文，以期本国之语言文字逐渐发达，于世界语言学中占一永久重要之位置。

英文而外，本校并兼授其他外国文，现在设法文、德文、日文三科，并拟将来增设荷兰文、西班牙文、马来文等科，以便英、荷、法、美等属之华侨子弟，得随意选习。

国文

国文一科，本校特别注重，凡属文言、白话、词章、考据、历史、哲学、伦理及文学之改革、语音之变迁，莫不深为研究，盖本校之目的，在养成各种之国文学专门人材，以供教授之用，并拟用国文编撰各种教科书及参考书，使我青年子弟，将来得以本国文字，直接研究高深学问，不必专仰给于西国书籍。庶几，吾国数千年之文化赖以不坠，而近世界各国之学术思想，亦得彼此沟通，藉以阐发而无遗。

科学

我国科学之智识，尚属幼稚，故本校之目的，在设一极有精神之科学研究机关，此数年中，拟以全副精神，注重于科学院之建筑及设备，并拟极力罗致各种专门人材，尽毕生之力，以从事于科学之教授及研究，将来厦门大学或成为我国南部之科学中心点，实意中事也。

凡科学，如无专门研究之精神，必不能有进步。故本校希望各教员及学生，均能极深研究，以期本校科学院之仪器、书籍等费，不至虚靡。

陈嘉庚科学院

最新式科学院之建设，实为万不可缓之事。拟俟现在五楼建筑告竣，即着手建筑科学院，名之曰陈嘉庚科学院。内分化学、物理、植物、动物、地质诸科之实验室，及各科之图书馆、博物院。并拟另建筑一植物园，以供各种花木及草药之种植。

此数年中，关于医科之用费实甚浩繁，但其预科之各门学科，将于科学院中教授之。

工科之设立，亦极重要。如欲设工科，则常年经费，每年最少需五万元。

教科之范围

本校之目的，在养成各种高等专门人材，使本校之学生，虽足不出国外，而其所受之教育，能与世界各国之大学相颉颃。同时，并采取本国之材料，以为研究之资，故本校之毕业生，对于国内之风土人情，必极其明了，较之留学生初次返国，于国内情形茫然不知者，当大相径庭矣。

留学之机会

我国学生，欲留学外国者，最好先毕业于本国之大学，以其学问根底较深，外国言语较精，则其留学成绩，自必事半功倍也。本校理科学生，成绩优良者，将来毕业后，或能得留学外国，奖学费优待，以为养成将来本校教授之材。

现在本校有预定教授□□□、欧元怀二君，留学美国，受本校之津贴，□、欧两君将于十一年秋季来本校服务。

教职员

前校长邓萃英离校时，教职员强半辞职，其中，留美教员五人均留校，尽力协助，故校务未至停顿。

卫生情况

鄙人莅校之初，学生中患足疾及泄、疟诸病者甚多。尔时，校医为日本留学某君，其性情极佳，医术亦精，但不能完全实行其理想，某君于十年八月辞职。继任者为廖超照医士，对于足疾及泄、疟诸症，极力防御，两月之后，无发生新病者。自本校迁入新校舍后，虽厦门之鼠疫及痢疾、伤寒等症盛行，某校甚至因痢疾、伤寒等症早日停课，而本校卒未稍受影响者，则廖医士防御及诊治之功实多也。自十年十一月后，无发生足疾者，救济之法，即从整理食物着手，白米完全不用，每日必用菜蔬。

南普陀地方，为疟疾盛行之区，以其石坑遍地，溪水横流，蚊虫易于生长故也。东边乡村且因疟疾及其他传染病之故，全村人烟，竟至灭迹。

处此情形之下，疟症之多，固意中事故。吾辈宜用蚊帐、网纱、金鸡纳霜种种方法防御之，同时，并由学生组织卫生团，从事工作，以期将学校近地，扫除清洁，以绝蚊迹而断疟疾之根。此种方法，需时甚久，为费亦巨，但终究必达到目的而后可。

同时，并实行鼠疫注射及种牛痘。

现在，学生宿舍每室五人，过于拥挤，拟一俟新宿舍告成，即改为每室四人。

学生

本校学生来自各处。除福建外，浙江、江苏、广东为多。凡学生，均须体格检查及格方能入校，故学生体质大都甚为强健。凡负有传染病之学生，均不能入校。

学生品行大都甚佳善。惟去年开学之始，有学生某一名，因违犯校规，屡戒不悛，致受除名处分。

本校考试甚为认真。学期考试舞弊者，必受退学处分。

学生数目

本校十年六月以前，旧学生计师范学部文科三十二人，师范学部理科三十九人，特别生二人，商学部正班生十五人，特别生十人，总共九十八人。

十年九月，旧学生返校者，师范学部文科二十七人，理科三十五人，特别生一人，商学部正班生十人，特别生七人，总共八十人。十年六月，上海、厦门两处招生，投考者共一百四十七人，录取者共四十四人。十年九月到校者，师范学部文科二十一人，理科十一人，商学部七人，总共三十九人，未到者五人，另收特别生十人，旁听生七人，总共新生五十六人。新旧生合共百三十六人。

学生课外之动作

本校对于学生自治，极力提倡，学监之职务，不过指导学生之自治及各种学生会社之组织而已，故本校许多学生自行组织学生会，掌理学生一切自治事宜。

本校周刊，由学生办理，本校之编译委员会，由教员组织之，对于学生周刊及其他出版物，负有指导、辅助之责。

本校学生，对于学术、游戏等项，均设有专门研究会，其组织颇为完善。

来宾之参观

游客路过厦门，专来本校参观者络绎不绝。杜威、孟禄博士，均曾亲来本校参观、演讲，极受一般学者之欢迎。

大纲

本校大纲，经董事会稍加修改，关于本校内部组织之各种重要规划，均由评议会制定。

董事会

十年冬，陈敬贤先生被举为本校董事。十一年春，本校永久董事陈嘉庚赴南洋新加坡。

菲律滨之考察

十年十二月，鄙人与教务主任刘树杞博士，应菲律滨大学校长本敦先生之请，往马尼拉城参观其就职礼式，各界欢迎备极一时之盛。参观之余，鄙人屡向中外学商各界演讲，同时，鄙人与刘博士受菲政府与本敦校长之介绍，得以考察菲岛各种教育实业状况，关于此项考察之详细报告，另撰述之。

办公

事务员及书记略为减少，此外，各项检省之处颇多，而铁路局之厦门大学住厦招待处，亦于十一年二月间取消。

学生膳食颇为烦难，现在学生膳费，已由每月四元五角，加至五元，并由学生自行组织膳厅委员会，管理厨役一切事宜。

体育

我国中学，学生往往对于体育一科根砥缺乏，不易引起其对于体育运动之兴味。前体育指导师某君，颇不得意，于十一年六月辞去。秋季后，聘定美国康奈尔大学工科硕士丁人鲲君为体育部主任。学生每日须习早操十五分钟，每星期并须习课外运动二小时，最少须选习游戏运动一种。

研究教侣

美人来特教授，曾任菲律滨大学动物教授有年，现为本校研究教侣。来君专门研究蚁学，现在采集编撰厦门一带动物标本，以为动物教授及博物院之用。

博物院

本校博物院，自十年冬季以来，曾专请标本采集员一人，其采集之鱼鸟各类标本甚多。

本校图书馆

本校图书馆仅占小室数间，甚不够用，目下添购之书籍甚多且速，故专门图书馆之建筑，甚为急要。

本校对于各方面赠送书籍，非常欢迎，菲律滨各机关，前赠送本校书籍甚多，殊深感谢。

刘楚青博士

自前校长邓君离职后，至鄙人抵厦之日为止，中间刘楚青博士为本校代理校长，鄙人抵校时，任刘博士为教务主任，其对于教务上种种之设施，莫不尽力计划，一年以来，卓著成绩，因其交游甚广，延揽多方，故能招请多数热心学者，以从事于各种专门学问之教授及研究。

结论

本校校务之进行，方兴未艾，建筑之进步甚速，教授之成绩亦优，各处青年学生，向本校请愿求学者络绎不绝，故鄙人对于本校之前途，实抱乐观焉。

厦大三周年纪念会之演说辞[*]

本校三年中之经过虽不甚良好，然责任甚重。中国各大学之教授，多注重外国新学说新知识，于中国古来文化则不甚研究。我谓无论大学中学，皆当读孔孟之书，保存国粹，我人私淑孔孟，最重信义，自中人以上，皆知信义所在。今年为本校三周年，即为本校校董陈嘉庚先生知命之年。陈先生在南洋经商，最为发达，以其汗血之资，创办集美学校及本大学，其尚义为国人所共知，而其商业发达皆由信用所致。无信则不能经商，且无信则事事皆不能行。孔子曰："人而无信，不知其可也。"即以救国而论，非枪炮之坚利可以救国，必有信而后可以救国。今之新进少年，多谈爱国，而无爱国之实心，且张大其词以恫吓国人，谓外人欺凌我国人，外人将瓜分我国。然外人未尝欺凌我国人，欺凌我国人使之失其自由者我国人也；外人未尝瓜分我国，瓜分我国者我国人也。今我国之分裂，已有一孙一曹，若再加一刘，则俨如汉末之三国矣。中国国势之不振，皆自作之孽也。孟子曰："天作孽，犹可达；自作孽，不可活。"然我最为中国幸者，中国五千年之文化，至今犹见昌明。彼波斯、埃及、印度等国亦古代文明国也，今其古代之文化胥归湮没。我中国周公所制之周礼，至今尚如日月经天，江河行地。当陈校董在南洋聘予回国任校长时，予询

---

　　* 本文发表于 1924 年 4 月 14 日的上海《民国日报》，转引自厦门大学校史编委会编《厦大校史资料》第 1 辑。题目为编者所加。本文篇幅虽短，却是研究林文庆的学者经常提及的一篇文章，而令人遗憾的是，多数学者在引述该文的时候采取了断章取义的方法，只强调"外人未尝欺凌我国人，欺凌我国人使之失其自由者我国人也；外人未尝瓜分我国，瓜分我国者我国人也"之意，却漠视林文庆此话实际上是针对当时那些"多谈爱国，而无爱国之实心，且张大其词以恫吓国人"的"新进少年"而讲的，如果将此话沿着历史发展的思路回放到当时军阀割据、国家四分五裂的情况下来理解，或许我们能更进一步地体会到林文庆那份"爱之深、责之切"、忧国忧民的悲愤情怀。

以办学宗旨，陈校董答以当注重中国固有之文化。予是以欣然归国，予亦尊重中国固有之文化也。今之学生，能以中国古代之文化为基础，则庶乎近矣。

林文庆先生在中华
俱乐部之演说词[*]

顷主席云：厦门陈嘉庚大学，此实乃误会。盖该大学虽名曰厦门大学，实则为世界之大学，所收学生，不唯中国十余省子弟，即外国如高丽、台湾①亦有学生来肄业，至于捐款虽是陈君一人担负，照弟希望列位诸君不可放弃责任，如现拟倡办之厦门大学公立医院，需款颇巨，望诸君解囊相助。

诸君不可以为未有如陈君之富力不便共担义务，试想数年前陈君安有如现时之财力？若当时要待如今日之富，方可创办，则厦大现时，虽一块小石亦无之，安能有许多堂堂皇皇之校舍及种种设备之完善哉？故凡慈善之事，切不可待富而后行。如要待富，则富无限度，何时可作？弟前曾寻一资本家捐款，彼云待他家资有上百万元，然后认捐，然未达目的，其人已谢世矣。

又寻一富翁，家资千余万元，请捐多少，彼云彼之金融未余裕，待余裕时，就可认捐。然至近来，彼之境遇欠佳，其金融更无余裕之日矣。顷间陈君奖弟之任医及办学事情，弟实担不起，唯弟往英京留学，见外国人之能爱国，及程度之高尚，甚有所感。总而言之，不忘本时也。于是即注意祖国，乃买一本学习国语之英语，迨毕业回新加坡，则提倡国语教授。在座诸君中，尚有几人，当时从我学习者。

人与禽兽之别，在能孝顺与不忘本，盖禽兽亦有爱子之本能，但不知

＊　本文发表于新加坡《南洋商报》1926 年 2 月 2、4 日。1926 年 1 月 29 日，新加坡绅商各界人士在中华俱乐部设宴款待从厦门大学返新的林文庆，由宋旺相担任晚宴主席。在宋旺相和陈嘉庚先后致欢迎词之后，林文庆作了如是演说，呼吁到场各位绅商为厦门大学踊跃捐款。

①　当时台湾处于日本殖民统治之下，故林文庆称之为外国。实际上，台湾人民热烈盼望回到祖国怀抱，台湾学生到厦门大学求学也是出于一种祖国情结。

孝顺，且忘本，是以不如人。故吾人当知我身是何种人？从何处而来？木本水源，切当追记，如不然，则何殊于禽兽哉？

至陈君所云，二十余年前弟提倡栽种橡胶，乃是事实。其时弟亦曾劝告多家潮商椒蜜店东，无如被人阻止，以为不但无益，尚恐有害。盖潮商椒蜜园之多，如稍从弟言，今日之发达更无限量矣。今晚承列位厚意盛筵，无任感谢之至。

厦大五周年纪念会之演说辞[*]

今天是本大学五周年纪念日。我们大家都很欢喜，所以趁这机会同诸君研究研究将来的希望。但要希望将来，应先回顾以前的经过怎样，现在的情形怎样。

我很喜欢，去年我们学校里除略受五卅案的影响外，其余都很平静。上海广东的惨案发生后，很影响到全国。关于教育商业工人方面，中国受极大的损失。后来又引起战事，全国的大局到处骚动，现在还没有全国承认的中央政府，没有一省完全平静。人民全失去了所应享的幸福，不能安安静静营业。有很多地方，连生命财产都不能保，自由平等更不必说了。各省统兵者公然劫掠人民，人民无可逃避。我们看了全国这样的现象，回顾我校，真是无上的幸福哩。想许多学校，关门的关门，解散的解散，就是不至于关门解散，也大概经费缺乏，勉强敷衍。独本校还能积极进行，力谋扩充。因此我们不能不格外感谢陈嘉庚先生对于本校的热心毅力。经费非仅足用而已，且常常有超过陈嘉庚先生已经应允之巨款，亦无不承认。所以本校进行全无妨碍；即有妨碍，亦非经济的问题。或为大局的不靖，各方意见的不一，所以往往要快不能快。这是我觉得很困难的。譬如建筑新校舍，我们建筑的钱是有了，但是计划还是不能实行，因为地基问题还没有解决。不过我们总有希望，这种困难渐渐减少，就慢些也不妨，

　　* 本文发表于 1926 年 4 月 10 日的《厦大周刊》第 145 期，转引自厦门大学校史编委会编《厦大校史资料》第 1 辑，标题为原编者所加。有些学者常借林文庆在本文结尾处所引用孔子的那句话"斯文在兹，天必不弃我"而断章取义批评林文庆思想守旧，是躺在故纸堆里救国。实际上，从林文庆的很多演讲中可以看出，他所批评的，只是那些"多谈爱国，而无爱国之实心，且张大其词以恫吓国人"的"新进少年"，在林文庆看来，光"是口头的叫'救国！''救中国！！'是无用的。我们要实地工作而不是空口的叫口号！"因此，林文庆才会对厦大师生一年来"不为爱国运动而抛弃自己的职务"的行为而感到"特别喜欢"。就此而言，我们倒是完全可以说：林文庆才是一个真正的实干家！

因为可以稳当一些。譬如图书馆，如随便草创，去年九月就可动工。就因为想费了巨款，总要有详细的计划，所以图样至今还在请专门家研究，有种种的新意见可以采用哩。

去年教职员学生的行动及态度均很好，因为它不为爱国运动而抛弃自己的职务。所以今天我们特别喜欢，前途的希望更大。至于中国的前途，我们假使没有实在的宗旨和毅力，几乎失望。但是中国的病总是要医的，所以趁此机会请大家研究。我看病是已经很重了，所以处方要仔细。救中国的方法很多，今天不能全讲。但大学教育一定是其中最重要的一部分，因为它能够养成全国的领袖人才。所以大学的教职员及学生，对于国家都有很大的责任，应当格外要研究。

目前中国所最需要的究竟是什么呢？这问题社会上的人，各种报纸常常有的研究。现在归纳起来，不外乎三种：（一）富国，（二）治安，（三）与各国平等。但这些问题不是大声疾呼所能得到的，也不是各处骚动可以得到的。虽然我们各处的国民运动很多，不过建设的方法却很少。我看这个方法是很容易，亦很旧，只要能够实行《中庸》上说的"三达德"就行了。第一，富国是经济问题，是关于智的；第二，治安，是仁；至于要同各国平等，则非有大勇不可。但智仁勇三者，非有相当的旧道德涵养是不能得到的。所以要救中国，必须养成人格，没有人格，就没有法子。但人格何来呢？自古在家庭中得来。家庭教育自治家起，家能治，国才有希望。而治家之根本在修身。修身虽个人之事，而亦能在家长的有无教育。故救国之根本在普及教育。普及教育何来？在学校。学校之希望在教员。教员之陶冶成才在师范大学。中国无礼拜堂无寺院，所以全靠有相当的大学指导人格教育，养成全国的风气，使人人为士君子。如此看来，大学教育是应该德智体三方面完全的，不应偏于一方面。所以在大学里，应该研究历史、哲学、政治、社会、风俗、习惯等，使知中国有很久的文化，我们当用何种方法使他发扬光大。我们不能忘却中国有特别的情形，与欧洲不同。中国五千年的文化是完全中国的，不象欧洲各国互相参酌的，可以互相借用。因为他们同出一源，同是希腊、罗马、希伯来的文明。我国四五千年文明全在旧的经书里，如《大学》所谓平天下之道，《礼运》所谓大同之世，为西洋各国所万想不到的。罗马算与中国最相近，但细别起来，还是相差很多。所以我们学外国文化，不能完全仿效他。比较上，我们所缺乏的是科学，除外我们都很好，不要破坏了，只可略为修正。日本很早明白这个道理，所以它的维新马上成功，今天居然列在五大强国之内。我们须照它去做。学新科学不要忘却了旧文化，这是救中国的不二法门。国内各大学应负责提倡，使全国之人明白。国之希望在民，人民能照天理做，自然能存。否则一无办法之愤激，是无用的。《中庸》曰："天之生物，必因其材而笃焉。故栽者培之，倾者覆之。"我国能照此做去，自然可以治平，自然可以富强，自然可与各国平等。现在国内象本大学这样设备完全的还很少，所以我对于本大学有无限的希望。孔子所谓"斯文在兹，天必不弃我"的，愿与诸君共勉之。

人类种族问题[*]

总论

人类智识，皆由进化而来，进化愈久，则智识愈高，思想愈敏，欲望愈奢。于是种族之见亦愈显著，互相争雄，至等于动物之自相残杀。甲争乙之利权，乙夺甲之疆土，亡人国家，灭人种族，虎视眈眈，几不知同是圆颅方趾，公为上帝之子孙矣。兴念及此，无任慨然。推原其故，未始非无相当教化所致。果得相当之教化，以仁义为本，以道德相尚，夫何由而致于此极哉？

夫欲研究种族问题，不得不先考人类之进化，而尤必重视乎性灵，盖人之身体发肤，本与禽兽无异。科学家就研究所得，以为人类若全注重于身体之进化，结果确与禽兽相等，然其所以为人者，以其有性灵也，故曰人为万物之灵。吾人若考其全部，非特身体方面极为复杂，且人性亦随进化而变易，其始为一单纯之生殖细胞，由植物而下等动物、而脊椎动物、而野蛮人种，依次渐进，复加新知能之锻炼，与历来已往之经验，于是渐臻文明，摈除一切原始之非礼举动，完全与禽兽有别。我国数千年来之学者，每以人性本善为基础，而不知人性之善良，实亦进化之功，而受一切自然之淘汰，以合乎"适者生存"之道耳。然或有时而为恶，此不过一时原始本能之冲动，未足以为怪也。其最大原因，乃人之本性，既系许多族类世代遗传所产生，其成分至为复杂，至今尚有一部份未得完全消灭者，即唯一之为我主义、所谓自私耳。此实为人类竞争之中心枢纽，且亦

---

    * 本文系林文庆在《厦门大学季刊》（创刊于 1926 年 4 月）第 1 卷上发表的长篇学术论文，分两次刊发在第 1 号和第 2 号上。

为世界进化之一大阻力，盖人人务各争胜，扩充自己之权利，伸张自己之势力，而不知厌足，日复一日，扩充伸张不已，则越出界限侵犯他人之主权。于是争执之事，由是以起，惨杀之心，由是以生，夫如是而欲求世界之大同，讵可得乎？故世界人类，无论任何种族，不欲进步则已，欲求进步，必先摈除一切私见及物质崇拜之非，早日猛醒，以诚恳之精神，互助之心理，共同合作，进世界于光明之域。俾凡属人类，胥得自由适当之生存，享大同平等之幸福，惟若求实现，其唯一方针，只有以仁义为本，使社会政治，循是组织，凡属人类，一视同仁，各存忠恕之心，各抱博爱之念，诚如是，野性有不变化，世界有不日见发达乎？若仍自私自利，以武力为自强之工具，以侵略为自固之政策，则与禽兽利用爪牙无异，结果同归于尽，尚何有进步之可言？即或幸而获胜，亦不过昙花之一现，焉能望其持久？须知天下之事，衰极必盛，盛极必衰，果一旦高居首要，必不免骄满之弊。骄则覆，满则损，自古经验之言，亦天理循环之道，讵可以轻而忽之耶？又况人类进化，实无线索可寻，既自骄满，势必怠惰，毫厘千里，危险立至，不特无进化之可言，且反日见退化。故将来各种族中，凡有能捐弃一切自私之见，而使其性灵得充分之发展者，必能占世界领袖之地位；凡与人类为敌者，必严被摈斥。庶公众之幸福，与文化之演进，得以维持，此种事实，在历史中已非一见。今日之坚抱帝国主义者，可以借鉴矣。

一　肤色分类之谬见

以科学的动物学方法研究人类，可以证明人亦动物之一。耶教《旧约》中，载人类本均为上帝之子孙，无分界限。及智识渐开，自私之心，油然而生，而种族分别之思想，亦渐臻巩固。然欲详加研究而辨别之，仍必以科学方法，细察人身形式及内部各器官之作用为标准。若徒外表是视，以皮肤之色彩为种族之分别，究不能得其真理。纵观世界各种族，何一非由多数弱者同化而成？近时欧西各国，于此百年内，分别人类种族为黄、白、黑、棕、红五种：（甲）以蒙古人代表黄种；（乙）以高加索——波斯国之北部——人代表白种，其中包括有德、法、英等国之人民；（丙）以亚非利加洲一带人类代表黑种；（丁）以马来人代表棕种；（戊）以美之土番代表红种。此不过举其大概，然此种分法，不外依皮肤之色彩，考其详细，则此五种中，尚不知有若干种族，因竞争失败而同化于人者，参杂其中也。我国历来，亦以此法区分人种，每见碧眼红髯，辄目之为外人。实则此种分法，殊非确实标准，盖人种本质，各具天然，断非外表是观，可以得其究竟也。是故欲知其详，必以人类学方法，察人身骨骼之差异，以及各部之特殊构造，标明正确不移之定例。然此仍不过示其进化之差异，在物质上之不同，亦非固定界限之分也。

二　教化为人类差别之标准

吾人欲以教化为分别种类之标准，尤非易事。无论任何种族，如为一族之教化所感化，必移性易俗与之同化，凡一切政治、社会、宗教以及生活之习惯等等，无不精神顺应，而为同族之人。如俄罗斯三百年中，黄白人种之参杂其国内者，不可数计，盖入其国则受其教化所陶冶，久则同化。又如土耳其人在四百年中，其种类亦有为白种、黄种、亚拉伯种、黑种，所同化者，时至今日则已成为同一种族。其所以能如此者，皆赖教化之功。此种历程，始则以一族之武力，雄视邻邦，逼入其教，日积月累，感受既深，虽属异族，一切习惯、风俗深入脑中，于是精神顺应，不知不觉间成为同一种族之人矣。由此可见不可不以教化分别种类也。自吾人远祖初来此地，立国至今，四千余年，其所同化人民，亦复不少，始有夷狄等类，嗣有闽粤吴楚之分。时至今日，则完全为中华民国矣，然中间所经之程序，历史中尚多可考，而至今尚未同化者，仍不乏人，如蒙古、西藏及云、贵之苗夷等，是其明证。至若满洲人种，则早经同化，即其本土语言，亦鲜有知之者。教化之移人，其功效不诚大哉？然不特我国为然也，即英国亦如之，原英国二千年前之土人，皆与法国从前原人为一类，后为罗马所败，杂处其中，及罗马败，日耳曼种及其他两三种，乃相继混入其间，又参入丹麦人种，嗣后则为拿曼人所侵占，按拿曼人来自德国北部，占据德地，其人民大半受罗马之教化。迨入英后，与德派冲突，六百年后，始因德法融合，而成英国之教化。故现时英人语言、法律、风俗等，备极复杂，乃为各种混合而成之特别教化。可见教化溶和种族之功之广且大矣。

为今之计，欲使世界人类，共进大同，破除种族之见，不存侵略之心，当以注重教化为上策。试观美国立国之始，人民大半为英国种，并有小部份之荷兰人，及德国、西班牙等之人民，近百年间，又有欧洲各国及非洲黑种、犹太、中国、日本、印度等民族，相继混入，而成为今之美国民族，其所以能致此者，未始非藉教化、灌输、陶冶之功也。

三　白种主义之谬妄

各国人族，每以面貌之互异，而生排外之心，各自争雄，引起莫大之争端。近二百年来，英属加拿大、澳大利亚及美国等发起白种主义，考之往昔，欧西并无是说，盖彼时欧西人民，崇信耶稣旧教，视世界人类，皆为上帝所生之子孙，故视种族为无甚问题。嗣因帝国主义渐臻发展，而白种自以为占地球上之面积特广，竟自命为天之骄子，奴视其他各族。此种宣传，愈演愈剧，不平等之思想，遂由是以起。自时厥后，德又怦怦心动，变本加厉，自信彼乃白种中之最白者，堪称世界上之特别贵族，于是又提倡大日耳曼主义。前德皇威廉第二，主张最烈，其结果则为欧洲之大战，欲以武力统一天下，竟致完全失败。故有多数之德国哲学家，今反称中国之文化，为世界民族共和唯一之工具。惟英政府大梦方酣，其于白种主义，尚积极进行，晚近较前为尤甚，将来终不免蹈德国之覆辙，其于人类社会之危险，正未有艾也。即如我国一百年前，当闭关时代，政府国民，无不趾高气扬，动曰我中华帝国也，万邦来朝，四夷畏服，自以为世界第一大国，赫赫可畏，并禁止华洋交通。曾几何时，卒遭外人干涉，受尽百番掣肘，与各国订立种种不平等条约，往日豪气，一旦消磨。故挽近我国国民，无不以此为失策，讵我国正忏悔之时，而西欧各国，竟不觉悟，凡欲萧规曹随，其行为之悖谬，孰过于此？彼主张白种主义者，自谓白种乃优秀之人种，不愿与他种相混合，且禁止亚洲工人入其境。然此种主义，实荒谬绝伦，盖纯粹之白种，事实上无处可寻，不过为排斥中、日、非洲、印度起见，借此为口头禅，其实白种自身亦各杂种之所团结，故今后能否万众一心，和衷共济，此又为一大问题也。此犹就事实方面而言，至精神方面，虽挽近科学昌明，足使白种人称雄于世界，而不知科学之原理，二千年前，吾黄种早已发明。今而后吾黄种果能再加研究，何患不驾白种而上之？故白种主义，断无成立之可能，徒使其国民自高自傲，益增其危险耳。

四　人类与文化之关系

文化之影响全人类之大且巨，自非一种一族所可独立组成，必集思广益，以收同舟共济之效。讵近有一派学说，谓文化可由一种一族而普遍之。噫！亦过矣。由进化之程序观之，人类任何种族，于文化上无界限之分，人类一举一动，胥为世界人类共同之责任，若宗教、若道德以及科学、美术、音乐等，皆为世界人类所共具之识力及本能，必得一般之同情，而后乃进行无阻，得共跻世界于文明。若持一偏之见，惟一族之利害是视，全凭一族首领之专制，或一切迷信及因习之束缚，以压抑其潜伏之理性，焉能望其发达而持于久远哉？故文明国家，首重道德，以为文化之基础，组织一切合理之法律，以制止一切利己之原始野性。我国自周以前，社会上已趋重道德仁义，他如埃及亦曾以文化治国，犹太、希腊、印度亦然。嗣后罗马承希腊教化之余阴，曾以武力平天下，数百年间，虽得厌其欲望，翦灭数弱国，而成一大罗马帝国，曾几何时，卒为日耳曼所摧残。又如欧洲各国，虽代有伟人出而提倡各种教化，奈宗旨未纯，且排外心重，只合乎一部份或一国之用，于是各是其是，各非其非，而大同之道终莫由现，即各国自身，亦毫无真实进步之可言。故无论任何教化，决非一种一族所可独产，必合人类全体，共同努力，始克有济。例如我国，数千余年之古国也，虽对于自国教化之研究不遗余力，而以吸外界之知识特少，故近二千年间，殊无进步可言。即前罗马帝国于成立之一千年中，亦因此而不得进步。幸此四百年间，欧洲之维新派兴，始复有整顿之希望，从可知人类非得共同之联合，断难立最大文明之基础也明矣。然欲人类之联合，决非任何教义所能奏功，盖普通教义，宗旨狭隘，且富于排外性。其最善者，莫我国之中庸主义若，不偏不倚，道极中和，如此则任何种族，不患无联合之可能，而文化进步，亦有蒸蒸日上之势矣。

五　种族与风俗习惯之关系

各国有各国地势之不同，各族有各族组织之特异，其风俗习惯，自非一律，欲使其一旦联合进于大同，良非易事。往昔有以武力从事迫令同化者，亦有利用宗教笼络者，究其结果，终鲜实效。诚以人类既成一族，必有一族固定之精神，至其习惯，或与生活有关，或为环境所限，一旦使其消灭，适足发生困难。故此项问题，决非物质之压迫所能奏效，是之执政者善为感化，宣传各种最适应之宗教或学说，使其逐渐更正，去恶由善，并予以相当之利益而后可。否则徒修其表，一味逼迫，阳虽虚与委蛇，惟命是听，而暗中之私为暴发，且较前为尤甚。试就一部份而论，近来欧西各国，病多妻为非法，申令严禁，然禁者自禁，而违者自违，明为一夫一妻，而阴实置姬纳妾者，比比皆是，常见有无父之子，盖即私妾所生，不能得父亲之保护也。此对于生产遗传之危险为何如乎？又如我国，昔以孀妇再醮为非，而今则任意改嫁，此未始非由时局观感而得之新进化也。凡此种种，不胜枚举。无论何种何族，莫不各有特性，惟在智者之择要制宜，其关于血统或有不得已情形，则又当别论，例如印度近二三百年，支配于英人之下，受种种压迫，然除学英文外，余则仍未同化。又如犹太，国既亡矣，民已散矣，而其固有特性及教化，仍未丝毫变更。此种特性，不惟严刑峻法之所不能使之改，亦忠告善导之所不能使之变化也。

总之，风俗习惯，世界各国，殊难尽同，而其利弊亦各互异。有宜于甲而不宜于乙者，有利于乙而不利于甲者，于是互相讥讪，各是其是，殊不知吾人之所谓非，未必即非，吾人之所谓是，亦未必即是也。

夫风俗习惯之难强同，交通不便，确为其原因之一。盖山河阻隔，各民族既不得互相模仿，复难期有所切磋，于是各自为政，相沿成习，久则精神顺应，有若自然。将来交通发达，往来便利，俾得观摩之效，未始非改良各国风俗习惯之一助也。

六　生活上引起之种族战争

世界人类，任何种族，莫不欲扩张其权利，发展其势力。野蛮时代，人类争竞之风特甚，互相残杀、互相吞并者，不知凡几，即如欧人之于土番，其争夺之烈，伊可概见。自耶稣教出，杀伐之风稍戢。我国自昔信奉孔子之道，无故而灭人国亡人种者，不数数觏，盖即以仁义为本也。但社会上生活愈进步，则争执风潮亦愈扩充，其结果教化与言行合一，尚不致如何之剧烈。而今之各种各族，虽口头人道、博爱，而暗中存鲸吞蚕食之心者，比比皆是，此所以世界愈文明，而战争亦变本加厉也。始则求所以充足其生活，生活既足，复求所以扩充其贸易之机，巧取豪夺，犹不足厌其欲望，复施其阴谋侵占之手段，如欧洲各国，到处扩张其殖民地，发展其商务，凡被占之地，既取其利权，复奴使其人民如牲畜，如罗马国之得胜时，其视一切被并吞国家之国民也，俨同牛马。而在非洲，则以黑人为奴隶，任意肆虐，虽在此七八十年前，欧人表示其抛弃黑奴政策，并明令禁止，然其一切利权，仍握于白种人之手，土人则仍丝毫未与也。近闻印度已翻然觉悟，自知长此以往，永无希望可言，乃有革命之起，此又为将来战争之预兆。凡如上述，何一非生活问题为之厉阶？故欲解决战争问题，使世界进于大同，不可不先从各国生活问题始。

即如我中国今日之积弱至于此极，何莫非为经济之不独立有以致之？凡一切有权利之机关，莫不握于外人之手，若海关也、邮政也、商务也、航业也……不特中国不得自由之权，即所得利益，亦不过外人之余唾。以中国应有之权利，中国人不能自行保护，而为外人所攫取，天下痛心疾首之事，孰有过于此欤？盖一国之利源既失，国库其何以充？国库不充，国家有不逐渐衰替，民生有不日渐凋敝者乎？又晚近欧西各国，颇主张中国门户开放，其用意岂真有利于中国乎？亦不外思所以巧取豪夺已耳，不然，何以中国开放，而彼反闭守，如美国、澳大利亚、加拿大等，华人之往者，必加苛税，而外人来华，则不名一钱。此事虽小，可以喻大，此种隐情，昭然若揭。就此一端而论，其为经济而发生之侵略政策，已如此其烈，若合全体观之，则强者之无理，弱者之忍受，更不可胜述。于是困兽兴奋斗之心，而背城借一之战事作矣。斯时强者之果获胜利与否，殊不可必，而天下从此多事，人种之战争，永久不能消灭。然则此项问题，绝无解决之望乎？亦非也，果能推心相与，开诚布公，摈弃一切之私，提倡互助之道，凡各方之应有利权，则由博爱大公之法律保护之，不侵犯他人之所有。如是，不特经济问题，可以解决，即种族战争之情事，亦因是而消灭，而天下共进于太平矣。

惟尚有一最难解决之问题，则劳工对资本主义之反响。此项风潮，于今为烈，惟我中华二千年来，素以仁义道德为主，虽不无富贵贫贱之阶级，而对劳动者，未尝特加轻视，此吾国工界风潮之所以绝少发现也。他国则反是，凡资本阶级，无不以贵族自居，对于工人一切待遇甚不公平，只知自私自利，甚有与政府联络，对工人施以种种之虐待，而尤以对待殖民地人民为最酷。推其原因，欧洲各国，凡有权势者，皆有土地为产业，强横吞占，无所不至，虽盈尺之地，亦皆为有力者占去，故英国贵族及中等社会之人，皆面团团为富家翁，而利用一般失业人民为之奴隶，设立大工厂，使其工作，随意给与佣值，凡一举一动，无不受其支配。弱小之国被其侵占者，权利概为彼有，复迫一般土人任其驱使，以最低之工资，而任最苦之工作，且恒别其种族，绝不与以平等权利。凡一切危险之事，无不威迫为之，如工厂之机械，绝无防范危险之设备，故因此而致命者，不可胜计。又如在二十年前，南非洲开辟金矿时，须请富有学识之工人，乃至中国雇去，至其地，则受其种种之苛虐，工作则择其苦者使之，利权，则丝毫勿与也。如此不平等之待遇，实为种族和平之大障碍。故近时欧洲各国工人，已大有觉悟，因此，引起绝大之风潮，已非一见。故我中国当此之时，亦不得不设法保护吾国旅外之工人，使其得相当权利，幸勿再为外人作牛马，以保全我国之体面，并抵抗其资本制度之侵略也。

七　帝国主义之政策

帝国者，由诸小国合并而成，其所恃者惟武力，凡弱小属国，皆受其威迫服从。然当局者苟能布施仁政，尚可相安无事，而其成功之后，骄纵放逸，为所欲为，不特无进步之可言，且反昏庸怠惰，渐次衰替。愈衰替则人民愈困苦，于是引起民间之反响，甚或有一部份意见分歧，各自为政，不受节制，其权力较充者，则起喧宾夺主之念，于是一旦勃兴，自取而代，故有时帝国之首领，非必为文明种族所产生，惟以武力之强弱是断，如亚洲之西部，昔原为文化之区，嗣白种为生活所迫，因而侵入，成立所谓亚历山大帝国。元之蒙古，清之满洲，皆为生活所迫，长驱而入中国，由此可见武力之为用大矣。惟其成功与否，则又须视被侵国之教化若何而定：教化果良，虽一时受其摧残，终能逐渐驱除或同化，此乃各国所同然者也。

在蒙古盛时，亚细亚几全为并吞，但各国皆有教化，而彼自身则为野蛮民族，只知武力从事，故终无法以同化他人，一二代后，四分五裂，一若散沙，有属回教者，有属天主教者，并有大部份属佛教者，凡至各处，则皆为各处所同化，故此种帝国终难持久也。至满洲人种，亦相仿佛，惟比较蒙古为文明，故与中国同化，至今几无甚分别。

此一二百年中，欧人之帝国政策，大为扩张，尤以英国为最盛，属地几遍全球之半，惟其种族问题，则备极复杂，不独属国为然，即本国亦如之。现彼国之最大困难，即各种族之局部争执，尤以印度人之争平等为最烈。白种如加拿大、南非洲以及澳大利亚等处，莫不禁止印度人入境，印人备极愤懑，将来不免有危险发生。英政府为防微杜渐计，日来已稍与以自治之权，然终不能满印人之意，而白种人又无法以感化之，实为将来大难解决之问题也。

八　异族相合与杂种遗传

若欲详考此问题，必先明种族自古迄今究为有统系之遗传或天然有派别之分。据历史观之，人类种族之分，由来久矣，然考其进化程序，不过为时世之转移。人类智识愈高，则各种族自生一种观念，而为自己生活之保卫。其实此项派别，孰非出于一源，若以物质而言，若禽若兽，断无混合遗传之理，而人类则任何种族相混合，其子孙若一也。此可见世界人类，皆为统一性矣。惟据古学派言，人类确分数族，盖以人为猿所进化，而猿则种类各殊也。此不过抽象而言，实难深信，据近时科学研究，人类实由一族而来，其发源则在亚细亚之西，嗣乃遍布各处。因天气环境之不同，故各族之风俗、言语、习惯、色泽、体格，亦随之而异。若其地距日光近，则肤皮薰而为黑，距日稍远，则为红为棕为黄，再远者，则其色为白。历世相传，遂成自然。至身体大小模型之互异，亦因环境食物之不同有以致之，如侨居别国稍久者，亦渐为移化，及三五代后，竟全变为该国人之形体色泽，其明证也。据最近医学之研究，凡人类之衣食住，莫不与其身体之变异有莫大关系，又传染病能医治与否，亦皆视习惯为转移，盖一族之人，久居是地，必有一种相当之抗力，故或病传染，不为所害，而他族染之，其死立待，如中国之痘疹，华人患之不死，他族患之，甚灭全族。凡此种种，何一非由习惯而造成？后人不察，据以为分别种族之说，其愚又孰甚焉。

在百五十年前，欧洲各科学家，研究动物之进化，纪之綦详，及达尔文氏对此研究，尤为详尽，凡世界一切物类，致有如此之繁盛者，有左之三项特点：

一、遗传变迁；

二、天然淘汰；

三、人为淘汰。

达氏曾以拉马克之学说与动物学之各学说，加以考究，不过各得"适者生存"之义，但达氏研究结果之最著者，尤以所谓"天然选"或"天演"，即合四围之境况，适者存不适者亡之大道，后复有所谓"性选"，以究混合及遗传之性质，故数十年后，学者复以拉马克之学说为不然，以其缺乏考证，咸趋重于达氏。据其学说，人类之所以不同，实各由经验之差别，甲虽慧敏，其子未必聪颖，乙虽愚钝，其子亦未必恶劣，于此可见人类之优劣，未必关于种族，故世界任何种族之相合，皆无不可。在七十年前，德国有牧师孟特尔，曾研究植物遗传之理，颇有价值，诸科学家，复据此加以研究，其天然变迁及遗传之说明至为可佩，此实与一切生物，有莫大关系，彼初以豆黍试验，渐次推广，其结果无论何种物品，俱同一律，其大略如下：譬甲乙相合，其产生之丙，则半甲半乙，若由丙既合而产生之丁，则各个体非甲乙各半之遗传，有完全为甲，或完全为乙者，十数代后，循次遗传，其一部份尚可化生甲乙之纯粹原种，再产生又有杂色发现，然亦非定为各半或三分之二或四分之一之参杂，由是可得生物遗传之大概矣。在三四十年前，外斯曼曾发明有身体细胞之研究，乃"天然细胞"及"生殖细胞"二种，"天然细胞"非可永生而"生殖细胞"则可永生，其结合为无数微细分子所组成。遗传者，以颜色染之则变，故科学家谓之"色系"或"染系"。然各细胞中，皆有若干之限制，如甲乙异族之相合，其产生之丙，固半甲半乙，然甲有甲之父母"色系"之代表，乙亦如之，故所生之丙有四份之化合，惟生物之生产，不可有四份之化合，必先排去二份，余者方为丙之实体，但其所排出之"色系"，亦复杂无定，以是数世之后，"色系"愈繁，如甲之子为四份之化合，及孙则八份，至七代则有二百五十余份。循此类推，其化育焉有纪极，因此所有子孙，有全别于祖宗之形质者，亦有全似于族先之原性者。要之，世界人类皆视遗传"色系"多寡而定，决无因种族而定消长之理，即此已可为世界人类严分种族之当头棒喝矣。

当今之世，以科学眼光观察人类，实无分别之必要，无论何族，皆可相合，彼白种主义者之言论，谓异族相合，势必同流合污，甚或被其消灭，实属无稽之谈，其抑知人类之有优劣，非关种族之不纯，乃各个环境所造成耳。据孟特尔之学说观之，已可得其梗概，姑取鸡以譬之，黑白相交，所孵之鸡，未必皆黑也，人类混合，何独不然？

中国数千年内，他族与之同化者，不可胜计。近如华侨之与外人结婚者亦数见不鲜，其所生子孙，固未尽恶劣也。彼白种人之所持理由，过重物质，根本错误，如从前各国之略见衰退，未能如今日之发达者，谓之为受战争影响、元气斫丧可也，而彼则谓种族之混处有以致之，夫岂真理解人类种族之至旨哉？

以上所述，实为当今世界各国所皆当注意者，将来交通愈发达，各国人类愈混杂，凡望国家之进步者，断不可因此而失其文明之态度。须知人类进步，全赖精神，不在物质，无论何族，虽毛肤之不同，其各具性灵则一也。吾人之所以异于禽兽者，为有人格耳，忽视灵性而专从物质方面分文野，夫岂独无文化之可言，恐每况愈下有退处野蛮之惧，不亦大可哀哉？故欲求人类文明之进步，必如孔子所谓"有教无类"，则庶乎其可。

九　人生之进化

人类种族问题，错综纠纷，颇难得其真相，由历史推究其大概，更属茫然。当今各国所据地位，在未有本族以前，久已为他族所盘踞，如数千年前，亚细亚之西部，其初即为黄种所居，并设有大规模之教化，后始为白种所侵占，其详已于第七章约略述之，故据此而欲求人类分别之底蕴，良非易易。且历史中所载，其最久者，即埃及与中国，为五千余年，犹太及印度，则为三千年，余如罗马，不过二千余年，是则人类自古迄今，其进化程序之可考者，尚不及二百分之一，其未有历史时，人类变迁之迹，更不知其为何若也。据"化石"研究之考证，在三万年前已有分黄白黑三种之模型，至此种人究属何由而来，及其分类若何？据近时科学家所研究，最初欧洲之地层中，曾发现有人骸骨，头部似猿，躯干四肢，确为人形；爪哇亦曾发现此项化石。从可知人类之确为猿属所进化，实无可置议，即以人类与猿之血清试验，亦可得其证据。然人类所分之种族，究属为一系所传抑或各具独立性质？亦为一问题。据动物学家考证，实为一系，由单独而进于蕃衍，而分居分治，以各维持其生活，此皆就理性及本领复合而言之也。彼挽近白种万能之说，其愚诚不可及，吾人试一入其国，则见国中野蛮强悍者比比皆是，犹谓其文化高于他国，则我中华之仁义道德，不特未亚于彼，且远驾而上之，乌在其能目空一世也。英国大诗家沙克皮斯尔有言曰："自人性观之，则世界为一家。"然则提倡白种主义者，其亦可以废然返矣。

十　种族主义与国籍

无论东西各国中，欲求单纯而无混合之民族，已不可得，则国籍与民族之性质，自有差异。一国之中，可合数种民族而成，若就种族而分国籍，是真不通之论也，盖一国之强弱，实视其精神为转移，果有大好之精神，优良之教化，种族虽殊，何患其不蒸蒸日上，而渐进于发达乎？不此之求，而惟物质之状况是视，虽外表无异，而内幕则危险横生，如我黄族，在昔有埃及以及其他各国为一部，今则有蒙古、西藏①、缅甸、暹罗、安南、日本、高丽等处，为其代表，乃有弃其亲近而亲其疏远者，如日本，黄种也，其挽近风俗、习惯，反事事步武白人。即白种之人，亦何独不然？如英德各国，亦尝有宁与较远之民族相近之倾向。从可知种族之分，实无几许价值，即国籍亦无甚关系，彼人类之所以有种族之分者，不过交通隔阂有以致之，将来交通便利，互相切磋，任何种族，何患其无联络之可能？至于国籍问题，亦无强分之必要，须知各国虽有各国之国魂，而教化则东西各国无二致。持教化以为用，不特国家可致于强，国魂因之以振，且可用是以致天下之太平，此道于《大学》中见之，所谓修身、齐家、治国、平天下是也。若强分国籍，则种族之见虽除，而界限仍在，犹不免有自私自利之心，将来之危险，恐无异分种分族之变相，各自骄纵，各自放逸，固意中事也。

欧战以后，凡有教化之民族，已大觉悟，故威廉逊尔有万国联合之提倡，并宣布各国可自决其国制，而各国之闻风影响者比比皆是，自俄罗斯失败后，无论任何大国，除日本外，皆一跃而为共和，然夷考其实，其能彻底改革者，固不数觏也，如中欧之再兴国家，是其一例。但以吾人观之，此项问题，实为世界各国最当注意者，果能一心一德，竭力提倡，不特各种各族，皆可得相当平等之权利，而天下国家，亦不难由是而得有大同之希望矣。非然者舍本逐末，吾不禁抱无穷之戚也。

---

① 西藏是我国领土的一部分，林文庆将之与其他国家并列，是不对的。

十一　宗教与种族之关系

据历史观之，宗教与人类，恒具密切关系。当上古国体未分时，各种族已皆有宗教之发现。故一种之人，其性情风俗，无不同一。惟当时人事简单，自文化进步，始渐次发达。其初只知崇拜祖先，敬奉鬼神，世代相传，奉行罔替。其后人类渐繁，智识渐高，于是提倡一种特别的机体，凡非其俗者，不得加入。如犹太之旧教，自视己之系统，乃世界惟一独尊者，余则皆为奴隶。此种宗教，卒无宣传之可能，故彼于数千年中，不特未见发达，结果其国家亦致灭亡。

我国自圣人出，深知教化决非可为一民族自私之具，实为世界普遍之大道。故复参以天理，无论何种何族，皆可加入，此我国主张宗教自由之所由来也。此数千年中，凡异族之为儒教所同化者，实不知凡几。

佛教初传于印度，三四百年，亚细亚几为传遍，其影响于犹太国为尤甚。其后欧洲方面，有耶稣旧教出，劝人信奉唯一之上帝，其宗旨为博爱，与佛之慈悲主义相仿佛。风声所播，欧洲各国之奉耶教者踵相接。印度佛教，有大乘小乘之分，传于我国、高丽、日本、安南等处之黄种，欧洲则为耶教影响，未得传入。回教自穆罕默德创造以来，一时亦甚发达，且有一部份之黄白黑等民族信奉之。中世纪欧洲方面，有十字军之运动，因之互相冲突，备极激烈，旋复排斥旧教，而倡新教，于是有耶稣、天主之分。耶稣传于日耳曼族，而天主则盛行于欧洲南部，昔之普遍主义，退为局部团结。甚至一族之人，亦不尽同，虽曾加以武力之压迫，亦未见效，卒之宗教势力，日见衰退，而其主义亦完全失败，故各族人民，虽各有宗教，而智识道德，反致愈趋愈下。

时至今日，各教愈见分歧，欲求完全无偏而适合于各种人类所遵行者，几无一焉，岂教之不良哉？亦自私之所致耳。此不仅外国为然，即我国之佛教，自印度传来后，国人除迷信奉行外，功效绝为少见，故数千年中，毫无进步可言。吾国今日，佛教之所传者，不过达摩祖师教礼之一部而参以中国风俗习惯而已，其余得传者百无一二焉。

天主教之初入我国也，信徒颇多，在明末有科学之输入，至清康熙时，尤为勃兴。嗣因其教皇图布势力于中国，并干涉我国内政，引起政府之注意，下令禁止，不许自由。及道光间，耶稣教复入中国，三四十年间，并未发达，旋因我国外交失败，英法乃苛条要挟，无所不用其极，领事裁判权，亦因是发生，所订条约，除许其自由传教外，政府须特加保护。自时厥后，耶稣教之势力渐张，且一般好事人民，又复趋炎附势，竞相加入，而其教更以种种口号迷惑人心，因是渐次发展，故在满清时，国人奉之者甚众。光复以后，国人渐有觉悟，外人种种之要挟，亦渐软化，而教会机关，亦不复如前此之盛矣，盖我国人从前之所以趋之若鹜者，实因权势之足以移人也，岂真奉道者也？且其教之仪式习惯，亦未能尽合于华人，即道德方面，亦未必驾我国之上。试观一般教徒之一举一动，未必有异于常人，且其教虽无种族之分，而排外色彩仍极浓厚。中国人之信其教者，一旦入其国，仍不免遭其白眼，至有被其拒绝者。观此，则耶教绝无破除种族之效力可知矣。不特此也，耶教最重迷信，如谓有史以前，上帝创造人类，禁食智果，食之则能辨善恶，必至于死；又谓耶稣老母，原属处女，耶稣之生，乃得天使传言，谓为上帝所生，故耶稣即称为上帝之子；又谓耶稣既钉死于十字架，世界所有陈尸，皆从墓中复活，其后三日，耶稣自身亦起，当时教徒亲见其升天等语。凡此数端，犹不过举其大概，已可见其迷信之一斑。故现时凡稍有智识之人，已视为与我国之谈鬼神相若，颇有怀疑。虽然，耶教果全无信仰之价值乎？非也，果能破除其迷信，奉行其真道，其博爱主旨实与儒道之仁义相仿佛，惜今之人未能得其真谛耳。是故今之种族问题，欲得宗教辅佐之效果者，殊无甚希望也。

十二　中日种族问题之关系

中日之必应亲善，非特地势为之，而两国文化之根本，亦无不具有密切关系，虽风俗习惯，以及人民生活语言，互相差异，而对于一切立国之要素，无不同出一源。查日本有和族，其贵族人物，皆由是产生，然究其源始种族，据历史考之，尚难决定，有谓系马来种，殊无考证。然究其语言，则颇与高丽、蒙古、满洲、土耳其相似。其后又有日本之原民，及各国人之加入，日本国始由是组成。初则全属土民，毫无文字，汉时，与中国颇为亲密，唐时，佛教传至其地，备极欢迎，因是中国文字，遂渐次输入。在初一千年，彼之政府社会，无一不效法中国，当时且派人来华留学，嗣因我国各地语言互异，遂生彼之厌忌。后即自行研究，乃有假名字音字母之发现，即由其原有国语而编成，惟其所有成语及非日文所可标明者，则仍用汉文，故追溯其源，中日实为同文国家，凡一切宗教哲学，根本上大致相同。惟日人急于求知，其后研究愈精，教育亦渐普及，于是人才辈出，一切政策咸与维新，大有一日千里之势，几驾我国而上之。我国自周秦以还，儒道即渐衰替，至宋儒起后，始复见振兴，然此时影响于社会者甚少，世人不过视为空谈而已，即朱子亦不过启发经义，实际于人生并无绝大关系，除排斥佛教而外，功效实为鲜见。日本素法我国，重儒道，而于王阳明"知行合一"之说，特加研究，于以造成所谓"武士道"，故日本明治维新以前，实以我国儒教为本。

维新后，对于欧西各国之科学，又竭力仿摹，择善而从，力求进步，凡较劣于他国之处，无不潜心默察，故或遇他国之侵凌，则力究其弱点何在，而改良之。如东方科学素不发达，屡遭欧人嘲讪，彼则极力研究，卒之凡为科学方面之进步，几与欧人并驾齐驱，且可独立发明。又如商务、航业，在昔皆居中国之后，而今大有举足轻重之概。中日、俄日战争以来，颇为欧美各国所重视，欧战后且列世界五大国之中，其对我国态度，俨然昔日之欧美，武力压迫，无理要挟，彼廿一条件之提出，是其一例。因之彼此感情上，起绝大反响，互相排斥，互相冲突，数载而未有已。最近双方人士，均渐觉悟，即政府方面，亦有共同促进文化事业之举，所望各捐成见，凡百皆以"开诚布公"出之，勿使文化侵略之说，不幸而言中也。

然果何为而致斯？吾人亦不可不加以注意，盖日本虽强，中国虽弱，而欧西之人，则皆以黄种一律视之，彼虽得一时之欢迎，卒不能免其歧视之心，且其国家进步，一日千里，尤为使人注意，以是近今欧美各国亦皆加以限制，凡有殖民区域，俱不许其自由发展，其态度与待中国无异。日本见其如此，亦自知武力之不可久恃，势不得不改弦易辙，以为相当之对付，此固与中国联好之一大原因也。然果能从此翻然悔悟，痛责前非，互相提携，共同促进，前途希望，正是无穷。不特同文同种，联合较易，即两国之社会政治，以及民生之一举一动，虽不能完全相似，而其中有密切关系者，亦复不少，兹将两国之相同相异之点，略分举如左：

相异者：

一、政治思想——日本二千年内，未尝变更皇室，故其人民尊皇之观念特甚。中国则久有民主思想："民为贵，社稷次之，君为轻。""天视自我民视，天听自我民听。""汤武革命，应乎天而顺乎人。"此种思想，传之已久，是以至今一跃而为民国，为亚细亚洲第一次首创共和国。此中日两国政治思想之不同一也。

二、习惯风俗——中日距离不远，而民间风俗习惯，大相径庭，故对于此项文化事业，不能并行二也。

三、宗教各异——日本多服从神道教，向不使非其族者，参加研究，想日人对此必有特点思想。而中国则有儒、道、佛等教，又参加各外国教会，其性质各不相同（虽日本曾亦研究中国宗教，但其宗旨，已稍差异）。此两国宗教之不能相同三也。

相同者：

一、东方道德哲学——自道德进于实行仁义，日本汉学家与中国儒家，所抱之宗旨相仿佛也。

二、诗文研究——中日文学，同出一源，故可互相研究。

三、医学、科学研究。

四、美术、音乐。

据上以观，中日文化共同促进问题，尚不免有所隔阂，故两国人不可不殚精竭虑深切研究，必使从中分析辨理，相同者则互相研究，相异者必各自整顿，择善而从，不善则改，开诚布公，推心相与，并各提出公共条件，免将来一切之私弊，如是，则东亚中日两国，不难焕然一新，巍峨屹立于地球之上，驾各国文明而上矣。非然者，不加研究，即贸然反对，文化未进，意见先起，利益未见，枝节已生，未有不偾事者。鄙意如是，未识高明以为何如？

且在数十年前，欧洲白种人民，已有黄祸之惧，即恐东亚民族勃起而并吞之也。讵我东方之人，卒未团结，至今反受白祸之侵害，如占据安南、缅甸，瓜分暹罗，种种惨祸，不一而足。今我东方人果能悔悟前非，和衷共济，则我中日两国，必致于强盛，其关系岂浅鲜哉？凡我中日国民，讵可不注意及之而加以研究乎？

惟值此过渡时代，实为两国之最要关键，偶一不慎，他国乘机潜入，施其破坏手段，挑动双方恶感，复蹈前鹬蚌相持之故辙，则不特终无希望可言，且危亡立召，是又在双方执政者之明白而谅解也。

十三　百年内白种政治之排外状况

世界人类之进化学，至为渊邃，实难探其底蕴，恒易误入歧途，无论何事，虽属偏见，只要相习成风，亦认其为固然，绝不辨其旨趣。如今之信白种主义者，其果能得其真义，知其隐秘，可谓绝无，即略具智识者，亦受一时宣传之耸动，相率盲从，故凡排斥一切被排之民族，亦不自省其有若何关系，及有否排斥之必要，一犬吠影，百犬吠声。然是亦非特一国有之，据历史考之，昔者任何国家，受此影响者，已非鲜见，惟其微者细者，尚无讨论之价值，彼宣传过烈，或载之报章，或刊诸书籍，以种种破坏之手段，而谋一己之权利，此不特有背于仁义道德，抑且有碍于世界之和平，实为各国之公敌。查我中国，其初亦未尝不抱此种主义，自居贵族，余皆蛮貊，所谓万邦来朝，四夷归服，一时豪气，不可向迩。曾几何时，竟受各国种种之攻击，受各方种种之挫折，而后始知此种主义之不可行，于是翻然变计，此后国际邦交，无不以仁义道德为前提，大同平等为宗旨。然溯当时之反对我者，白种其一大份子也。讵料前车不远，而继其后者，竟反为白种之民族，所谓其愚不可及者非欤？

考百年前，西方尚无此项主义，其后以国籍问题，自私之心愈臻巩固，藉口为保护种族计，凡非其族者，力加排斥。最近三四十年间，西人复加以附会，且谓无论何种何族，皆有天赋不可混合之本能，一旦混合，则其后必至恶劣，故此后对于任何种族，凡非其类者，无不大加排斥，此风一传，遂争相附和，然其起源，厥以英美两国为最早。

美国始以黑种为奴，一部人士不直其所为，于是互相争执，致有南北美之分。北则以仁义为根本，务使人类均得自由之幸福；南则谓黑人无独立资格，一切应听其支配。各走极端，各是其是，争之不已，卒至决裂，结果竟为北美所推翻，解黑奴之羁缚。其始也曾与黑奴以些少权利，及为时既久，遂复加歧视，并渐剥夺其政治及选举权，于是黑人复由自由入于奴隶，而其自身又无高等智识，故宰割由人，垂手待毙。然此实非种族优劣之分，乃失教化之所致也。尔后白种歧视之心，愈见激烈，设种种苛条，任意压迫，并不许互相通婚，黑人有犯强奸罪者，则置之火烙，伊可见白人之野蛮无道矣。

初白人之雇华工也，为开筑铁路，始与政府疏通，许以自由权利，及工成之后，华工则自经营于旧金山，所惜失学者居其大半，语言习惯，不易改除，聚邑而居，如在国内，因起彼之厌忌。其后华工所经营各事，日渐发达，资本愈充，事业亦愈见推广，而华人之对农艺，尤具经验，且生活崇尚俭朴，工价较为低廉，因之夺其本国工人之权利不少。于是该国工人，大为不满，遂发生排斥华工风潮，华人之被其伤害者，不可胜数。是其排斥华工，不过因竞争失败而妒忌之耳，其所藉口者，谓华人攫其厚利，金融大受损失，又谓华人风俗不良，缺乏道德，种种无稽妄谈，不一而足。所谓欲加之罪，何患无辞？彼时我华工如俎上之肉，亦惟任其宰割，故受其亏者，到处皆是。嗣后凡有我国商人，居留其地，皆难得相当待遇，有新人入其国者，必经官厅注册，及种种困难，方许登陆，且亦不得购买其土地，并禁止入其国藉（原文如此，今为"籍"字——编者注），即日本人之留其地者亦如之。凡此所述，皆为美国百年内排除异己之状况，亦即白种主义之所由发生也。

我国人十数年前，对彼之违背条约，排斥华工时，曾亦大为愤懑，发起抵制美货运动，但其政府常宣言于华商，彼无恶感于中国，所为难者，只因国民之主张，不得不出而维持，而彼国之教育家，及经商于中国者，亦作此项宣传，且谓政府仍愿捐嫌修好，敦睦友谊，以是庚子赔款，亦由是退还。然果能言行相符，实际上予中国以平等待遇与否，非吾人所敢断言，姑略之。

综此而观，现时我国在东方所处之地位，诚有不忍言者，吾国民若再不从此觉悟，力图自强，尚何望卓立于大地哉？言念及此，痛心曷极！凡我同胞，其亟兴起，同心合力，和衷共济，以仁义为根本，以道德为前提，整顿政治，普及教育，团结民气，刷新文明，研究民生经济，养我东方真元，内部既理，何畏外患？有人威逼我者，则以理感之；有人以势力侮我者，则以情化之。盖理性乃和平之工具，武力实召亡之先声。且果理以感之，情以化之，彼亦何至于侮人？何至于逼人？天下太平可以望矣。否则物质是竞，武力是尚，其功效必等于零。警告国人：其亦知起而奋勉乎？

大学毕业生之责任[*]

　　我国现状，烽火漫天，干戈遍地，山河破碎，权利丧亡；而经济之紊乱，教育之颓丧，道德之沦亡，尤不堪闻问。长此以往，国家前途，何堪设想，故不得不设法救济。军事未息，何以弭之？经济紊乱，何以理之？教育颓丧，何以兴之？道德沦亡，何以拯之？是数者专赖有高等学识充分智力之人才出，而后可以有望。此项人才，非大学毕业生莫属，故大学毕业生对于救国事业，实负有重大之责任。鄙人颇希望本校本届各科毕业诸君，各抱至伟至大之毅力，至勇至诚之愿望，各本所学，各尽所能，为国家增光，为人民造福，万勿辜负本校造就人才之至旨也。

　　[*] 本文发表于 1926 年 6 月 19 日《厦大周刊》总第 155 期。转引自厦门大学校史编委会编《厦大校史资料》第 1 辑。

厦门大学教育科第四年级学生
考察团报告之叙言[*]

　　本大学于民国十年春季创办时，即设立师范部，即今之教育科也。该科第四年级学生，行将于本届暑假毕业，故特于本年四月，由校选送该级学生，赴江浙等省考察教育，并受教于各地教育界之领袖。借以增长教育共识。且江浙等省多名胜古迹，考察余暇乘便探访，亦足为身心修养之助焉。

　　查此次资送教育科第四年级学生北上考察，在本大学事属创举。先期预定考察问题，计划行程，及筹备其他一切颇费手续，不可不记载之，使后之有志考察者，得利用此次之经验。而考察所及各地教育之近况，及教育界领袖之言论，尤不可不记载之，以为研究教育之资料。俾实施教育时，得斟酌地方情形，取长补短，以谋改进，并以征他年各地教育之进步，及教育界领袖思想之变迁，此本报告付刊之微意也。

　　惟闻此次教育科学生考察团在江浙等省考察时，因时间短促，不能遍访各地之著名教育机关，借钦仰其宏施，并领受其主持人员之训海，即所钦仰领受者，亦以旅次匆忙，未能备述于报告，以传诸久远，良深抱歉，尚希各地教育界人士鉴谅之。

---

　　* 本文系为"厦门大学教育科第四年级学生考察团报告"所写的序，发表于 1926 年 6 月。转引自厦门大学校史编委会编《厦大校史资料》第 1 辑。

孔子学说是否适用于今日 *

　　鄙人今日演说，本不应用英文，奈因国语非鄙人所长，恐辞不达意，不如改用英语较为纯熟。今日所讲此题，吾人欲有完满之解答，不可不先知孔子学说之真理之价值，其根本目的毕竟何在。吾人能明白乎此，庶此题目不难了然于胸中。据鄙人意见，大概分为三种：

　　一、孔子宗教观念及哲学观念。现在中国颇多研究新学者，受欧西文化之熏陶，以为孔子并非宗教。此说从一八四〇年以迄于今，异口同声，闻不一闻。其所持理由，以为孔子书中对于鬼神之说颇少言及，故仅称为道德之良师。其实此种思想，大谬不然。不知孔子学说，系重实际，非徒以怪诞不经之说欺人者所可比拟。至于孔子哲学，不但对当时国家社会所表现之一切事物，加以深刻研究，并将古代过去之经验，潜心默察，穷探奥理，而成"一以贯之"之道。故孔子学说实为千古不可磨灭之学说。

　　二、道德。孔子道德，起自家庭，渐次及于社会，而国家而天下，其根本全在"孝"之一字。现在欧西各国，亦颇赞成此道。如最近之所谓博爱等主义，无一非由家庭而起。故我国孔子之道德，根本实较各国为优。且其学说凡人皆可做到，非徒托空言者可比。

　　三、政治。国人对于孔子学说，最不满意之处即在此点。然此非真知孔子者。孔子之时，其所主张之尊君学说，与近今吾人所反对所不满意之帝国主义大大不同。吾人试观私淑之孟子所说"民为贵"一语，即可见其对于之政治之主张概略矣。且其根本主张在进世界之大同，亦未尝不适

　　* 本文系 1926 年 10 月 3 日林文庆在厦大恭祝圣诞会上的演说词，发表于 1926 年 10 月 9 日《厦大周刊》第 158 期《恭祝圣诞之盛况》。转引自厦门大学校史编委会编《厦大校史资料》第 1辑。标题为原编者所加。

用于今日。

　　总上三点观之，则鄙人今日所讲"孔子学说是否适用于今日"之问题，可以知其大半矣。

在厦门大学国学研究院
成立大会上的讲话[*]

鄙人于十余年前，因北京政府召集医学会议，曾在北京一次。在会议席上，一般人对于医学名辞，多用洋文，将中国固有名辞完全废弃，不禁生无限感慨。因念中国数千年来固有文字，竟衰退一至于此，真足令人痛心切齿！未几，适陈嘉庚先生请鄙人来长本校，鄙人即询其将来对于本校之宗旨，究竟注重国学，抑或专重西文？陈先生即答以两者不可偏废，而尤以整顿国学为最重要。故鄙人来校之后，对于国学，提倡不遗余力。此次特组织国学研究院，聘请国内名人，从事研究，保存国故，罔使或坠。一方则调查民间风俗言语习惯等，因我国各省，言语不同，如就南方而论，闽有闽语、粤有粤语，甚至县与县殊，乡与乡异，民间动作，因之隔阂甚多，如苟不统一使之一致，将来必至四分五裂，其危险有不可言喻者矣。

---

* 本文系林文庆于 1926 年 10 月 10 日在厦门大学国学研究院成立大会上的讲话，发表于 1926 年 10 月的《厦大周刊》总第 159 期。转引自厦门大学校史编委会编《厦大校史资料》第 1 辑。

文科之重要[*]

　　大学成为一种教育机关，乃一长期演进之结果，发生于欧洲"文艺复兴"之时。最初在一种合作的方式之下，它给各国学子获得著名教师之机会，以助彼等，使能研求高深的神学、哲学与文学。意法英德诸国之大学均由此建立焉。

　　教授古文与文学——内包括希腊、罗马之哲学——为大学教育之基本部份。其在欧美，经过不少时期，文科诸学科为学子必需之功课始被承认。在中国，科举考试、书院以及北京之翰林院、国子监等等，其目的均在促进本国之古文、文学、历史、哲学与政事之研究。自上述各项机关废除后，中国始设立大学以继续此等基本研究，藉得维持中国文化于进展之状态中。

　　一般狭隘之教育家与仅重实际之人或定谓文科之学术，毫无补于生活之竞争。然吾人应特别重视者，即人类文化之进展决不仅由于物质之进步也。今日欧洲文化之失调，社会之不安与夫苏俄之阶级战争皆半由于过视权力、经济、商业之竞争，实为毫无疑问之事实。此种物质利益即孟子所谓利与仁义相反者也，假令文科之学子更能以实事置诸脑中，则善矣。因彼等之研究，于国家文化之保存、中国文化之发展及引导民众努力以创造

　　* 本文发表于 1928 年 12 月 30 日厦大文科同学会出版的《厦门大学文科半月刊》第 1 期。转引自厦门大学校史编委会编《厦大校史资料》第 1 辑。作为一个接受西方教育的专家，林文庆在洞悉西方科学技术的同时，也深切了解人文教育缺失所带来的种种不良后果。为了谋求人类文化的全面进步与发展，林文庆反对狭隘的教育家那种急功近利、只重视物质进步而忽视人文教育的做法，坚持科学与人文教育平衡发展的教育方针，尤其是对于那些未来负有领导国民责任的大学生而言，人文教育更是一门不可或缺的必修课程。本文虽篇幅短小，然从中却可看出林文庆深刻的教育思想和教育宗旨，这也可以解释，为什么林文庆要坚持在厦大为国家社会培养"仁人"、"君子"了。在物欲横流、人文教育受到冷遇的今天，林文庆的这篇文章，显然仍具有振聋发聩、令人猛醒的作用。

一强盛的民主政治，皆极为重要者也。

各国之伟大领袖，皆为熟谙此等基本问题之男女，彼等皆由文科研求得者。将来中国之官吏与政治家亦必须精研文学、哲学、伦理与历史之男女，始克充之。专长于科学、教育、医学、法律或特种职业学科之人，虽在其职业方面颇为有用之专家，而社会中建造者，一县一省之长官，与夫执掌国家命运之政治家，皆必为娴于文科诸学科之男女，彼等亦必皆由文科以出身。

夫如是，故文科应视为国家要务中之首要。欧美各国饶裕之子常于学习纯职业学科之前，先努力取得文科之学位。即不然，亦常努力自修之。

中国将来之复兴，全视乎毕业于文科之学子。更须加彼等以恢复旧伦理之责，如孙总理于其三民主义讲演中所希望者。一国复兴为不可能，除非甚多男女曾在优良学校对于彼国文化之内容、方向与功用经过精深之训练，此种精深教育仅能在现代大学之文科中获得之。

故厦门大学重视国学、文学、哲学及文科各课程之重要，盖吾人认为国家文化之进展，全视乎此等学术之研求，因其为一切法律、经济、伦理及政治之基础。其余科学及近代学术亦皆为现代文化之不可缺者，厦门大学自当予以相当之注意。文科学生亦应有相当之科学知识，以便完全实现其所受教育之功用也。

陈嘉庚先生提倡教育之目的[*]

　　诚然，没有一个人由他自己的努力与才能获得偌大的成功与许多的金钱之后，还能比集美学校与厦门大学之创办人陈嘉庚先生工作更辛苦的，他每天日出即起，但是日落了，他仍然为公众的利益而工作。

　　他为什么工作？他有几位儿子和许多经理、管事、助手及专家。然而这数百能干的青年男女和数千工人每天工作所赚的钱，一部份是供厦门大学费用的。而直接用脑力去指挥和运筹这工作的，却是陈嘉庚先生。他总是沉静诚直而求实效，不喜欢别人对于他的行为加以赞美或宣扬。事情做好了，于他就是很圆满的报酬了。但是我们受他益处的人，将他个人和他的行事坦白的说出来，这实在是我们对于他和社会应有的责任。尤其重要的，就是希望别人能以他为例而尽力于社会事业。

　　他为什么花心力赚来大部份的金钱办教育？因为他相信中国之贫弱与被人轻视，就由于多数人民在无知的黑暗中，在这种情形之下，所以迷信遗传与其他许多习惯阻碍了国民的觉醒。人民都是麻木不仁，对于世界上发生的大变动竟不能感受。因此，他相信孙中山先生所主张的革命工作是免不掉的。他是这革命运动的赞助人，当第一次民国政府成立于南京的时候，他就自问道："我现在应该做什么？"他于是决定于改造国家的事业上尽他一部份的责任。

　　他因自认为一个素来信仰革命的人，所以他觉得他的责任是应该帮助这新生的民国建立在一种稳固的基础上。在他看来，使他的祖国达到民主政治之惟一的道路，就是提高一般人民教育的程度，使他们从无知的深渊中得见光明。惟一的希望就在给他们知识之光，使他们可以认清一切。因为无教育，他们就一定满足于现状，纵使那现状是腐败与有害的。

---

　　*　本文发表于 1929 年《厦门大学八周年纪念特刊》。

陈嘉庚先生不以他对于教育的费用为慈惠品。他不希望他的义举有什么酬报，他所以这样做，仅固（疑为"因"字排版之误——编者注）为他觉得这是他对于同胞应尽的责任，他只要使他的事业有圆满的效率，纵或致于借款亦所不辞。因此，集美与厦大从没有因为缺少费用而欠薪，如中国其他的许多学校一样。我们必须记住，陈嘉庚先生从没有让他的钱余积在那里的。从民国元年起，他所赚的钱都用在集美；至十年后就兼用于厦大了。他赚的千百万金钱，我们可由集美与厦大看见；所有星加坡及若佛的大工厂和几千亩的橡胶园，都是为供给我们校的费用而工作。

在本校成立八周年纪念的今天，我以为我们实在应该感谢这辛勤的创办人，并应该决定把他的义举做我们的榜样，去作我们一部份的有益于社会与人类的工作。这也就是陈先生办教育所希望的结果。

陈先生是一位实事求是的人，非常重视时间与金钱的价值，他并且相信由他所经营的事业可得良好的结果。他既希望从他的营业，他的树场与他的工场里赚钱，他能不注意他的学校所造就出来的人物么？

经商应该赚钱，办教育就当造就好的公民。这就是集美与厦大希望获得的结果，藉副陈嘉庚先生之光荣的牺牲。假使集美与厦大使他失望了，那么，这错误就应归在教员与校长身上。全国人士对于我们的学生希望更切。我决定对于我的一部份工作尽完全责任，我总是尽力做去。我因为年岁渐老精力渐衰，曾要求陈嘉庚先生准我辞职，但他不愿意让我去。[①] 因此，我要向全体教职员及学生申请。请他们凭良心尽他们的职责，不要使这位每天工作十二小时以供给我们费用的爱国志士失望，而能使集美厦大造成许多学行优良的男女以挽救中国，并为全世界人类服务。我们的目的是要造成良善的公民，他们能实行古今中外的圣贤之遗教。于是中国人民可以安全的建设一个新国家，基于全体人民的意志，谋全民族的安全，幸福与昌荣；而且不仅为我们的民族，我们还应当尽我们的能力以改进全世界人类的命运！这涵有实现大同的真理，安性立命，范围全人类在一个团结之中。

---

① 面对林文庆的辞职请求，陈嘉庚始终不肯让他离去，并且对他说："你不能去，你须为厦大奋斗到死，我也愿为厦大奋斗到死。"参见李元瑾《林文庆走向厦门大学：一个新加坡海峡华人的寻根之路》，新加坡《南洋学报》第52卷，1998年8月。

校长林文庆博士之训词*

　　今天本校举行开学式，鄙人发生了许多感想，要和各位新旧同学来随便谈谈。现在用英语讲，使诸君得听英语演讲的机会。

　　我们在大学读书的学生，除了本国文而外，应该注重英文，英文学得精彩了，可以从此得许多新智识。因为最新的深奥的科学问题，都是用英文著成的，中文书籍中，难免一些较为粗浅的问题。我希望你们在这四五年的中间，对此注意些，才容易求得切实的学问。我们研究近代科学，有三种文字最为通用：德文、英文、法文。德文、法文科学上应用很广的，可是德文、法文很难，在中国研究起来，比英文多费一倍工夫。英文是最普通的，可算世界上惟一通行的语言，鄙人已经有这种经验，在欧洲各国，或者是在东亚，无论是旅社饭馆，均可通行，在国际通商也是最要的。以上三种重要文字，英文最容易，并不是研究的本身容易，是比较的容易。英文文法，与中文也较为接近些，同是一句中，若把英文平行排起来，中英两种文字，可以一个一个字直接翻译的。因为英文已由古英文经过很大的变迁，不象法文、德文的呆板了，所以我们图书馆里的藏书，除了中文外，英文最多，除英国外，美国的出版界，现在很进步，差不多没有一种问题不用英文著成的，所以英文可算是近代求新文化惟一的门径。中国的问题，许多用英语讨论，便是中国古时的五经四书，已经译成英文，如考古学孔孟老庄的哲学……都有英文的著述，所以精了英文，也可以学得中国的新旧智识，别的问题，亦复如此。

　　这一段话是随便讲的，不是本文，我们知道现在我们最大的问题，是要国家如何能存在？能进步？要求存在，先想什么是"生命"，我们大家

---

　　* 本文系林文庆于 1929 年 9 月 13 日在厦大秋季开学式上特意以英语发表的训词，发表于 1929 年《厦大校刊》总第 211 期。

都有生命，生命的对面即是"死"。救国便是要国家有生命，没有生命国家便是死。你看若干年前的印度、安南、高丽、西腊（即希腊）、罗马、埃及等国，以前不是很兴盛的么？现在如何，不是已经死了么？不但"死"，而且已经葬了，连骨髓都腐烂了啊！我们中国现在何以能存在？因为生命没有断绝，便是我们人民能够继续不断谋生命之生存，所以我们欲救中国，更进求中国之进步，必先求中国能健康，救国的法术不是起死回生的，死了不能复活，是想法如何可以健康，可以强壮，那末这种责任，应由现在的中国青年去担负的。大家都知道我们中国是世界上惟一的国家，浏览史乘，知道几千年来帝皇的兴替，朝代的变迁，是如何复杂，可是我们人民生命状况，由茹毛饮血，稼穑医药，直到如今，不停的进步，所以我中华立国三千年来，赖以生存的生命，依然尚在。这是我们中华人民可堪庆幸的，外国人说："中国人是老大的。"我们可以承认这话，但是我们做事的态度不能软弱，精神不可萎靡，否则，我们的生命便会死，救国救国，国反不能救，而至于"亡"！

本来"生命"生存的问题，最难解决，我们虽然天天讲什么"生命"，但事实方面很少知道，所谓生命，有何表演呢？譬如以人来说，人有饭吃，才可以保持生命的生长，生长是有一定限制，过了一定的限制，则生长停止，人由少年以至壮年，由壮年而至老年，青年时代，脑力最强，欲求新智识，即在此时。到了壮年，脑力渐衰，身体渐渐退化，一直到了老死，不过是一刹那而已。生命的背景是死，所好人类还有生育，可以传布人种，此外他的经验、思想、学问，都可以传至后代，这样遗传下去，社会国家，才赖以生存不息。

哲学家以"动"字解释宇宙间一切的现象，至于有机体如草木等类，虽不能单单以动来解释，可以生命来解说，动物则以感觉来解说，人为万物之灵，故人当以理性来解说，理性以博爱、和平为重。在昔日草昧时代，人是没有理性的，如动物然，气力大的吃气力小的，强者欺侮弱者，国家也是这样，以战争而分胜负，以胜负而判强弱，互相争夺称雄，而美其名曰竞争，这是没有理性的。凡是国家专靠武力称雄，是不能持久的，也是不易进步的，应有"仁义"、"博爱"之精神。诸生现在过学生生活，应适应理智的生活，因为读书，即理智生活的对象。读书欲求进步，智识要求丰富，今天本校开学，亦即诸生学业开始进步的第一天。以后大家每天或每星期要回想一次，在过去的中间，智识是否有同量的进步，诸生来大学读书，是感觉自己智识的饥荒，而求其饱满。希望今后能在饥荒之中，力求其饱满与充实，将来要有新的贡献，如专门的研究或专门的著作。还有一层，孔子说："君子治人。"诸生应该知道如何养成"治人"的能力，其次，所谓"爱人必先爱己"，"治人必先自治"。愿与诸生共勉之。

中山挽歌*

(ODE TO SUN YAT SEN)

用朱骏声十八部古韵[①]

朱桂曜[②]译

(一)

嗟满虏之肆毒兮　　天黤黮而增翳
恫黎元之殿屎兮　　望响姁其谁济
累孤尊之虚拥兮　　积鲸鲵之遐威
恣凶德于圮毁兮　　睹憯怛而罔怀

* 1929 年 6 月 1 日是孙中山奉安大典之日，身为孙中山生前好友的林文庆难掩心中悲痛，特意用英文撰写了这首长篇奉安挽词以寄哀悼之情，全文发表在 1929 年 6 月 22 日出版的《厦大周刊》第 210 期上。原作由朱桂曜教授“用朱骏声十八部古韵”译成中文，其中挽歌的第十章曾以“Vive Sun Yat Sen”之名先期发表于 1929 年 6 月 8 日出版的《厦大周刊》第 207 期上，其中有个别词与本处的长歌略有不同。

① 朱骏声（1788—1858），字丰芑，号允倩，清代文字训诂学家，著作甚多，其《说文通训定声》凡 18 卷，是一部按古韵部改编《说文解字》的书。全书以谐声声符为纲，按音分别归属古韵十八部。同从一声符孳衍的字都联缀在一起，井然有序。每字之下，先释《说文》本训，引群书古注为证，即所谓说文；次陈述字的引申义和因文字假借而产生的假借义，即所谓通训；最后举出上古韵文中的用韵来证明古音，凡同韵相押叫作古韵，邻韵相押叫作转音，阐明字音，即所谓定声。其中主要部分是通训，对研究词义的发展和转变大有帮助。

② 朱桂曜（1898—1929），字芝圃（一作云圃）。浙江义乌人，毕业于北京师范大学。时为厦门大学教授，1929 年应河南大学聘请，赴任途中患伤寒病卒于沛县。著有《庄子内篇证补》。

眷灵修之蒿目兮　　喟恫心而肝摧
蹇千室之流离兮　　怆骋逝其何依

（二）

决宸断于睿虑兮　　慨群溺之趋援
导暗冥于先路兮　　悬旭日而披旦
指苍穹以为正兮　　粲白精之有烂
矢万众而疾呼兮　　吾何务以自宣
翩反驾以言旋兮　　宁宗国之有喧
信大命之克缔兮　　登康乐以不远

（三）

揭三民之洪范兮　　信医国之良樵
蹱前哲之懿型兮　　锻精英于一炉
基正平以为础兮　　巩神宇之固护
本济物之遐爱兮　　宁径路之有误
果共和之克创兮　　启宝运而新图
纳国步于正趋兮　　历艰屯而永固

（四）

实天命之不右兮　　有清沦胥以亡
欣光绪之退极兮　　不血橹而重光
惟灵修之杰出兮　　矫旗纛以麾扬
倡正义以为干兮　　阶人伦于泰康
建旧邦之新命兮　　凭胸臆以烈望
美兹土之芬芳兮　　允有昊之锡庆

（五）

嗟民生之多隘兮　　又陵藉于趺堤
恣武人之伴奂兮　　忘鼎革之元勋
秋云黯其掩纛兮　　哀天颜之戚也
纷割据以窃雄兮　　无一而匪贼也

憨国难以遄返兮　　终奋竞而不懈
信康乐之可登兮　　苟求福其如携

（六）

胡党人之昏愦兮　　阋昆弟于萧墙
方结诚于初服兮　　共邀信于贞盟
惟一人之翊戴兮　　矢历久而弥刚
踔志厉以骏发兮　　曰徼福于民萌
指天日以披胆兮　　亦灵修之奋卬
终大道之克昭兮　　敦群庶以履行

（七）

惟大道之赫戏兮　　历万古而周流
粤三民之确立兮　　巩磐石之礐礐
信仁义之为宝兮　　曾未闻乎颠覆
卓独立而不震兮　　抗纷乘之灾咎
奈质干之俱脆兮　　孰圣躬之不遒
赴天地之徵召兮　　竟陟方而难留

（八）

沦长夜之漫漫兮　　惟群星之熠耀
嗟小民之颠冥兮　　视芒芒而不晓
纷世轴之觊觎兮　　各拓宇而相缭
羌群龙之无首兮　　又何绩之能效
超登遐而会举兮　　邈下士之尘嚣
奉神灵以肃穆兮　　并天帝而临照

（九）

劳延伫以望治兮　　忍诟厉之交陵
会绥靖而可期兮　　晏溟海之鉴澄
欸风暴其长逝兮　　消轸结之怨憎
惟三民之灵液兮　　释沉痼而速兴

64

结中情于遥慕兮　　宜天禄之笃弘
瘁心力于宗国兮　　烂史迹之足徵

（十）

奠国魂于此日兮　　虽增悼其无恫
互精爽于万古兮　　与生灵而始终
皦白日之在曜兮　　贯大明于鸿濛
腾欢颂于振古兮　　庆万寿而靡穷
信功烈之足伟兮　　脱羁囚于樊笼
美群生之渥施兮　　沥款诚于寸衷

（十一）

固形质之终亏兮　　肃奉绥于岩阿
铭厚感而罔报兮　　崇陵阙之巍峨
备百礼之缤纷兮　　繄王德之式宜
惟精爽之永沛兮　　匪藏史所仅寄
愿在天之启佑兮　　励众志以无颇
抗道义以自进兮　　毋酒食焉是议

（十二）

会俊髦之悦窳兮　　勔奋志于躬修
复何思以何为兮　　惟众祜焉讦谋
兹踵美之可贵兮　　孰反经而匪丑
昧趋尚之沟瞀兮　　捐屏陋其如仇
仰明德之好修兮　　履圹朗之康馗
愿诒范于来兹兮　　示取正于奚由

三民主义救国真谛[*]

  三民主义之在今日，固为人人所略解，但叩其真谛，恐在大学程度者，犹未必完全洞达。然则此主义之用意果何在？当然是在救国。惟将救国一问题切实思之，则知国之本实在于民，此义已经孟子在二千余年前揭发。中山先生所抱之救国主义，是欲保存我中华民族统一性，跻于世界平等地位而无逊色。顾革命之初发轫，只在推倒清廷，以政治问题为先决。良以清政不纲，索虏肆极专横，吾民憔悴于虐政既久，非先恢复民族自由，百废无从措手。但政治自由之恢复，仅属全民改造之第一步，此外尚须谋人口之增加，与安富而尊荣。

  "国民"二字之义蕴，实包举个体与全体两面言。中山先生，视人口之维持为极切要问题。欧西诸强国，其人口之减少，似与文明程度之增进为衡。中国将否陷于同一之运命？倘若生活程度攸同，吾知其必不可免矣。但华人欲追及欧西之生活情态，时日尚悠远。

  目今之一焦急问题，是国民健康之维持，与一般家庭卫生之增进，人民不单要在数目上庞大，还要在生理上、智慧上健实。且在经济上须成功与繁盛，藉此而得优闲，以促进其参加文明生活的机遇。

  然则三民主义之施行，实植基于国民之健康。文明程度愈演进，则卫生问题愈形复杂。单靠个人的卫生仍觉不足，国家与城市，须定卫生规则而共遵。南京政府，晚近对于一切卫生问题，均有相当注意，此实属一佳兆；但健康之维持，毕竟属于个人的义务。社会与国家，尽可责成已受教育的人士，以身作则，使可为一般无学识经验者之表率。倘以物质贫弱，身心不健之繁众人口，纵与以政治上之权能，究将何所用之？国家之主要任务，乃在舍策安置国民卫生上的设施。城市与人民住宅，均须从卫生上

---

  * 本文发表于 1930 年《厦大周刊》总第 237 期。

改良。工业上须注意维持工人的卫生。

中小学与大学，须顾及学生身体之健全的教育，务达于卫生上最高之一标。家庭亦非同样遵守卫生规则不可，衣食之供给，须极适宜。此项繁难而又复杂之问题，固非咄嗟间可以立决，但幸而数百年来，华人对于生活之困难已惯，迭经生存竞争之剧烈与税敛之苛，因而困难问题，已经一部分解决矣。惟是单获生存，乃属不足。现在竞争之隐忧，非在于萧墙之内，而在于世界强邻，有"实迫处此"之势。

或者军事竞争之惨祸，可暂不提，因为好战的列强，固已厌倦，而国内军阀，将亦稍戢。独是经济的竞争，正复汹汹，前途量无偃息之机，其税敛之繁，奚减于军阀之剖克？

今吾民生值今日。欲图竞胜，惟在积极保存身体之活力与健康。除疾病之预防与处置外，身体之调摄，慎勿徒听其自然，须用新科学智识而作适宜之注意。

华人之为父母者，对于"优生"问题，早已严重注意。结婚上之选择适当配偶，实为维持种族健康上之需要。择偶果属得宜，自可免产出不健全的子女。从各方面考虑，婚姻之最大目的，确在产出健康的佳儿，单就此一点，可说中国的旧例未尝不合。

吾人若笃信中山先生之主义。则维持人口之繁庶，而使国民之精力不衰，实为抵御外侮之良图。但现代的文明国，均有节制生产的倾向。若然，吾人岂不是陷于进退维谷之状？中国本已觉人口过剩，故年来藉海外移民，以为尾闾之泄。但华人之习惯与成训，仍以子嗣为重，益以新近卫生方法可以减少死亡率，斯二者，实为促人口增加之大原。

究之以贫窭而未经发展的国家，将何以维持此有增无已之人口！果使所生儿女，徒供多量之牺牲，俨如古代腓尼基人献子于摩洛克神之神坛也者（to sacrifice the greater number born at the awful alter of moloch），是亦不可以乎？故知徒增殖衰颓、老朽、羸弱之人口，而不足以御外侮，可决于国家无益。

必谓人口繁庶为国家图存之要件，则须使国民强壮，适于生长健儿乃可。体格上与智力上的训练，均不容缓。又须使人民均得职业，且能捍卫国家。国民党究竟是依靠人民之自主权，其终极目的，即在人民之能行使"四治权"也。但苟以不教之民，试问有何责任之能负？

民众如不经过完备组织，成为有机团体，即民治主义之难期，譬犹镜花水月之不可扪摅也。多数的文盲，究与海岸之一撮散沙何异？是徒任海水之漂荡，与旋风之卷而成飞砂耳，此外更有何能？纵施以适当的训练及完备的组织，脱非有贤能的领袖为之指导控制，终亦演为乌合的暴动与狂乱的破坏耳。

中山先生，对于人民达到行使治权上所必经之时期，亦既筹之熟矣。因此觉得有训练民众领袖之必要。此种领袖中，须有学术经验均丰富之思想家。大学生，必须以社会的国民的领袖自任，且须表示有指导民众之材干，使民众敬仰其智慧与学力。民治国的基础，必须得适当之领袖，肯为公众牺牲，而后巩固安宁。

厦门大学九周年纪念辞[*]

本校成立，于今九年，诚大可纪念之事。当本校创办时，吾国政治状况，正极混乱；厦门远滨南海，欲建立一大学于此，人莫不疑其难能。但因陈嘉庚先生言行一致，各种困难，均莫能阻其目的；故在极短时间，而本校卒以成立。自民国十年四月以至今日，本校之规模，亦与日俱进。

尔时承刘楚青博士之助，得多数学者，齐集本校，实殊可感。鄙人于当年六月来校时，本校已稍具基础。嗣蒙诸位教职员同心协力，以求校务之进展，尤属私衷所欣幸。诸位教授，俱能公尔忘私，热心为国为校，故中间虽经各种困难，均能迎刃而解。

九年之内，本校常得名贤莅止，实多荣幸。虽间已有离校者，但均对于国家社会，各尽其极大之贡献。故本校之事业与声名，亦多因其介绍而宣扬于全国。

本校九年以来，成绩显著，应有以博福建人士之同情者，历举如下：（一）本校理学院，规模虽小，而世人皆知其为一二实学之士教学之中心。（二）教育学院，与他学院同，荟萃全国名贤于一堂，实为他校所罕见。陈嘉庚先生常言："教师之训练，为今日大学教育之最大责任；非如是，则在此混乱不振之中国，教育实无进步之可言。"盖惟本校，足以担负此种使命也。（三）其他各学院，亦有具体之工作，使吾校名实相符，为各著名大学及教育专家所公认。（四）吾校学生，多来自远方，海天僻壤，竟成学术之中心，实开厦门及福建之新纪元。（五）吾校之毕业生，各经过充分之训练；出为国家社会服务，亦均有相当之成功。此虽彼辈之光荣，亦即本校之光荣也。

本校虽赖陈嘉庚先生之力而维持，但近亦渐得他人之资助。去年黄弈

---

* 本文发表于 1930 年 4 月的《厦门大学九周年纪念刊》，原标题为"本校九周年纪念辞"。

住先生，捐国币叁万元以为赠书之用；曾江水先生捐助洋十八万元，以为建筑图书馆之用，实俱可感。现图书馆委员会正在计划，不久即可兴工。

现在本校组织，已极完备，只需款项，以实现一切计划。故海内外爱国之士，应同情予以援助，使本省之高等教育，得以增进。倘社会能知吾国现在实缺乏训练领袖人才之所；则南洋华侨，必肯出而对于本校以充分之捐助也。

厦门与马来群岛甚近，福建人之侨寓该处者，均甚蕃衍而富裕；故厦门实有特殊之机会与便利。厦门为将来之大埠，港道宽深，而环山又富矿产；故本校正可训练专门人才，用以振兴乡土，开辟利源。惜尚鲜有知而注意之者！

本省政府及当地政府，均肯予以精神上之帮助；但在经济方面，尚未能予以接济。故本校势必藉华侨之力以维持。

现在本校之工作，正在延揽专门人才，研究学术，将其结果发表于世。

医学院在今日之需要，渐为学者所公认。以本校生物、化学、物理诸系之完备，若添设医学院，所费实不甚巨。现正拟先办小规模之医院，且已筹有的款矣。

故望在第十周纪念时，各方人士，能出而帮助本校之发展，使本省之高等教育，得以蒸蒸日上焉。

陈嘉庚先生与本校[*]

"衣冠陈氏族，桃李薛公园。"宋张羡咏嘉禾风土诗也。盖陈氏自唐季颍川先生，避乱嘉禾里，与薛令君裔对宇而居，燕翼贻谋，世载厥德，故时有"南陈北薛"之号，至宋犹然也。陈族蕃衍，有徙居于同安天马山之麓者；历祀八百，遂诞嘉庚先生。

先生幼秉聪颖，思潜识敏，早为里党所称，束发受书，四子五经（疑为"四书五经"之误——编者注），先后毕业；故其感受中土先民之薰炙者，尤深且厚。继承父命，随侍南洋，渐运其卓越之天才，以小试于陶猗之事业。时在土人未知橡树之利，先生独首为之，未及十年，渐积巨资。

然先生虽富而不自私也。其自奉之俭的（此处"的"字，疑为"约"字排版之误——编者注）也如故，其任事之艰苦也如故。而一遇公义之所急，则慷慨输将，虽千万无吝色，侨民亲之，数举先生为加岛中华商会会长及福建侨商保安会会长。

当孙总理奔走革命，屡困于资，常得先生之应援。辛亥之年，筹款助饷，先后达三十万元，政府褒奖有加，而先生则视为固有之分，不自矜也。

追革命告成，总理在南京就临时总统之职时，先生尝自问曰："政治有清明之望矣，而匹夫之责将何如？"既而袁氏叛迹渐露，民国将危；先生适挈眷返国，与文庆同舟，论议时政，相顾唏嘘。因慨民智未开，则共和基础，终无由巩固；遂归里创设集美学校，是为先生发愿

———————————

* 本文发表于 1930 年 4 月的《厦门大学九周年纪念刊》。

兴学之始。① 以积年之崇饰扩张，至今该校校舍之崔巍，设备之完善，经费之充裕，学风之蒸起，遂为全国之冠。

先生又慨于革命基础，终赖有高深学术；而凤昔之所致力者，仅及其功之半，未可任其中道而画也。至民国九年秋季，爰邀蔡孑民、汪精卫、余日章诸先生，集议沪上，谋以私人财力，创设一健全之大学。

先生既独任经费四百万元，又得闽省政府指拨厦门南普陀官地若干顷，而本校遂于时应运以产生。先生及介弟敬贤先生，俱任本校校董，见义而不辞也。

民国十年，承电召文庆主持校务，亦义所不容辞者；奉职以来，勤劳自矢，莫敢遑息，翼有以对扬休命。迄于近日，本校同人之所努力者已可昭示于全国。虽时多懵懵，不少阻力，而得先生见任之专，辄不难迎刃而解，此则本校同人所引为欣幸者也。

九年中之经费，除少数同情于本校者之捐助，约共二十七万余元之外，俱由先生独力任之。② 时至今日，计经先后支付者，已达三百万元，而先生尚源源接济而未有已也。

今者，先生为谋本校基金之巩固，与夫兴学愿力之久远计，特指定南洋厦集橡皮园及陈嘉庚公司之财产，拨充陈氏兴学基金；其属于本校者，占三分之一余。求之古今，实属罕见。

先生现尚侨寓加岛，昕夕之勤劳，盖无一不为本校及其他教育事业而致力。然先生非有所为，亦非因此以为名高也。忆昔本校礼堂落成时，拟以先生介弟敬贤之名名之；先生闻之，以学校公器，不应自私，力持不

---

① 世人皆知陈嘉庚创办集美学校和厦门大学，却不知集美和厦大的最初萌芽很可能就是起源于林文庆与陈嘉庚的这次同舟之旅。陈嘉庚侄儿、陈敬贤之子陈共存在提及二人的这次同舟之旅时说："陈嘉庚在首种橡胶时，曾得到林文庆的帮助，过后两人交往甚密，如今又在回国的旅途中相遇，不禁喜出望外。两人当即在轮船甲板上，迎风长谈，共相感慨国家教育不普及和民智未开的落后情况，一致认为中国之贫弱与被人轻视，就由于多数人民在无知的黑暗中，许多旧习、陋习阻碍了国民的觉醒。他们都觉得自己有责任，帮助这新生的民国建立在一种稳固的基础上；而要做到这一点，最好的办法就是提高人民的教育程度，给民众以知识之光。"陈嘉庚旋即于回到乡里之后的第二年，也就是1913年初首次开办了集美小学。事实上，林文庆热衷于教育的行为，曾经对陈嘉庚产生过不容忽视的影响："早在陈嘉庚有意为中国尽一份力时，林文庆便建议他将这笔钱用来兴建一所大学，培育英才。"因此，说林文庆"影响陈嘉庚，在福建省家乡创办厦门大学"，也是一个合乎逻辑的历史结论。关于林文庆对陈嘉庚的影响，详见拙著《一生真伪有谁知：大学校长林文庆》（福建教育出版社2010年版）之"绪论"部分。

② 从个人捐款额度这个角度来看，一直到1931年厦大创办十周年的时候，林文庆事实上是厦大的第三捐款人。详见拙著《一生真伪有谁知：大学校长林文庆》，第234页。

可，遂定名为群贤楼。其耿介有如此者，则其致力于本校者，是何为乎？老子有言："为而不恃，成功而不居。"实惟先生足以当之！

先生之对于本校者，大略如此。则吾人稽德考功，应求无负先生者，约有二端：（一）先生之志，在以教育为革命之应援；则本校师生之所讲习者，应无悖于厥旨。（二）先生之心，非有所为；则同情于先生而努力于本校者，应豁然大公，以共负此国利救民之使命。

文庆不敏，于此数端，窃愿从诸贤之后，以求无负于先生。

三民主义之心理的基础*

　　国府当道，劝人民认识三民主义，以为民治基础，盖此主义创自孙总统，与人民以监督政府之全权者也，总理之全部计划，可以政治、经济、国民三方面概括之，是应由国民党指导下之民治政府施行者。其究极问题，是在训练人民以行使监督权。本来三民主义中，有许多艰深问题，须待有识者研究，惟是关于民生主义之"平均地权""节制资本"，与民权主义之"四权行使"等项，均易令一般民众了解。即就国民党之纲论，亦何尝不可令其简易化，以便全民之认识？

　　但一般民众纵略了解三民主义，是否便可以促其实行？吾人稔知中华民族，素有一种习性，即柔顺与服从是也。故常人宁作袖手旁观，以免切身之危险，不愿参与激烈的政争。且除非剥床及肤，祸害生于肘腋，决不肯为出位之谋。国民党秉承总理之志愿，自然是欲一般民众成为热心党员，力行职责，无需施以若何强迫。但此中实有障碍情形，为寻常注意所未及者。民众狃于故习，往往以政治或宗教问题，佐其谈锋而已。职责之怠荒，竟恝然视若无足芥蒂！独有少数之热心宗教者，可视作例外，其对于义务的自觉心，盖由信仰而来。崇奉孔教者，恒守礼义，进退不失绳尺，视天伦为不可畔越，或亦属一种宗教本能的驱使欤？可惜彼辈施于家庭子女间之道德训练，大部分涉于迷信而又陈腐，揆以现代情形，有格格不可行之点。国民党领袖，若单令人民了解三民主义之内容，尚觉不足。倘欲人民在生活中实现此种主义，非藉改良教育不为功。而教育改良之大端，在于文化、伦理与宗教三方面加以相当之注重。

　　孙总理曾主张国民应维持"旧道德"，可见其视民主政治，当以伦理

---

　　* 本文系林文庆于 1931 年 2 月 9 日在厦大"总理纪念周"上所发表的演讲，发表于 1931 年《厦大周刊》总第 250 期。

为基础。然则吾国古代之道德教训，其本质果何如？斯殆导源于古之族长时代，继续发扬，迨经孔子之裁制而底于大成，嗣是朝代虽屡变，竟绵延二千六百余稔，世守勿替。最后复经总理之提倡，视为国民修养之资。中国幸无僧侣的阶级制，此种国民道德，只由爱国的学者辗转保存，视为民族中最宝贵的遗产。因此，无论何等家庭，亦认作民族宗教的性质而世传之。实际可视为有史以前之一种"宇宙灵化"的宗教观。但虽赖孔门之力，多少摆脱宗教的色彩，而仍不能净尽。原来宗教的需要为人类所不能免，孔教本为一种"自然现象主义"，既属忽视宗教方面，所以佛教、道教、回教、耶教等乘间而入，以补偿我华民族的需要。就泰西的情形论，宗教的信仰，与现代科学本可调和，故吾国实应从新主意。大抵一般的教义，无需多大改变，只有礼拜仪式等，则须改革，使其适于现代社会的需要。假令国民固有的宗教一旦复活，同时使其纯化而施以适切的训练，大可促人民之醒觉，而国史上亦可活现"文艺复兴"的新纪元。但徒趋重形式主义仍不足以鼓舞群众之性灵，使其荡涤旧染而从新。除非性灵已受相当鼓舞，跃跃欲见诸试行，又何能使一般人肯为社会牺牲？

究之国民信仰之复活，当由家庭与学校同负其责。教师须具寻求其理之热心，以职务为乐。又须抖擞精神，抱"薪尽火传"之感想。家中之为父兄者，尤应努力以图理想之实现。以身作则，当然为教育之上乘。国民欲实行理想之热忱若增一度，则国步亦随之而高一级。

现值国民改造之试验期中，国民党的领袖，须具肯为公共牺牲之大决心。学校的课程中，不特要教三民主义的经济政治等政策，尤须教学生以探求真理的方法。欲使人民团结，其纲领实操在家庭学校与社会之手里。总可以使人民复归于国民道德的信仰。倘一国之男女，觉得在社会实行公平生活，为分内之事，则国家之安宁与进步，可立而待。

虽然，时至今日，种种信仰错综，物质主义横溢，所谓真理者，果安在哉？古代文明国，恒有哲人启示寻求真理之途径，故后人竟将"道"与"理"两者混为一谈。今以光为喻，凡愈近光者，不但目观火焰炎炎，且顿觉自己之性灵亦成一种发光体，可以辗转传递，而不致减损毫末（按老子《道德经》云："既以与人己愈有，既以为人己愈多。"亦即此意）。然则光之强弱，视乎灯芯之质与油之量，及燃烧之物料何如而定。易言之，盛油多少，实与器之容量相称。例如电灯之强弱，则视其所有之多少烛光为衡。爝火之小，固难望其大放光明。但是一烛之光，虽属无几，倘聚千百烛，则光量亦大增。故在黑暗时，可不必虑及烛力微弱，首须得光而传递之，现吾国人民之所急需者，是"真理之光"。国民亦既知之矣。可惜器中之油已罄，灯芯亦成残烬。在此试验期中，惟有取灯再行装修而已。

准此理由，人民若未得适当之教育与预备，而欲其能作适当之反应，势所不能。试思古代之尧舜，其感化人民者如何？又思孔子、释迦牟尼、苏格拉底、基督与穆罕默德，其薪传于弟子者果为何物？他若各种教会与宗派，其所以维持真理之光绵绵不绝者，更有何道？吾国现状，决不得谓之完全黑暗。虽古代大放光明之时期已渺，而残光尚存。人民正在摘埴索途中，贤明的政治家，一若已洞见痴结，思有以挽救者。不幸彼辈尚未指明应用何法，使人民本其智识而见诸施行。基督有言："爱尔之敌。"孔子亦言："以直抱怨，以德抱德。"孙中山主张国民主权应归人民，共和政治以博爱为本。人民之欢迎三民主义也，表面上兴高采烈，家家揭此种标语为对联。但究其真相，则三民主义之"光"，尚未得谓为沦肌浃髓也。何则？盖因多数人民，并未觉得自己之意识，须对于真理之刺激作相当之反应，然后可期诸实行。新修养之中心点，当移于实行上。现再续前喻，即是心灵的火必须发光，使其炎上之势渐大，自有作用。初时或不过是微光闪烁，但加以燃料，必致火势熊熊。此种心灵的火，不是物理的存在，是具有活力与灵性的元素，历进化的过程，而成为人类最重要的力量。是有生命的，能生长及能衰颓，用适当方法可以培养之。其生长有如酵素，其传播力又如毒质之传染。

吾人研究"生命"的进化过程，可见生物机体所表现之生活力，有逐渐演进的层次，略可区分如下：

（a）生物之表现为"单细胞"的机体者，其构造上无分化作用。

（b）植物性之生活体。

（c）动物性的生活体。

（d）心力的表现——包举意识、智慧、推理力而言，人类至此，是为兽性而具有智慧的动物。

（e）灵力的表现——人类至此，是具有灵性的自觉。

人心的本身是有自主。吾人之意识，表现自我的思维，而具有推理力及智慧。灵觉即在心中活动，而可以把持真理。然则生命进化之最后一阶，是造成一种新的人类，具有自由正义等理想，以活现高尚的仁爱为其性灵之归宿。

在文明社会中，各家庭实为文化之中心。性灵生活，实为维系各分子以成一个"社会单位"之纽带。此种精神，是由家庭而推及国家，故人人均有应尽的国民义务。在实施三民主义时，须先启迪此种灵觉，则人民自可行使其"四大治权"。灵觉之发现，或藉个人间之密接交际而互相传递，使受者接纳真理而生信仰；或偶因鼓励而后启发；更或因研究或冥想而自然获得。虚心研究自然界的学生，恒觉相传的成训极难承认，随起怀疑，真理一时暗淡，但果能持以忍耐，将障碍排去，自可恢复已失之光明。推理作用，实为发明真理之母，苟无此作用，则物质世界，成为无目的、无归宿之机具。哲学与科学，亦不外助人以证明真理而已。惟是真理之不明，往往由于人类"原始的兽性"从中作梗，此宗教上所称为"魔鬼者"。今再以光体为喻，则此兽性譬犹生树或不可燃的物质，使火光暗淡者。人类苟以灵性克服兽性，火光自然赫灼。虔心修养之士，恒觉肉体与灵魂交战，而此决斗成功之度，则视个人之品格与毅力如何而定。方今群众的心理，灵性日渐冷淡衰颓，兽性日形猖獗，以故文化之光，惨淡无色。

吾人从灵肉两界之竞争，推想到宇宙进化之大例，亦恒经过同样的竞争过程而来——追溯创生之历史，则原由渺小不可辨认的"阳电子"与"阴电子"回旋于无数"天体"与银河之际，经过机体的竞争，而成"适者生存"的结果，最后进化，直至人类灵性之显现。大抵无论何种新组织中，必存有过去的遗蜕，以为进化之梗。现在欲将文化更新者，其目的实在扶助灵性之获胜。中山先生所传之光，足以垂照永久，使中外民族咸被其光。藉信仰之照烛，人民易于探求真理，增长新智，而以灵性为依归。果达到此种境界，则数千年来关于"知易行难"之争端，自可迎刃而解。中山先生是反对旧说，倡"知难行易"之论，其实人之灵性果具有意志力时，此说确属真理。古代学者之谬误，是在忽视意志方面。且彼辈之所谓"行"者，多指道德上的行为而言，此正为一般人知之甚熟而不肯行者。然行为究属甚易，所差者只在无实行之决心而已。此乃由于训练不彻底而来，正所谓"知而不行，不得谓之知"也。中山先生"知难"之说，盖指真正的智识，必具有能鼓舞实行之意志的信仰而言。此说正与王阳明相契，阳明之言知，即包举实行的意志在内，然则不行者，其义实与"无智"或"缺乏理解力"相等。今试从新约中举一实例以说明此义。

约翰第十九章第二十一节言："尔欲纯洁无瑕，当罄售尔之所有以济贫困。"然则行为诚属易事。不过多数之人，因其智识不足以启发神圣的真理，故不知如何行耳，一旦领会，行之自易。试思本校之建设创办者提供如许之经费，毫无吝色，益可证明行为之无难，不过欲知何时最应出财，斯为难耳。国民若能养成此种灵性的信仰，则举国实易施行三民主义。诚如是，不特可以挽救中国，且可与其他弱小民族共同奋斗，而跻世界于大同！

厦大十周年纪念的意义[*]

本大学从民国十年四月六日陈嘉庚先生独立创办以来，到现在已满十周年了。回忆十年前的今日，本大学校址，虽承闽省政府指拨南普陀旧演武场及附近官地充用，而荒冢累累，满目凄凉，赖嘉庚先生输资兴学，芟荑蕴崇，因地势的起伏，部署了无数楼台；循气候的变迁，点缀了许多花木。不数年群贤毕至，蒸蒸日上，蔚成闽南惟一的最高学府，这一点是很值得我们纪念的。

本大学既为嘉庚先生所创办，当然可以说是嘉庚先生精神寄托的地方，嘉庚先生的精神是什么呢？就是我国圣贤所传给我们的"天下为公"的精神，是一种利他而肯牺牲的精神，嘉庚先生有此种精神，所以他能够急公好义，把他自己努力所得到的大部分金钱，拿来办教育，为社会大多数人谋最高的幸福，他性情是很沉静、诚直，不喜欢别人对于他的行为，加以赞美或宣扬，可是他的事业，是很足以表现他的精神出来。在他未创办本大学的十年前，他在集美故乡，创设了集美学校，里面分水产、商业、农林、师范、中学、小学及幼稚园各部，历年所费，已不止数百万元，到了本大学成立，他所赚得的金钱，都为本大学及集美学校所分用了。他牺牲一己的金钱，替祖国所建设的完备教育机关，早已都经政府承认立案，这是多么可喜的一回事。

说到嘉庚先生的财产，并没有特别富有的地方，有许多资本家，同他一样的富足，或比他富足些，而先生不独一己爱顾人类，勇于服务公益，

---

[*] 本文发表于《厦门大学十周年纪念刊》。需要特别指出的是，虽然林文庆从不放过任何一个可以宣扬陈嘉庚的场合和机会，但林文庆首次提出"嘉庚精神"这一概念，并对之进行了较为全面的阐述和发挥，却是在本文中。他将"嘉庚精神"与我国古代儒家"天下为公"的精神联系在一起，使"嘉庚精神"上升到一个极高的思想境界，从而为日后人们对陈嘉庚的进一步宣传和褒扬奠定了强有力的理论基础。

且极愿各界人士，对于国家社会，各尽其极大的贡献，他那种利他的精神可算是远东一人，即推之全世界也可以说是不可多得的。他在二十年前，就积极地想来实现他的最高理想，世间有许多"言不顾行"的人，而嘉庚先生却言行一致，甚至不多说话，只求实效，二十年如一日地，只把他营业所得的大部分金钱"为公而用"——即是为本大学及集美学校而用，事实上可以说是间接负担了教育闽南无数青年的责任，同时国内各地来学的人，也都受赐无穷！

现在本大学，勃勃蓬蓬，很有生气，而且逐渐发展，我深信能够和其他国内各大学，并驾齐驱负起建设新中国的重任，因为每个大学可算是一个有生命的有机体，各有各的特殊精神，本大学是以嘉庚先生的精神为精神，当然是基础稳固，生机正长，其原动力在于"博爱"，其进行目标为使吾人竭力行善，因之校训是"止于至善"。

总理所昭示吾人的救国主义，为民族、民权、民生的三民主义，本大学内容，设有文、理、法、教育、商五学院，既可以恢弘民族精神，增长民族智识，且可以发扬民权思想，研讨民生问题。校中设备完美，风景清幽，以故教职员、学生，都由各地方不远千里而来，此后的希望，方兴未艾，在闽南方面，固然是个最高学府，即比之其他国内各大学，亦不多让。这一点，并不是我们的自豪，可以说是全国所公认的。

上述五学院中，如文学院，内分中国文学、外国文学等系，院长为徐声金博士，对于我国固有学术的发扬和中西文化的沟通，是富有相当的责任。如理学院，在前主任刘树杞博士时代，已有长足之进展，现继任者为张资珙博士，各系实验室，应有尽有，设备完全，足为本大学生色，尤其是动物和植物方面，因钟新煊、秉志、陈子英诸教授努力的结果，收藏了许多新奇的标本，或用校董和文庆的名字命名，或即用采集者本人的名字命名，这些新标本，足供研究之用，且时常和世界各大学互相交换，可以说全世界中，本大学实占很重要的地位。又如法学院，经前主任黄开宗博士的惨淡经营，颇形发达，黄博士逝世后，区博士兆荣继任院长，益谋改进，以有今日的地位。至教育学院，在本大学开办时，原系师范部，分设文理两科，后来感觉到这种办法，仅仅是个大规模的师范大学，因此根本改组，而教育随另成一学院，长斯院者为孙贵定博士，始终力求进展，对于本大学名誉上，确有不少的贡献，许多国内教育专家，多应聘而来，即中央训练部，也曾指定为资助升学党员投考专科学院之一，这是很可注意的。最近院内各教授，编译厦门大学教育学院丛书，第一种杜佐周博士所著的《教育与学校行政原理》，已出版，其余正在印刷中者还有三种，这套丛书，很足以表示大学教授除教课外所应担负的工作。再如商学院，现院长为陈德恒教授，因努力的结果，进行亦极顺利，目下华侨方面，大都采用新式的方法去经营商业，所需商业人才正亟，这一点对于本大学商学院，实有无穷的希望。

由来厦门是五口通商之一，开埠后，内地人民由此南渡谋生的日多，遂成为我国与南洋或外国交通的孔道。本大学建设在厦门，到现在已有十年之久，对于海外侨胞，当然有密切关系，即侨胞方面，也都特别留意到本大学的进行，因为他们要使其子弟回国就学，本大学在地理上，实有特殊的机会与便利，同时我们也感觉到这层关系，因此时常竭力，设法务使足以满足他们的企望。本大学各学院中的教育学院和商学院，对于侨胞子弟，比较起来，确有特殊的价值，因为在那些新开辟的地方，所急急需要的，当然是师资人才和商业人才，从前南洋方面，没有专门教育的人，或许可以侥幸成功。时在今日，欧美各国经商远东方面的商人，都应用科学方法来竞争，都把子弟送回本国受相当的高等教育，我们侨胞方面，倘不急起直追，使子弟有所就学，于最近将来，必然是失败无疑，本大学教育学院和商学院的设立，是很适合于造就或训练师资人才和商业人才的。至其他各学院，亦自有其重要性，尤其是侨胞方面，应用英文的知识，为他们生活上所必需，恰好本大学各学院，都定英文为必修课目，其为适于华侨子弟之高等教育机关，可想而知了。

人们都知道大学为社会思想的中心，同时亦是科学研究的中心，现在全国正在热烈地宣传总理所遗留给我们的救国救世的三民主义，本大学无论从那方面讲，都是要负起实现这三民主义的责任，因此我们特别要注意到我国各地社会的生活和经济的状况，我们要根据经济变动的原则，去研究一切的社会问题，同时要用社会进化的定律，来解释总理的三民主义，这种重要而繁难的工作，我们大学，是责无旁贷，应具"舍我其谁"之慨，肩负起整饬社会思想、领导革命民众的重任。在各国革命过程中，都赖有学术专家去做各方面的领袖，以我国目下国内实况而言，一般人民，多数没有受过相当教育，一向缺少自动的能力，事事依赖官厅，依赖政府。在这种情况下，对于学术上领袖的人才，实觉有养成之必要，尤其是我们要演进到一个世界大同的境地，假使没有各种专家来指导一般民众，那三民主义，是无从实现，大同世界，也不易促成。所谓三民主义的教育，其目的即在养成党化的专家，致力于指导民众，实现三民主义，和一般"舍本逐末"的教育不同。其次我们民权主义的国家，对于政治的训练，实为目前当务之急，我们要知道破坏工作，究竟是比较容易，而建设工作，是要加倍困难，在建设方面，需要高深学问的地方很多，人们不单要明了各种政治和经济的学说，而且要有充分的经验，而经验有赖于专家之指导，故本大学也曾感觉到有添设实际政治学系的必要。至于我国目前之需要科学知识，实为国人所公认，但一切科学的研究，尤其是自然科学的研究，很需要种种设备，没有相当的金钱，等于纸上谈兵，画饼充饥，总是空的，本大学对于社会科学和自然科学，早已兼筹并顾，而于自然科学方面的设备，尤臻完善，加以地点的关系，本大学特别成了研究海生动物的理想中心，民国十九年夏，本大学开了一个暑期生物研究会，经费由中华教育文化基金董事会补助，集国内外知名学者于一堂，校中所有咸水淡水的各种标本，都足供研究之用，结果很为完满，特别是文昌鱼的研究，引了全世界不少人士的注意，这鱼是厦地刘五店的特产，是本大学前来德教授首先用科学的见地来研究的。

说到本大学建筑方面，如礼堂，如图书馆，如教室，如生物院，如化学院，如教职员住宅，如男女生宿舍，如电灯厂，如自来水池，大都以花岗石砌成，形式中西并用，外观不求华美，一时曾惹起不少批评，其实这些批评，各有所见，终于不过人类意识间的一种矛盾表示。要知建筑固然是一民族文化容易表现的地方，可是我们办学的目的，不在乎校舍美丽，取快人心于一时，而在内容完善，得谋发展于将来，其最重要问题，当然是良好教授之聘请，实验室之设备，以及各种图书之充实，如果我们急其所缓，而缓其所急，为求美观，将全部经费移用于建筑方面，根本上就是不妥当的。二年前同情本大学者，如黄奕住先生，捐赠书款三万元；曾江水先生，为纪念他的父亲范畴先生起见，允捐助洋十八万元，为建设范畴图书馆之用。我深信本大学，于最近的将来，将有一宏壮美丽的图书馆，以为我们保藏及浏览书籍的地方；在这新图书馆建筑当中，我们因为特别纪念的缘故，自然会注意到美感，同时并设法去保存我国艺术的精神。年来全国统一，政局渐定，国民政府渐渐知道本大学地位的重要，已经援照成例，拨款补助，并经首先核准立案，同时省政府方面，因教育厅长程柏卢先生之提议，亦经议决补助六万元，虽因政局的关系，经济方面尚未得沾实惠，很可以表示官民合作的倾向。所以希望社会上一般人士，尤其是华侨方面，此后时常给我们以经济上的助力，以确定我们物质建设的基础。因为负有重大使命的本大学，是要大家共同起来，切实合作，并不是仅仅一个学校的事，嘉庚先生创设本大学的开始，即已公诸社会，也就是这种意思。

至于本大学训育问题，实为一困难问题，所谓训育问题，就是如何去陶铸学生人格的问题，我以为学生应有的要素，一为高尚理想，二为反省工夫，三为坚决意志，四为文雅习尚，五为自治能力，六为利他精神，学生具备这六种要素，那不但可以增长见识，提高学问，而且可以养成克己的能力，如果于这些要素或缺其一，即已不能得到平行的发展。大学真正的使命，不但在求高深学问的研究，而其最重要的，尤在于人格的陶铸，本大学过去十年间，对于陶铸人格这一层，非常注意，年来按期举行纪念周，有机会可以使师生时常接触，很能够集合我们整个的意志，表我们整个的精神，同时在总理崇高人格感召之下，足使我们高深的学术，成为人格的美化，至于军事训练，是要学生身心纪律化，当然是学校当局要切实整（疑为"振"字排版之误——编者注）作精神去求实行的。

此外尚有一事须稍稍提及者，即为本大学迟早要开办医学院的问题，数年前，因为要在厦门创办一国人自营医院起见，我个人曾到南洋方面去募捐，当时新加坡一带华侨，认捐非常踊跃，后来因政局不定，一时又无相当院址，遂暂中止进行，因之认捐缴款者，也仅一小部分。最近幸蒙林向今司令，指拨适当的院址，决定设立中山医院，将从前所募到的款项，移充该院建筑费，深望本地各界人士，都能解囊相助，使该院早日观成。我们总理在民主主义演讲里面，曾经昭示国人说，外国人讲求卫生，人口一天增加一天，我国则反是，这很足以证明医学教育的重要。所以我们为民族的前途起见，是应当特别注意公共卫生，现国民政府有见及此，因有全国检疫处之设立，即厦门方面，亦已由伍连德处长设一检疫分所。为适应这种需要，对于医学的专门人才，是必然的须加以养成，而养成机关，首推完善的医学院，本大学因为理学院的设备，已有相当基础，兼办医学院，是许多地方可以利用，是很可以收事半功倍之效，将来医学院如果开办，不单单就西洋医学加以研究，还想用科学的方法，对于中医方案和本草，都设法加以整理，但凡事非财莫举。这医学院的设立，于民众自身实有直接间接的利益，所以在本大学二十周年以前，厦门各界人士，能够竭力促成一个极完善的医学院和医院，这是文庆所深深希望的。

本校的十周年纪念，自有其价值，自有其意义，文庆所感而不能已于言的地方，已如上述。此外我们应该格外努力的是什么呢？我希望本大学各教授，都能够以热心毅力，提挈本校，奔赴于蒸蒸日上之目的地。因为从一方看，本大学校址，固然是风景很好，可是同时是个不毛之地，嘉庚先生起初计议创立本大学的时候，既不知有困难艰苦，好像在沙漠地方，种棵小树，到了现在，渐次生长起来，而开花，而结子。我们负荷灌溉这种田地的人，工作当然是很繁重，免不了许多困难。十年来虽曾有些障碍，但从未失掉我们本来特有的精神——嘉庚先生的精神，故虽暂时感受困苦，终于好像海船之有指南针，得以持舵安进。我们趁这十周年纪念欢天喜地的当儿，我们仍要决心去提高我们工作的效率，换句话说，就是我们大家，更要同心一德地去造福社会与国家，以求最大多数的幸福，这不仅出于一时的奋兴，实在是贯彻嘉庚先生精神的表现。

最后，我希望凡在本大学工作的人员或与本校有关系的，都能够以嘉庚先生的精神为精神，同时校内外的许多同学们，也都能够把这种精神发扬光大，这才不失十周年纪念的意义。

省庆纪念日演说辞[*]

　　首述清季政治腐败之种种情形，及潘寿松、孙道仁诸志士，在福州起义①之历史。次详陈革命成功的切要工作，如振兴文化，改良政治，建设社会公益诸事业。国家进步之迟缓，由于民众无相当之普及教育，又无领袖指导，故人民个体，不得良好的修身途径。又革命成功，必须个人能克己，然后可齐家治国平天下。《大学》云："身修而后家齐，家齐而后国治，国治而后天下平。"此完全为革命的标语，不过从前被宋儒解说错了，把他归到皇帝一人身上去。原来政治是为民而设的，民众无相当教育，自然不知道怎么样团结，民众达到富有、自由、平等、博爱之理想，方可给他以政权。要知平等容易误会，物质上实无平等之可能。政治哲学上须有平等，此为不可缺少之信条。人性本善，故对于道德上，亦应有平等，如别善恶，知孝悌，分仁义……此皆为道德有平等之意义。在法律上"公"之一字，即是平等，公的意义，不关于地位资格等等，只看公理而定赏罚。至"自由"二字，系从外国翻过来，中国本来没有"自由"之名词，故往往被人弄错。我看中国经书里，所谓"义"，即为自由，因凡事合乎义理，没有不可做的，故生活、思想等，如做出去无害乎他人，即可称为自由。法国国号，有三个名字：（一）平等，（二）博爱（就是中

---

　　* 本文系林文庆于 1931 年 11 月 9 日在厦门大学举行的"庆祝辛亥革命福建省光复纪念日"上所作的演讲辞，发表于 1931 年《厦大周刊》总第 268 期。《厦大周刊》在发表时以概述的方式删减了演讲辞前面的部分内容，故而出现了现在的开头方式。

　　① 武昌起义爆发之后，各省纷纷响应。福州革命力量不断发展壮大，在同盟会员彭寿松等人的努力下，新军第 10 镇统制孙道仁、第 20 协协统许崇智等高级军官先后参加同盟会或同意参加反清起义，驻福州的新军第 10 镇和巡警已全部为革命党所掌握。随后，同盟会决定：以孙道仁为闽都督，彭寿松为参事会会长，许崇智为革命军总司令，统率驻福州的新军于 11 月 12 日举行武装起义。后因事态紧急，起义时间提前。经过革命军的一番浴血奋战，终于 11 月 9 日取得了起义的胜利，福建省得以光复。

国四海之内皆兄弟的意思），（三）自由。这三个标号，中国经书里，早已统统有了。但因革命未臻成功，故建设尚未完善。建设工作，应分：（1）个人的修身，以至齐家治国之本，自身有了智识、道德，即容易感动民众，叫起民众。（2）家家如能治得好，即可连成一个良好民众团体，若民众的教育、道德，件件都好，必定生出一致向上的心，到这个时候，社会方有热心志士。有这种程度，革命必能进步。（3）到了社会人人都有智识，于是共谋建设，奉行三民主义，把人民应得的民权，实行起来，革命必可达到成功。总理说："革命尚未成功"，即指建设工作，未臻完善。如建设工作做完了，中国民众，皆有忠、孝、慈、爱、悌、智、仁、勇，种种道德及学问，一定可以臻中国于极盛，而实现三民主义了。今日因纪念福建光复有革命光荣的历史，并且看看现在这种精神消沉下去，故乘今日纪念之便，提出与诸君谈谈。

《厦门大学学报》"序言"[*]

本刊为本大学教职员共同合作的成果；其印行的动机，已酝酿很久了。大学应成为富有生气的组织，备有一种精神，鼓励同人的热忱，俾能实践他们个别的责任与义务。

大学同人的最重要工作，就是运用心思；如属可能，应得有具体的结果，藉以引导我们更接近于真理。若是，则用文字发表各人工作的成绩，就为必要了。知识可因此而积聚；其将来的价值，诚非我们所可逆料的。有时，琐碎的观察，可以引起很有意义的暗示；同时，暗示又可以引起很有价值的概念或设论。这些材料，均可帮助科学专家得能计划其重要的研究。

我们不必期望人人都有特殊的发明；若各大学的教授均能记载其所观察及思维，则已很足鼓励理智的进步了。这种价值，亦是很大的。盖概念一经文字发表后，必更为具体；他人明了其内容，亦比较为容易。其实，教授使其同事及学生得有相当机会，认识其意见及学理，直是一种义务。而这学报的印行，可说是发表各教授的哲理或专长之一种最良好的机会。

这种工作，对于各人自己，亦很有价值。有人说得好："优良的教师，不特不应荒疏其学识，而且当日求进步。"这虽是很简单明了的事实；但能追述过去，及与时俱进的精神，诚是不容易具备的。盖惟有这种精神，个人始能有探求新知的自信，及努力整理其思想的决心。

发表是一种艺术，欲得优美的程度必须经过积极的练习，而决非轻易所能达到的。学者原为探求真理而奋斗，不特不应畏惧困难与阻碍，且当尽其能力以克服之。若能如是，则我们即或不能达到理想的目标，亦可说是已经尽我们的能力，去执行我们的义务了。至若不幸发生缺点或错误，

---

* 本文发表于 1931 年 12 月出版的《厦门大学学报》第 1 卷第 1 期。

则经他人友谊的批评及更正后，真是一种改进的机会，而应为我们所欢迎的。

在中国，大学显然有印行学报的必要。我们希望大学对于各种问题，都能有新见识的贡献，学报就是负起这种责任的一个最要紧的工具。

故就各方面而言，这种学报的印行，是很有意义的。况此举为教授们自己所发动，当尤易于鼓励同事合作的精神。许多佳作的贡献，就是各部研究进步的表示；本刊类似一镜，可以照示许多有价值的思想。同时，各专家可以因此展进其不朽的功业，讨论关于推进文化的各种问题。爱自由，爱进步及爱光明的精神，可使学者愈益努力于真理的探求。将来任何错误的发见，就是使我们更与真理相接近。

利用这种刊物，我们且可传布知识与民众。实现民主政治，必须由人民自己知道如何管理国家。倘若他们缺乏知识及统治的能力，则所谓的民主政治者，亦不过是一句空话而已。

本刊的另一种目的，为讨论经济、政治、教育、商业及法律等问题，以期继续总理的遗志，参与建设新中国的工作。我很希望本刊对于各种建设工作，真有相当的贡献，使中华民国得竖立于最稳固的基础上。

个人修养论
(The Problems of Self-culture)*

修养为教育之基础，亦即整个文化之基础。其所关系的问题，如生活、健康、智慧、职业、宗教及社会道德等等。

众体之单位的本质，是其团结的因素。譬诸文明，是精神上的实体；其精神上的结合，即如实体上之结合也。个人之于社会，理亦犹是。故修养问题之探讨，是一般爱国民众，尤其是号称民主的中国，正当新旧文化互相倾轧，欧风西雨相浸而来的时期，一般国民应视为重要之问题也。

一般教育家，实质上对个人修养确认为社会文化的初阶。盖此必须人人均有个别之陶冶，且出自内心之奋进，国民教育之成功与失败，实端赖乎此。

试问当今国民，均能认清真正幸福之途径否？此乃政治家所应重视的民众教育问题。我们试检阅现今之儿童教育，对诸儿童本身之福利，是否有充分之注意与努力?!

人类进化，是有一定之历程，各民族的历史，在其文化上之反影（原文如此），即如其语言，传述上之所显示，原始蛮族的足迹，可在文明国家之风俗习惯上，找出其发轫。故各民族的世代传替，极可鼓起其获得知识的兴趣，尚美之意识及真诚之感悟。

大思想家已明训其所谓伟大与有价值者，具在精神的及意想的，并不在形质上之华彩或财富上之多寡。人们的身心，有重要的相关，盖彼此有适度的互相反应，如饥则思食，渴则思饮，均使无过或不足，是乃无伤于健康。

故个人卫生，实为修养之第一要着。淡朴的生活，是依照自然之律，

* 本文系林文庆于 1932 年在厦大春季开学式的训词，发表于 1932 年《厦大周刊》总第 279 期。

此乃最稳健之卫生要领。自孩时至老年，本能与欲望常相倾轧：一方受欲望之煽动，而他方则受种种势力之掣肘。儿童时期，家庭教育不过控制其暴性行为而已；继后施诸种种教育，过必需时尚且加之责罚，惟至不幸者当其目观成人之举止，适与其意想的大相径庭时，则其反响殊非浅显，结果必至成为叛逆或欺诈，终至无恶不作矣。及后渐长，若其自制力强，则其暴性及高尚意志之间常起无限痛苦之倾轧，此时，教育更须加倍扶助，庶使其骚扰不安之意志得有升华。人们是好模仿的动物，毋使其有习恶之趋向可也。

经过良好环境的陶冶，或许可有良好之造就；但事实上结果总是失望，除非恰遇喜于习善的人，才有成功希望。伪善，如欺诈等等，实为社会福利之障碍物。

若果其思考灵敏，则其种种举止自当适应社会环境。在文明各国中，各种教育之方式总可以互相融会贯通，惟其他道德之修养，及宗教之信仰，则非出自内心有所感应不可；其对于家庭及公家必有真实之责任心；对之文化及宗教等等必须有适度之欣赏；且其个人之勤奋须有真诚之表现，由是对各种风俗习惯方有接受之可能也。若其自我的观念富于宗教的信诚，合于伦理的举止，则其思想及行为自当调和一致，此所希冀成功，自当出自克己之结果。其训服的行为，事实上亦当出自家庭之"谆谆教诲"而后可。惟此癖性控制及个人欲望调和至相当程度时常因社会气象之不振及世道人伦之湮没而随之断丧，除非其个人之心灵，对自我意识已有充分之见地，而人类道德、公民责任、文化精华，亦既成为习惯上之事实，正如戏猴之易习人们的行走，方有持久继续之可能。所谓文明的现象不过为普通外表的装饰，宗教的信仰亦既难成其重大的使命，故人人必须保持忠直之心，时时记挂心头务使牢不可破而后可。

高尚的礼仪，常可以制止内心冲动，其结果心神宁静，意志舒畅；因此心灵上得有思索和蔼优美之机会，致引起审美之观念，顿觉人世间之新奇矣。故使自我意识之觉醒，乃良好教育之重要结果；若此能得到成就，则修养工夫可一蹴而几。由是意志之力量可尽情使用，而脑海常觉舒畅和满足。

良好习惯既经养成，则其自身当能感受自由之观念，而种种冲动易得调和；自我之意识，自可运用其"天命人道"。何者为快乐或幸福之因子，已有正确之鉴别，其经过的历程，非常自然地表现；居心已正直，由是文礼尚焉。其个人在其自身之立场得有正确之判断：何者应为善，何者应为公，何者应为合理，何者应为等等。修养是有一定程序，其最主要之工作，则为认识生活的方针及标准行为的原则。

既得此观念，当思所以达其目的，调和其思想及活动，冀得普遍的同情。且已得自制力量，则其行止及欲望之约束，自当有效。更进一步，则保持其精力移作心灵上之探讨。此外渠已习得"自学"之习惯，则智识技能之学习，自当易而且富于成效。已富热诚忍耐，工作本身即为终身幸福之源矣；因此其个人之事业经营，当不至墨守成法而不思所改进也。

似此道德的生活，是受真善本质如忠厚等所感应。已受此重大的信任，则当勤奋生活于诚实的意想中，由道德观念得到实际行为的表现，是修养之最大成功，此种大成，可开辟寰宇之新气象，使博爱主义发扬光大焉。

至言宗教，亦难例外，亦当以道德为基础。尚（疑为"当"字排版之误——编者注）今社会的人们均当感戴人与人间情感维系之神怪（疑为"经"字排版之误——编者注）。盖修养最有效的真诚成功，是依赖社会上多个单位所凑成此单位，有的为宗教之信仰，有的为高尚之科学，有的为哲学之理解等等。伊们的推理力，极足生存适应于传述的风俗习惯。惟有能将自身作他人之牺牲者，渠已有最可贵之德行；此种人能真诚爱人，故人亦能真诚爱他，即自然成为领袖人物矣。民众虽一时爱戴极重，有时亦难免受人摈斥，伪诈的人常从中弄计；故虽是预言家或贤者之人，终难免遇无知的仇敌或卑贱的群众，如犹太民族之贤哲者，常为卑贱无道的恶汉所反叛。持博爱主义的人，对公众有福利之事业，虽赴汤蹈火亦毅然勿辞，不问报酬如何，只愿其对人有利，其愿负此最高无上的责任，心目中早既视死如归矣。此中究竟，孔子曾昭示吾人力行其"中庸"之道；盖既明"是非善恶"，自必心宁气静，以博爱为生活之标鹄，绝不为势利所动摇。既忠于"天道"，初必获忠信之真谛，继必顺应自然之律，进而达到真正幸福，无所顾忌，亦无所疑惑也。

此乃修养之真谛，先哲既有明训，总括而言：初必正义充塞乎胸中，博爱主义自必发扬光大，孝悌等等亦感应而生，由是而推及社会国家，几无处不见其忠孝信义之真诚矣。

大学生应有之态度[*]

  学校开学，照例总要校长讲几句话；今天是本校二十一年秋季开学之日，也逃不了这个例外，总要我来说几句。不过所说的话，究竟有无价值，其标准也是随人而不同；尤其是我这个老头儿所说的话，在你们青年听起来，恐怕是觉得很陈旧空泛，毫无意味的。但是我所说的话，总有相当的价值，请大家不要以为空泛而忽略了！

  现在大学生的生活，很是舒服，比较一般的社会，真是好得多，就中国的情形说起来，好像是一种乌托邦（Utopia）的生活。尤其是本校在这种气候温和之所，前有澎湃雄伟的大海，后有青绿可爱的山峦，自然环境之优美，少有及者，校中设备，虽不能说是十分完善，总是大致不差；诸位在这种环境之中，过研究学术之生活，其幽静舒适，不可言表。所以在今天开学的时候，我还要说一句老话，希望大家不要辜负了这种环境，努力的研究学术！但是研究学术而不注意身体的健康，也是无用的。比如诸位在校，非常用功，所习学（课）程，各有专精，进而留学他国得有硕士博士的学位，在学识方面，可以说是很渊博了，只以向不注意身体的健康，以致学识日渐增加，身体也与之成反比例，日渐衰弱，到了学成之日，就是寿终正寝之时；像这样的研究学术，究有何种价值。所以身体的健康，重于一切，希望大家更要特别注意！教育的目的，是在培植一般促进社会，造福人类的份子，并不是制造一种优越生活的特殊阶级，而现在一般的大学毕业生，都是以自己的优越生活为目的，与腐败的社会同浮沉，毫无转移社会的志趣，以致社会终不能得到进步，这种现象，一方面固然是教育失败，他方面在受教育的人，仅仅顾及自己的享乐生活，也是

  * 本文系林文庆于 1932 年 9 月 10 日在厦大秋季开学式上的训词，发表于 1932 年《厦大周刊》总第 292 期。

毫无价值。诸位将来虽有健康的身体和渊博的学识，假若没有为社会人类谋幸福的志向（也是毫无价值）。一切的研究，都以之为中心，将来学成应世，就以之推进社会，则人类社会，乃有增进之望。在诸位志向之立定之后，无论现在的研讨或将来的作事，都应有一种必取的态度，才能不因失效而灰心，不为权利而改志。这种态度就是乐天的态度，也就是无论如何的失败，如何的穷困，都是泰然处之，一意向前迈进，百折不回，以完成其志。假若没有这种态度，一遇失败就沮丧，偶感窘困就颓志，那末，虽怎样远大的志向，也不过是一种幻想罢了，因之我希望大家还要有一种乐天的态度！

再说到中国现在的文化，有许多人都是醉心欧美，主张把我们固有的文化，完全抛弃；尤其是什么……无政府主义等等的邪说，简直把固有的文化攻击得体无完肤，致使社会秩序非常紊乱，弄得到处不安。而不知我们固有的文化，维持了中国数千年的社会，在现在虽说有一部分不适用，然而大部分的，还是很有价值，应该加以发扬光大的。我们回想欧西的文化，渊源于埃及，在他们初有文化的时候，也是同中国初有文化的时代一样，如写一个马字就是画的一个马形……以及其他各种初民文化，都是同中国古时差不多；到了希腊罗马的时候，他们的文化，就渐渐的昌盛了，以后逐渐发达，遂成为今日科学昌明之策源地。而中国的文化历史，远在欧西之前，在四千年前，就有文字使用，在黄帝的时候，就有指南针的发明，而火药、瓷器的创始，也是在中国古时，至于神农时之日中为市，也是商业之滥觞。到了周朝的时候，诸子百家兴起，各种学术思想，非常发达，如能任其滋长，则科学的昌盛，恐怕不得让美于欧西。可惜自从秦始皇统治中国以后，就将一切学术书籍，完全焚毁，以前的一切学术思想，就不能传之于后世；再加之汉唐以还的君主，袭用秦始皇的愚民故智，除掉尊崇儒术以外，不能提倡实行格物致知的工作，致使中国的文化，固步自封，不能前进。我们的文化，既被阻止，不能进步，所以我们的科学，的确不及欧美。这是我们的短处，应该仿效欧美的。但是中国的四书五经，维持了数千年的中国社会，在现在虽说有一部分不合时代，然而还有大部分的道理，是很真切，可以传之万古而不灭的，譬如忠孝仁爱，信义和平等道德，都是四书五经所提倡的，除掉它的内容可以随时代而改变外，而它的价值是永远存在的。又如大学中的格物、致知、正心、诚意、修身、齐家、治国、平天下的政治哲学，也是欧西人所未见到的。所以孙中山先生在三民主义中，主张恢复我们固有的民族精神——就是有价值的旧有文化，实在是有道理的。我很希望大家步武孙中山先生的后尘，认定本末，使中国有价值的旧有文化发扬光大。这也是我所说的一点微意。

敬告全国同胞　用固有民族
精神应付国难[*]

　　满洲现在已沦为战场了。鲜红的血和热烈的火，把个锦绣河山染成一片赤色，变成一块焦土。无数可怜的同胞，不是惨死在炮火之下，便是家破人亡，流离失所，那种悲惨的状态，实在非言语所可能形容的！

　　大家不要因为这种极大的破坏和损失，只会目瞪口呆。若把眼睛闭一闭，便立刻会联想到那无辜的百姓和无守备的城池，受着惨无人道的屠杀和大规模的破坏的可怜。这次日本侵略东北，因战争所发生的问题，约有下列几种：

　　（1）物资的损失，如房屋家私以及一切财产之被破坏；

　　（2）牺牲无数的性命，尤其非武装的同胞，妇人、小孩、老人和病者、残废者；

　　（3）遭难者所受凶残屠杀的痛苦；

　　（4）损害中华民族的尊严和全体国民的信誉；

　　（5）军阀横暴结果所受经济的灾害。

　　战事发生时，当地我国军队受着各方面的阻挠，自然不希望战胜兵精械良的敌人。但是凡是中国人，在此种情形之下，都应该觉悟到我们的正式军队或义勇军累战皆败的原因。国人对于此次侮辱莫不切齿忿恨和羞愧，故到处都听见救国的呼声。各方面提出救国方案指不胜数，救国大会

---

　　* 本文发表于 1933 年《厦大周刊》总第 312 期《厦门大学第十二周年纪念专号》。"九一八事变"之后，日本利用末代皇帝溥仪在中国东北成立了傀儡政权"伪满洲国"，全面侵占了我东北地区。值此民族危急存亡之秋，林文庆在痛斥"毫无心肝的军阀和政客拼命的刮削人民的膏血"，以至于陷国家于危亡境地而不顾之余，又以"必胜"的乐观精神，号召大学生们避免空谈，而应以脚踏实地的态度，努力提升自己的道德修养水准，以便为最后的胜利作出应有的贡献。

也时常的开着，报纸杂志中更是不一而足的载着许多宣传的文字。可是这种新式散布新闻的方法，往往容易使社会感看不安、不决和不振，终而贻害社会。此种害处或甚至造成恐怖、厌恶、可怜和失望。凡此种种心理状态，都是对于国家前途只有害而无益，因为它徒使群众惹起畏惧胆怯之心。

为维持国家利益起见，民众应付今兹国难，应该具有战事一般的勇敢，视敌人如草芥，毫不害怕，决心报复不法侵略。苟能够如此努力，那么，最后的胜利必属我们。如果裹足不前，萎靡不振，那么，必致山河崩倒，失败而归。

当局诸公，在此国难当前，应该有充分的准备，实事救亡，鼓起民众真正的爱国心。各个领袖果能够团结一致，以国家利益为前提，国家自无不统一之理。同时政府应该昭告民众，最后的胜利必归我们，持此信条令全体准备一切牺牲，改造国家，应付危局。故在此危急存亡之秋，我们应该为民族奋斗，维持一线生机。要知道我们立国四千多年，以前不知道打倒了多少侵略国家和野心家，此次满洲的被侵略，正好鼓起我们敌忾同仇的心理，我们可记得我们先烈的光辉战争，保持我们的光辉历史。我们当团结一致的起来保障我们的权力，维持世界的公道。一方对于国防努力设置，一方准备随时赴难，继续奋斗，直至把国家置于磐石之上为止。

新中国的青年男女们，大家各有应尽的职责呵！各人应该把着大无畏的精神，打破一切困难向着胜利方面走去，因为真理公道和正义，都属我们，这些精神和道德的力量是从不欺骗人类的。

孙子兵法有云："知己知彼，百战百胜。"中国今日政治社会的病症，究竟在什么地方？我们不能够不先行诊察出来，然后再讲求有效的医治。我们大家都知道中国必有他的病根，但是从没有人对症下药过，甚至于意见分歧，莫衷一是；结果呢，派别丛生，政见更不一致。其实民主政治，无论如何，都少不了要有才能的领袖来指导，如果诸领袖不能够互相合作，内战便免不了要发生。这种事实，历史上已经告诉我们，尤其是中国的历史更可以给我们一个教训。

中国目下的病症，仔细的按察起来，我们可以找出它的原因来。大约最重要的便是毫无心肝的军阀和政客拼命的刮削人民的膏血。这几年来的内战，他们究竟为谁而战？他们战争的目的总逃不出势利的一途，争权夺利，攘掠地盘，因此，把整个的国家弄成纷（粉）碎，以致危亡。

假如你们看出了这个毛病，是不是要立刻起来去铲除它？如果要的，那么，你们应该先行改正你们自己的灵魂，把自身修好了，然后加入去做救国工作。那时民众必会相信你的，因为你是个诚实而有为的人。实则救国的事惟有真心者和不自私者可以做成功。如今破坏和平，不顾公约和凶暴屠杀我们无辜民众的敌人正在那里作威作恶，政府负责的官员自当详细的把敌人侵略的消息广播各处，同时应该早日决定全国抵抗方略，实行某项经济政策，广集战费，使全部计划得以实现。

至于如何可以得到最后的胜利？如何使民众各尽其责？如何使民众团体准备牺牲一切，誓死拥护国家利益？我们只要设法恢复我们故有文化与爱国主义，真实理解天地间的真理和诚信信仰我们正义的主旨，便够了。如果没有这些信仰力来鼓舞我们的工作，那么，国家决不会统一的。

当此国难时期，我们相信自然有许多中国男女们出来解决这个问题。这个时候是人人应该替国家出力，给予物质和精神赞助的好机会。但是要脚踏实地的做起来，而不是空谈的时候。光是口头的叫"救国！""救中国！！"是无用的。我们要实地工作而不是空口的叫口号！凡是中国人都应该出来尽国民一份子的力量。你们已经准备赴难吗？但是要成就事业，分工合作是最好的方法；否则，只有失败和纷乱。此外，服从领袖的指导是不可缺的心理，牺牲自己的权利更是不可少的精神，等到国家计划成熟，一切步骤便可按部就班的实行起来，而不受阻碍了！

"必胜"应该作为我们战场的口号！我们只有往前奋进，向着最后胜利的路上走去，一切都准备牺牲，直到正义复兴，恢复我们大中华原来的胜利而后休！

大学生活的理想[*]

今天本校举行开学式，我照例来讲几句话，今天我讲的题目是"大学生活的理想"。

现今世界各国的社会，终日处在不安定的状态中，失业人数逐渐增加，人民生活异常困苦，就是一般宗教家，也无法解决这种繁杂的问题；一切宗教——除佛教外——多半是在社会上积极活动的，然而他们所致力的成绩和他们的理想还相差得很多，因此社会的腐败，民智的消沉，终无挽救办法。但是要解决此种困难，谋社会国家的安全进步，必须有赖于领袖人才。有了领袖人才，社会始可进步，民智才能开展。然而自从法国大革命提倡民权以来，一般人往往误会了"平等"的意思，以致发生无理的纠纷；例如无产阶级反对有产阶级，无知识阶级反对有知识阶级，都说是为了争平等，这实是很大的错误。要知社会国家是有系统的组织，既是有系统的组织，自然应有个法律中心点——就是领袖；有了领袖，才可领导民众，才能推动社会向前迈进。社会譬诸人体的五官四肢，领袖却等于脑筋，五官四肢当然应受脑筋的指挥；所以我们应当明了，大家在同一社会中，应在领袖指导之下分工合作，不可误解了"平等"的意义。要知所谓"平等"，不过指的在法律上的地位一律平等，并不是一切地位完全相同；比方人体各部——眼、耳、口、鼻……——各有所司，绝不能完全平等，毫无区别，否则和原生动物又有什么差异呢？人体各部各有一定工作，而受脑筋之指挥，假使没有脑筋做中心的枢纽，则不能运用；社会也是这样，社会进化以后应有特别的组织，如若没有领袖来指导一切，则社会必不能顺序发展，甚至流于腐败崩溃了。

---

* 本文系林文庆于 1933 年 9 月 11 日在厦门大学秋季开学式上的演讲，发表于 1933 年《厦大周刊》总第 319 期。

大学是培植领袖人才的地方，因为大学能给予个人以最高的思想和学问；具有最高的思想和学问，做起事来，自不会和常人一样的认错目的或是欠缺能力。假使没有大学，最高的学问和思想就无从获得；但是有了最高的思想和学问之后，还要具有自知、自信和自助的精神，这一点凡是大学生都不可忽略的。还有一层：我们在大学研究学问，培养人格，是为了将来替社会国家服务，而不是为个人达到享乐目的的工具；这一点意思想诸位应当明白，毋庸我多讲了。

我们要走上成功之路，第一要决定目的，就如出外游历，必须在事先预定目标一样。目的决定以后，竭全力向前做去，无论怎样艰难困苦，始终不懈，末了必可达到所预期的目的。大凡做事失败的人，都是因为没有目的，既然没有一定目的，怎能侥幸成功呢？诸位决定了目的，就应抱定这目的向前努力，且不要偶然失败就灰心，偶感困难就消极；即使遇着失败和困难，也还是泰然处之，继续不断的向前奋斗，这就是所谓乐天的态度，我希望大学生都要具有这种态度才好。

现在再讲到大学里研究的对象，大学里研究的科目，除普通知识以外，还有专门的学问；但我们更要注意，就是不要忽略了我国的旧学，因为我们是中国人，应明了我国民族文化的精神之所在。当我们研究中国文化的时候，更要注意艺术的探讨；因为艺术在文化上占有很重大的价值，假使对于艺术没有相当的了解，则不能领略中国文化之真趣。

其次，在大学里还要养成涵养功夫。涵养的功夫怎样养成呢？第一要注意吾国固有的道德。吾国固有道德，如忠、孝、仁、爱……都有相当的价值，其价值并不因时代潮流的变迁而稍磨灭；大学生对于这些旧道德，更有保存兼发扬光大的责任。第二要有自立的勇气。所谓自立的勇气，就是自己努力奋斗而不依赖他人的意思。第三要坚忍不拔。无论做什么事，总要有始有终的干下去，抱定百折不挠的决心。第四要明礼。所谓"礼"，就是君子之道。在大学里要注意养成君子的人格，这种人格的养成，丝毫不能赖人，全靠自己的努力。我们要养成牺牲个人为人不为己的精神，并且还要求真理存在内心，必须赖自己寻求，方可得到；诸位都是青年，获得真理的机会一定较我老年人为多，希望大家不要看轻了自己，不断的努力去寻求真理。

我现在把以上所讲的话归纳起来，大学生活的理想：第一是实行最高尚的生活，这又可分三点说明：（a）欲求自知之明，必先知我国民族的文化；（b）抱定宗旨，对于这宗旨须有信心；（c）须有克己恕人坚忍不拔的精神。第二是乐天主义——就是吾国经书里所谓智，我们具有乐天的态度，就不会因失败、穷困而沮丧、灰心，终久必可达到预定的目的。第三是本牺牲精神以服务社会——就是吾国经书里所谓仁，我们应当牺牲自我，而以社会福利为奋斗的目标。第四要有自立的勇气——就是吾国经书里所谓勇，我们做事应当勇往直前，绝不徘徊瞻顾，努力运用自信、自助的精神，竭力避免依赖他人的恶习。我们对以上四点加以深切的注意，才可在做人的道理上开辟出一条新路；否则没有确定的宗旨，必至流于歧途，而始终在迷离恍惚中讨生活了。大学上说："大学之道，在明明德，在新民，在止于至善。"我国数千年来，向不注意到如何能明"明德"，所以"新民"的目的不能达到，以致政治腐败，百务废弛。我希望大家在大学里面，应先从怎样明"明德"方面努力，然后再从"新民"的途径上着手，这样顺序做去，自可达到"止于至善"的地步，那么大学生活的理想才算是见诸实现了。

科学在现代文化上的地位[*]

诸位，刚才主席的一番介绍词，未免太过，我从幼年到现在都是在做学生，今天和你们比较起来，不过是一个老学生罢了。

科学是欧美近三百年前发明的一件东西，这件东西发明以后，不但世界学术界上添上了许多新科目，即社会上也增加了许多新事业，而且就是从前所有的学术事业也都脱胎换骨，迥非从前的旧态。总而言之，自从科学发明以后，世界上人类的思想、习惯、行为、动作都起了一番大大的变更，生了一个大进步，因为这个东西如此重要，所以我们要去研究。

Science，我们译为"科学"，非常妥当，Science 本来的意义是智识。而且是有系统的、有组织的智识。

在古代，人类能够利用自然的方法是很少，据我们所知道，先是用石器，以后利用石以取火，再利用火以熔铁，最后才利用铁来制造器械等，从此文化就渐渐发达了。

太古时的中国人，不止使用石器、木器、土器等，并且利用贝、甲、骨、角之类作器具等，据说到燧人氏时才发明用金属制器，到黄帝时才知

---

　　* 本文系林文庆于 1933 年 10 月 15 日在厦大生物学会第一次学术演讲会上的演讲，发表于 1933 年《厦大周刊》总第 327 期。作为一个接受完整西方教育训练的医生，林文庆对科学的重视是毋庸置疑的。在他主掌厦大期间，厦大的理科获得了长足的发展，尤其是生物学的研究更是蜚声海内外，与北京大学被公推为文史哲特长的大学、东南大学被公推为经济和教育特长的大学一样，厦门大学被公推为理科特长的大学，从而奠定了其在全国大学中的重要地位。林文庆在担任厦大校长期间，为培养和引起同学们对科学的兴趣，经常利用各种机会为大学生进行有关科学知识方面的演讲和报告等，如林文庆利用周末之机，多次在厦大观象台讲解星座知识，同时利用仪器观察天象，吸引了大批学生踊跃参加（参见《林校长两次演讲星象》，1930 年《厦大周刊》总第 243 期）；林文庆为厦大化学学会演讲"化学与哲学和实业的关系"（参见《化学学会公开演讲》，1933 年《厦大周刊》总第 315 期）；林文庆也曾为厦大师生进行公开学术演讲"进化论之科学及哲学观"（参见《林校长讲演进化论之科学及哲学观》，1927 年《厦大周刊》总第 174 期）等。

道铸造铜器，可惜这些都缺少科学的方法，是全靠经验慢慢得来的。

天文学最早是 Astrology，可以说是一种迷信学，因当时的人民以为天上的星是什么神所在，所以有些研究，后来因为算学和物理学的进步，打破一切的迷信，根据算学和物理学的原理，推论自然的现象，从此天文学便成了一门真正的科学 Astronomy，牛顿氏之见苹果坠地之事实，根据算学和物理学的原理发明吸力定律，又把这个定律推理到天体、宇宙、地球的循行轨道，才知是受了太阳的大吸力的缘故。

在光学 Optics 未有发明以前，不知光是什么东西组成的，以后经人研究，才知道光也是一种电子 Electron 组成的，因为电子的波动的快慢，而现不同的光线，这分析星的光线的学名叫做 Astrophysics，从前我们认为原子 Atom 为分无可再分的原子，但是近来还有更好的工具去分析它，每一个原子，内面还可分为阴极 Electron 和阳极 Proton，它们都是活动的，据近代科学家研究的结果，就是金、银、铜、铁以及金刚钻与木炭的分析，都是由于各电子的不同的组织和活动，就是地球上的一切物质，都是由于电子种种的活动和不同的形式而成的。

记得我在幼年时代，以为星体是无法测量的东西，但是现在爱国因斯坦（原文如此）的相对论发明，也可计算出来了，这而要说科学是万能的东西。

至于说到发动机方面，也有很大的进步，在最初是用人工，以后用木炭，用油。一直到近代才利用电力，而电力起初只用干电，以后用水电，现在却利用如汽车内所用的 Internal Combustion 自动电了，这实在是许多科学家努力的结果，也是科学界一种空前的进步。

化学和农业方面，也有极大的进步，譬如我们说农业，我们先前都是用人工耕种，现在在欧美都用机器耕种了，又说到丝茶之类，现在印度各处，除用人工采集外，概用机器，就是丝也不必用人工辛辛苦苦去养蚕了，恐怕将来化学更发达，就是米麦之类也可以有法去制造，到那时候，世界上必定有大更变呢。

以上所说的都是关于生物学以外的科学，因为它们与现代文化发生莫大的关系，所以不得不略略提及。现在所要讲的，是生物学了，生物学以人为的分类法分为动植物二大类，其实依照这种分类法是否妥当，仍是疑问，好在分类学与社会文化上的关系不是最大的，我现在所要说的是与社会文化上发生很大关系的要点。

　　从前达尔文到南美洲等处游历的时候，直接与自然界接触，得了许多最有价值的智识，他在游历以前，相信物种不变，游历后就创立了天演论，回英国后继续研究变种问题，一直过了二十多年，才把他研究的结果在《物种之由来》 *The Origin of Species* 一书中发表，因为内中有极多的事实做根据，天演论才得生物学界所公认，自从天演论成立以后，生物学界的观念起了一种大改变，竖立了一个科学的根基，因为有这个根深蒂固的根基，发生许多研究的问题，生物学自此便大大的进步，今天在座的诸位，虽然不能说个个都是学生物学的，但是也可以说至少对于生物学有相当的兴趣，在诸位当中，有没有第二个达尔文，现在虽然不敢预料，但是总希望诸位加倍努力。

　　厦门地处温带而近热带，四面环海，颇适宜于生物之培养滋植，而种类繁多，材料采集颇易，加之本校生物学系，各种设备亦称完善，以环境言，以设备言，均适宜于生物学之研究，中国文化不进的重要缘故是科学不发达，我们要想使中国与欧美各国并驾齐驱，则非从科学上下手不可，生物学亦为科学之一，与人生有最密切的关系，希望我们学科学的人，格外努力，庶几国家才会强盛，文化才得发达。

中国如何救亡图存？[*]

　　大学是一种高等教育机关，是为国家培植人才的，现在的大学生，都是将来国家的干部人员。那末诸位对于社会国家之改进，负有重大的责任，所以在今天开学的时候，特别提出一个问题来和大家说明。这个问题就是"中国如何救亡图存"。

　　中国地大物博，蕴藏甚富，而人民之众多，亦为世界各国冠，照理应为一个独立完整之国家，而不受任何国家之欺侮；可是我们的国际地位，固不能与欧美日本并驾齐驱，即弹丸之暹罗，亦属望尘莫及！近百年来受列强之侵略，而无抵抗之能力，以致全国经济破产，民不聊生，土地日蹙，无法保护；近复以东四省之地，拱手让人，其弱至于如此！酝酿已久之远东战争，为列强争取中国所必有之冲突，于最近期内，一定爆发；这次战争之结束，就目前之情形推测，中国必受蹂躏。所以中华民族之生死关头，就在此时，我等为图整个民族的生存计，不得不谋挽救此种危险。

　　一个民族要免除灭亡的危险，和病人要免除死亡的危险一样，要病人免除死亡，必须先从病治好，使他健全起来，而治病之前，必须先知道病症是什么，得病的原因何在，然后按病施药，从根本上治起，才能奏效。所以我们要挽救中国的危险，必须先知道中国的病症何在，然后对症下药，才有希望。中国病状之荦荦大者，约有四端：

　　1. 军阀割据——中国自从袁世凯妄为失败后，军阀们就起来争权夺

　　* 本文系林文庆于 1934 年在厦门大学春季开学式上的训词，发表于 1934 年《厦大周刊》总第 333 期。1934 年初，日本扶持的傀儡政权"伪满洲国"宣布实行帝制，日本军队在长城各口外树立界碑，刻"满洲国界"字样，并在长城各口不时制造事端，日本全面侵华的端倪更加明显。身为一个医生，林文庆深知要治病救人，须先了解病症、摸清病因，之后才能对症下药，因此，在演讲中，林文庆详细分析了中国之所以衰弱的原因，并相应地提出了对策，呼吁大学生们当仁不让，担负起救亡图存的重任。

利，成为割据的局面，以至于今，仍然如故。各个军阀刮民自肥，养兵自卫，互相残杀，损伤国家的元气，以致民穷财尽，陷国家于危殆。而且各据一方，使国家的行政，不能统一，因而内政不能修明，外患不能抵御，整个的建国计划，不能实施。故军阀割据，实在是中国贫弱的一个大原因。

2. 吏治腐败——辛亥革命后的中国，虽说号称民国，可是政府的组织人员，除少数外，大多数以个人自身的荣华富贵为前提，对于国利民福，在所不问，甚至祸国殃民，亦所亦（疑为"不"字排版之误——编者注）惜，以这样的官员去治理国家，怎使国家不贫且弱呢？

3. 国民经济之崩溃——中国虽说地大物博，而经济枯竭，已至极度，各种事业不能举办，政府之维持，亦多赖于公债及借款。在此种经济崩溃情形之下，国家几乎失去活动的能力，安得不陷于危险之境？其经济崩溃的原因，除去军阀的搜刮，官僚的剥削外，约有三种：

a. 列强的经济侵略——从历史观察，中国人大都是以本国一切为满意，而忽略科学的研究，以致近数百年来，各方面都停滞在固定状态中，没有什么活跃的进步。及至海禁大开，关税失去自主，外国机器工业之产物大量输入，中国土货就被压倒。洋货之输入日多，金钱之外溢亦逐年增加，使全国经济日形枯竭，这是国民经济崩溃的原因之一。

b. 农村经济破产——中国以农业立国，农业经济之荣枯，可以影响整个国家。现值机器工业时代，而中国的一切农耕方法，都是墨守成规，不能随社会之进步而改良，以致成本甚高，收入甚微，农民在丰收之后，仍不能维持生活，使整个的农村经济，陷于破产，整个的国家，受其影响。

c. 天灾流行——在进步的国家，天灾本不足为患，而在中国，则为患甚烈，如数年前陕甘大旱，饿死人民数千万，长江大水殃及数省，去年黄河泛滥，损失亦不胜计，其他如时疫之流行，飞蝗之伤农，均足以损伤国家元气，使国民经济趋于崩溃。

4. 旧文化之衰落——文化是一个民族在过去生活上所遗传下来的种种精神上的特质，藉以维持其生存的，中华民族生存了四千多年，完全是靠旧有文化的力量。在近一二十年来，大家都倡维新，一味模仿欧美，不管旧有文化之优劣，一律推翻，致使一般青年对于孔孟学说及伦理观念等等毫不研究，专门去讲自由平等，进退应对的礼节，服从尊敬的精神，扫荡无余。他们太讲自由平等，对于国家民族毫无忠诚的态度，一任其自私自利的欲心，为所欲为；军阀之专横，官僚之贪婪，何尝不是受的这种影响？

以上所述各种病状，若不除去，则中国的危险，实无挽救的希望。我以为要挽救中国，必须从二方面入手。

1. 须有强有力之中央政府统治全国——军阀割据，政治分裂，大家的力量都集中于内部的纷争，所谓外侮天灾，他们固然顾虑不到，至于建设国家，复兴农村，亦复成为纸上空谈而不能见诸实行。若政治军事领袖，能够捐除成见，彼此推诚相与，以国家民族之利益为前提，精诚团结，构成强有力之中央政府，一面澄清吏治，努力建设，使农村繁荣，天灾无患，以充实国民之经济能力；一面组织民众，训练民众准备以武力捍卫民族，保障和平，而维持民族之生存：像这样作去，才能使中国免除灭亡的危险。所以组织强固之中央政府，实为挽救危亡之第一着。

2. 须恢复中国固有文化——因中国固有文化之毁灭，以致人民无统一之意志、固定之信仰，而造成国家之纷乱局面。要挽救中国的危亡，除组织强固之中央政府外，必须建立人民的统一意志、坚定信仰，使他们抱牺牲之决心，随政府之领导，为国家民族而奋斗。中国旧有宗教、伦理、哲学、美学等文化，能给人民以忠、孝、仁、义、爱等等的信念，人民有了这种种的信念，才能牺牲自我而为国家。所以要建立人民的统一意志和坚定的信仰，必须恢复中国旧有的文化。

救国的方策很多，各人说法不一，在我个人觉得要挽救中国的危险，非有强有力之中央政府与坚定意志之人民，一致团结从各方面去奋斗不可。

厦门大学最近一年来
之回顾及其感想*

　　本大学最近一年来的处境和奋斗的经过，我们回想起来，是不能不对陈嘉庚先生表示无限感谢的！谁都知道：嘉庚先生是本大学和集美学校的创立者，是以不断的热心继续维持着这两校于不敝！虽然说：世界经济疲敝到极点，甚至不免影响到先生个人的营业；可是他仍旧是以不屈不挠的精神，尽量帮助本大学的发展！

　　嘉庚先生那种为办教育而探取之济世利人的态度，是很值得侪辈和国内外同胞热心支持的！他把海外劳苦所得的大部分资产，致力作人事业，其唯一目的：是要使全国青年受相当良好的教育，能成为优美的公民；可是这种事业，决非一二人所能为力，是必须大家自觉到责任的所在，共同起来竭力促其实现的！

　　事实上告诉我们："九一八"国难发生以来，举国皇皇不可终日！国库之空虚，教费之支绌，在在都可以表现国难的严重，为民国成立后得未曾有的。加以世界经济恐慌，虽说各国政府及一般经济学者极力设法应付，但卒未能挽回颓运！因之，整个世界，变成"百孔千疮"的世界，整个社会，变成"七零八落"的社会，牵一发动全身，随处都感到经济衰落的困难，随处都有悲惨痛苦的呼声！这种普遍的现象，我们的国度，

---

　　* 本文发表于 1934 年 4 月的《厦大周刊》总第 337 期《厦门大学十三周年纪念专号》。1934年对于厦门大学来说，可谓是一个重要的转折点，之前，虽然陈嘉庚公司已早在 1931 年 8 月就被迫接受改组成为股份有限公司，但陈嘉庚基本上仍然能坚持按期接济厦大一定的经费，而伴随着 1934 年 2 月陈嘉庚公司的收盘，厦大能从陈嘉庚那儿获得的经费开始变得日益稀少，从本文中亦可反映出厦大的经费来源已变得日益多元化。从此以后，为厦大筹款就变成了林文庆的头等大事。尽管形势严峻，但林文庆仍然秉持他那一贯的"乐天主义"精神，提醒大家："消极是等于自杀，等于痴人说梦！唯有积极奋斗，才有出路，才能有康庄大道可走"，激励大家同心同德、负起责任，为了厦大的长远发展共同奋斗。

当然不能例外；一学校之经费支绌，可以说是国内"司空见惯"的事，用不着粉饰太平，更用不着大惊小怪！

世界的文化，是永远继续着前进，我们人类，决不能让文化后退。本大学为作育最高人才之所，居全国教育制度最高的地位，对于推进文化，是责无旁贷的！过去一年间，固然时局不免有许多纷扰，校费不免有许多困难；可是本大学同人，力持镇静态度，校务一如常轨，同时鉴于国难之当前，深信教育必须特别注重心理改造，养成一般人才，出为社会服务，为国家谋发展，为大多数民族谋幸福。因之，对于学生的训练，是用"乐天主义"鼓舞他们，策励他们；同时反覆提示他们以国家文化的价值和重要性，务使人人都能有"卧薪尝胆"的念头，个个都能有"发愤图强"的心思，过去颇著相当的成绩，这是可引以自慰的。

本大学为全国私立大学中首先奉准立案之大学，其对于国家，尤其是对于闽省文化上所负的使命，非常重大！内容现分文、理、法、教育、商五学院，并附设医学先修科及高级中学。所有图书、仪器、设备等等，比之国内各大学，自信尚不致相形见绌。至动植物标本，或由国内各地采集所得，或由海外各研究院或博物院交换而来，即僻远国家，如墨西哥等，亦时有赠送书报等等。校中各院教授，除授课外，均能热心研究学术，特别是对于海产生物和各种教育问题，研究不遗余力。结果，得了中华文化基金董事会的同情，自二十年度起，按年特准补助三万元，以三年为期，其在全国或世界学术团体中，占有相当地位，自有事实可为证明。至各种研究的问题，均已有相当发表。又历届毕业生，或留学异国，或服务母校，或在党政机关工作，或在学界商场服务，都能够发挥本校的精神，显出相当的效果，这也是可引以自慰的。

说到本大学，尚有许多优越的地方，比如：（一）本大学址在厦门，厦门是我国与南洋或外国交通的孔通，舟楫便利，适于侨胞子弟回国就学。因侨胞多数为闽粤两省人士，其在南洋根据地，远者不过旬余海程，近者且二三日可达；加以故乡在望，有亲朋戚友可托，监督子弟教育，较为容易。（二）本大学校风优良，校址离政治中心、军事区域都甚远，毫不受外界影响，子弟就学其间，父兄可免重重挂虑。（三）本大学环境优良，学费减省，闽南人士如送子弟就学，既轻负担，且子弟不时归省，便于监督指导，同时家族间情感，不致隔阂。有此数种原因，本大学年来男女生数，实年有增加，本年度已增至七百余人，就中约由十三四省份而来，因此，有很好的机会，可以使各位同学，于课余之暇，学习些本国各地的方言，这不能不说是一件附带的快事！

我十分肯定的认定国人一向处事，是以消极为原则的；可是本大学过去一年间的处境和奋斗的经过，事实上明白告诉我们：消极是等于自杀，等于痴人说梦！唯有积极奋斗，才有出路，才能有康庄大道可走。兹将可为国人告慰的几点，分述如左：

1. 嘉庚先生对于有限公司，虽因种种关系，自动宣告收盘，但对于本校，仍本创办初衷，决心维持，不肯放手，所允担负的经费，经叠次明白表示负责接济，以维持本大学现有的规模。

2. 国府补助嘉庚先生教育事业费，原案每月五千元，国难期间内，奉命减发五成，即每月二千五百元，现已拨发至本年二月止。最近本大学向中央请求按月另外补助以便发展，颇有成功的希望。

3. 闽省府第二三二次会议议决："自二十二年度起（即二十二年七月起）按月补助本大学五千元"，该项补助费，均能如期拨发，政变时停发两月余，新省府成立，本大学呈请查案照发，奉批"准自本年二月份起照发"，并已由财厅拨发三月份补助费，这很可以表示政府重视本大学的一斑。

4. 本省各界人士，特别是厦门各界领袖，对于本校素具爱护热诚，如最近厦门大学协进会的组织，以物质上、精神上协助本大学为宗旨，即是一种具体的表示，该会主席黄伯权、会计洪朝焕两先生及各正副部长等，奔走不遗余力，尤为可感！

5. 本大学全体教职员，精神上很能做到通力合作。换句话说：大家愈知道校方有所困难，愈能热诚加以爱护，二年来全体按月照所得累进捐薪一部份，也就是一种具体的表示。

综上所述，嘉庚先生之决心维持，中央省府之按月补助，地方人士之热心同情，全体职员之竭力合作，在在都可以推进本大学积极的发展。现在本大学，勃勃蓬蓬，很有生气，决不因校费一时的拮据，而有所畏缩不前。在设备方面：开始建筑者，有供给理学院学生实验之煤气厂；正在计划中者，有体育馆及便于养活海洋生物之流动海水设备等。在研究方面：有理学院之闽省海产富源调查，东沙岛海产调查和自然科学丛刊的发行，法学院之国际关系研究会的组织及教育学院丛刊的刊行等，都可以表示本大学同人努力不懈的精神！这次欣逢本大学第十三周年纪念，文庆于欣欣鼓舞之余，还希望今后政府及社会各界人士，继续欲以物质上、精神上之赞助，俾本大学同人可以益加奋勉；同时并很希望本大学同人，一心一德，贯彻始终，负起当前应负的责任，以发扬本大学于永远！

修身勤学救人救国[*]

诸位同学！如其说我善于演讲，那着实不敢当，因为我才学浅薄，同时是个医士，当然比不过各位先生所说的那样流畅。关于各学院的更动，新教员的聘请，经费的支配以及本学期进行的事实，各院长及秘书已经报告过了，用不着我再说。而今天所要讲的，就是那高唱入云的天天报载的新生活运动。新运目的，是恢复中国固有道德，养成个人的良好习惯，实现新生活。像我老人家是不可靠的，而首要在你们青年学生。"九一八"以后，你们不是奔走呼号，呐喊着什么抗日救国。我告诉你：就是救国，那先要救你们自己！把自己纠正好了，然后纠正别人！譬如自己还站不住，那里会纠正别人的立正姿势？所以，我们应该除掉自己不良的习惯，修身勤学，才有资格救人救国。过去，中国是以"王道"治国的。按王道即王者所行的正道，今用为平正之义。就"王"字说："王"的上头含有"真"的意味，中乃"美"的象征，而下就是"善"的意思，具有真善美三者的人，才算完全，才算高尚，才可以救人，可以救国；不特救中国，还可救全世界。例如我们大学的学生，百中至少有一二具"王道"者，也许不止此数。这样一来，我很抱着乐观，以为中国是永不会灭亡的。你们也用不着悲观！不为环境恶劣苦！不为贫寒苦！只要明了自己，改造自己！要大家能够"一心一德贯彻始终"的救中国，中国未有不强的！经过长时间的校务报告，大家想已疲倦，我也不用多说了。

---

* 本文系 1934 年 9 月林文庆在厦大秋季开学式上的训词，发表于 1934 年《厦大周刊》总第346 期。题目为编者依据文章内容所加。

此次募捐经过情形[*]

各位同事，各位同学：

今天有机会向各位报告此次募捐经过的情形，觉得是个很可喜的机会。日前，曾傅二先生先后回校，关于募捐的情形，早为各位详细地报告，① 所有其原原本本的经过事实，似乎无须我再来赘述，今天我所要说的，只是些零星的杂感，而这些杂感我认为有一说之必要的。

南洋迩来商业之不景气，早已昭然若揭地著人耳目。在这严重的不景气空气笼罩中，尚能募得巨款，实足表现南洋人士爱护我校的一片热诚。他们觉得厦大自创办迄今，十有三年，经过长时间的不断的努力与奋斗，成绩卓著，确有帮助其发展之必要，于是不惜自己的牺牲而慷慨解囊。此种热心诚为我们所当竭诚感谢的！虽然我们募得的捐款未曾悉数收到，可是在不久的将来，必能逐渐收到；因为南洋人士在信用上是无须我们顾虑的。据我个人的推想：这一年之内，至少可以收到总数的二分之一，大约两年内，当能把全数收完。

我们试想南洋人士和我国侨胞处此困顿艰难商况之下，尚肯慷慨捐

———————————

＊ 本文系林文庆率曾郭棠、傅文楷二人前往南洋为厦大筹款归校后为厦大师生所作的报告，发表于 1935 年《厦大周刊》总第 368 期。面对厦大日益严重的财务危机，林文庆一行三人于 1934 年底利用学校假期前往南洋为厦大筹款，共计筹得三十余万元的善款，从而为厦大接下来数年的稳定与发展提供了强有力的财务保证。此次募捐得以成功，无疑是凭借了林文庆往昔在南洋的崇高声誉和巨大的社会影响力，然而，林文庆在报告中却对自己的巨大付出只字不提，反而将之归功于南洋人士"因受了陈校董伟大人格的感动"。如果不是先已回国的曾郭棠、傅文楷二位提前向厦大师生报告了林文庆在南洋的崇高地位和巨大的社会影响力，厦大师生（当然也包括后人）恐怕永远无法知晓林文庆为厦大所作出的巨大牺牲！鉴于曾、傅二人报告对于理解林文庆对厦大所作出的贡献具有极为重要的作用，编者特意将二人的报告以附录的形式附在本书后。

① 跟随林文庆前往南洋募捐的曾郭棠和傅文楷的报告《随林校长南渡所得的感想》及《南行募捐之经过》，分别刊登在 1935 年的《厦大周刊》第 363 和 365/366（合刊）期上，见本书之附录部分。

资，辅助吾校，他们所期望于吾校者究竟为何？我相信他们对于吾校所抱最大的希望，就是助长吾校造成一个巍峨博大的学府，矗立于中国南部，以造福中国，造福世界。吾校的经费，从前殆全部仰给于陈校董，随后则政府方面与个人方面如黄奕住、曾江水诸先生，都曾予以不少的援助。而今除上述的各方面外，又得到南洋各方人士的帮助。我们的帮助者愈多，我们责任也愈加重，而我们益当兢兢业业，努力钻研，以尽大学的专门研究的重责。从前南洋人士对于吾校的情形，尚少十分的认识与了解，经过此次募捐之后，几乎无人脑海中不深深地刻着"厦大"的印像。所以此次南渡的结果，不仅在经济方面获得大量而有力的帮助，而且把"厦大"的校誉传遍于南洋的社会中。

南洋近四年来商业不景气的现象，真所谓凋零疲惫。然而南洋人士对于"厦大"热心的程度，倒是如日俱增。尤以陈校董之精神与毅力，最足动人。他十余年来对于维持吾校的工作，未尝稍懈。他的坚强、伟大的人格，实足使人敬服。南洋人士以这样隆重的恩惠和远大的希望加于我们，我们应如何自惕自励以答他们的殷望呢？或谓吾校学生不出六七百人，远非一校数千学生的大学所可比拟。然而在我个人的心目中，并不以学生数之多寡为虑的。我们深信学校成绩之良窳，并不与学生数之多寡成正比例。我们但求质的优越，未始不远胜于量的过滥。如果各位同学都能好学不厌，我们教授都能诲人不倦，一齐站在学术界的前线，勇往直前，致吾国文化地位于世界的最高峰，虽仅六七百人，亦何虑其少？大学的宗旨重在"专门研究"，专门研究之先决问题，就是道德的修养。道德应如何修养呢？一般人对于这个问题的解答：都以为信奉宗教就是修养道德的不二法门。尤其是欧美各国，未有不于宗教加以特别的注意。吾校既非宣传宗教的机关，自不宜因宗教以宣扬道德。然则我们究有何种机会以宣扬道德呢？我们赖以宣扬道德之唯一的机会就是总理纪念周。我们承认的道德，是总理提倡的中国的"固有道德"和他的"三民主义"。我们应以固有道德的观念和三民主义的精神，为修养道德的圭臬，为训练道德的标准。南洋人士常以吾校修养道德之标准和宣扬道德的机会相询，我的答案，就如上面所说的那样简单明白而能提纲挈领的几句话。我希望各位能把这几句话拳拳服膺，方能报南洋人士之厚望于万一。

陈校董对于南洋人士踊跃捐助的情形，深觉十二万分的欣喜。但平心而论：南洋人士赞助吾校的动机，一方面固起于爱护吾校，而他方面亦因受了陈校董伟大人格的感动。陈校董的人格实足为我们同学及全国人民效法的。总之，此次募捐，我们两三人并不觉得艰苦，而处处可以看到侨胞爱护祖国的热忱。此种现象殊足令人欢慰；而于中国的前途，大可抱着无限的希望。

　　末了，此次募捐仅以短少的时间，得到意外的成功，这种成功实堪为吾校额手称庆的。虽然，我还希望全校同学能够联合起来，组织一个可以惊人的大团体，风起云涌地总动员向各方募捐去。这样，所收获的，当更有不可预料的效果呢！所以吾校之前途，当是辽远无疆！

在厦大第十届毕业典礼上的致辞[*]

今天能有机会和各位毕业同学讲话，觉得非常喜慰，所以能有今天，无非是数年来各位教授和各位同学努力工作的结果。然而各位切勿以毕业即是事业学问之结束。而需更进一步为人类世界服务，谋事业之发展，以造成理想的社会，各位须具备我国固有的道德，一定的目的及方针，努力奋斗，始有成功之一日，校董陈嘉庚先生为人民为教育而牺牲，以谋各种事业之建设，其精神殊足为各位效法。今后各位离开学（校），须本新生活运动的精神服务社会，能"不怕死"，"杀身以成仁"之精神，方是现代的大学生，最后，我希望各位要认定中国是可救的，今后各位的事业应以"救国"为中心，且无论事业之若何困难，都不宜失望、灰心，而应抱着乐观的态度设法克服之。

---

* 本文发表于 1935 年《厦大周刊》总第 375 期。

关于救国问题的演讲*

诸位：

今天我所要讲的话，已经多被李主任讲过了；现在只有一点小意见向大家说说。在国难时期，最重要的便是要想如何救国。大家都以为今日的中国，已经到了无可救药的时候。可是我的意见并不谓然，我认为中国还可以救。虽然西方人都目中国为远东的病夫（The sick men of Far East），但是因为是病夫便坐而待毙么？我们通常家里的人病得危笃时候，定要延医诊治，断不会任其死亡。家庭既然如是，国家何独不然呢？所以我们必须努力救国！孙总理有鉴于此，就著了《三民主义》、《建国方略》和《建国大纲》等；我们军事领袖蒋委员长，于前年又倡导新生活运动，以为救国的方针。我们只要努力救国，不怕我们的国家不可以救的！

回溯中国过去历史，中国是五千年来文明先进的国家，这句话，的确是当之无愧。他的文武功绩之伟大，已为全世界人类所有耳共闻。和他同时强盛的有希腊、罗马和埃及等国。其所以灭亡，即是民族退化的缘故。我们中国人要想救国，必须好好研究历史一下方可！我国农业不进步，社会卫生和各种生活，都像数千年前老是不求改良；就是最出名的美术，到了现在也归失败；日常衣食住行莫不仰给于外货；民众散漫，毫无国家观念；长此以往，就是外人不来灭中国，在不久将来，中国也自然要受外人同化了！我想这点最为危险，大家非特别注意不可！

国家可以当做有机动物一样看待，中国现在失败了，正好像有机动物体内生了病。要救中国是要先把中国的病情施以严密的诊断。据我的诊断

---

 * 本文系林文庆于 1936 年 2 月 17 日在厦大春季开学式上的演讲，发表于 1936 年《厦大周刊》总第 391 期。林文庆在演讲中，除了继续以乐观的态度坚信中国不会灭亡之外，还针对当时急于全盘西化的一些激进思想潮流，提出了批评。只可惜，忠言逆耳，本来振聋发聩、发人深省的话语，竟成为后人批评林文庆思想保守的一大证据。

以为中国的病象是神经病，是神经衰弱症。如果详细说明，便可分为下列十种：（1）因为思想复杂，神经错乱，乃到了不思不想的地步。（2）不思不想，没有民族意识，国民便非常涣散，不合作。（3）不合作就没有群（体）的（力）量来推动社会，社会便不改良。近二十年来新进的人物，甚至于要推翻孔子。孔子是一个中国文化的代表者，他所代表的是真理，中国所以不亡，大半是靠着"真理"的存在。我们研究真理的态度在于格物致知，最要是推陈出新。现在一面要破坏真理，一面又不能翻新，所以社会不能进步。（4）政府人民不合作。（5）自私自利。（6）教育不普及。（7）经济困难，民不聊生。（8）不服从正当领袖。（9）民众无爱国心，不负救国责任。（10）外交失败。

中国的病象既如上述，在此国难时期，大家就要对症下药，努力救国。切实依据本校"止于至善"的校训努力寻求真理，努力研讨切合时势的学问，以备出为国用。蒋委员长说："救国必先救己"，我认为这句话是很对的，愿诸位共同努力！

养成个人高尚品格[*]

诸位同学：

今天因为各学院长及秘书暨训育主任报告各学院的更动，新教员的聘请，经费的来源，及校董会的组织与开会的经过情形，与本学期在校学生应注意的事项，花费了很多时间，现在我不敢再说什么话。对于新来本校求学的同学，我是诚恳地表示欢迎！其次，我有一个感想，顺便要告诉各位的，就是无论在甚么地方办甚么事，困难、毛病、过失，总是要碰到的，但是，不要紧，孔子说："过则勿惮改"，又说："行有不得反求诸己"，我们有甚么过失，只要知道了马上改正就得，有甚么困难碰了，经细细地考虑，想出办法补救就行。厦门大学应该改进的地方，当然很多，这点由我们几年来，勤求改进，勤于改进的事实，就可以推测到。其实，不独厦门大学是如此，全世界著名的大学都是如此，而它们都天天在改进中，厦大当然也是这样。所以诸位觉得本校有甚么地方应该改进的，随便提出来，都可得到改进，无论何人，上自本校各院教授、学生，下至本校工友，都可把学校的缺点随时告诉我，使我知道，并设法改进，我是欣然感谢的！因为我们的学校要有改进，才有进步，要有不断地改进，才有不断的进步啊！这是我今日一时想到的，顺着便向诸位说说。而现在所要讲的，就是养成个人高尚人格。教育的目的，在于品性的陶冶，意志的训练，养成纯洁的道德人格；同时又要养成一种能把在学校里修到的智识应用到实践的行为上去，要有即知即行、自修自立、说得到做得到的精神，不要只成为消极的循规蹈矩的正人君子，而且还要成为积极的成大业立大功的伟大人物。因为仅有道德的，不过是一件外衣，要有丰富的知识和力

* 本文系 1935 年 9 月林文庆在厦大秋季开学式上的训词，发表于 1935 年《厦大周刊》总第 377 期。题目为编者依据演讲内容所加。

行的精神，人格才会充实丰满起来，这样才能养成高尚的人格。政府提倡新生活运动，和保存旧有文化与旧道德，就是要每个人日常的衣食住行的生活，合于礼义廉耻的道德行为，但是请诸位注意：这种新生活，要有我刚才在上面讲的"说得到做得到"，"即知即行"的精神——顾到实行，努力实行才好！孔子说："己所不欲，勿施于人"，如果仅是知道这句话的好处，有什么用？必得要能够做到这个地步，才算得是道德行为。我以为无论在什么地方，这种道德和道德行为都是非常要紧，而这种道德习惯、品格力量，在学校里求学的时候，就应该养成、发展，这点对于新的同学，要特别注意，今天所讲的，就是这样。

大学生活的意义与责任 *

　　本校每学期举行开学典礼，必由本人担任训话，但是训话殊不敢当，现在提出"大学生活的意义与责任"一个目前问题，略与诸位谈谈。大学是设教的最高学府，正所谓入德之门，从此便升当入室而臻于至善之域，所以各位应有独立特行的修养，立定志向，一心一德，以爱国热诚出而服务社会，在校时期，更应养成团体生活的兴趣，学术研究的精神，牺牲个人服务他人的习惯，及领导民众拯救国家的能力，能够这样，才算是稍尽了各位的天职，而今日的开学典礼才有重大的意义，为国储才的大学，不特可以无忝厥职，而发扬国光，排除国难，国家前途，亦深利赖。希望各位善自勉励，抱定宗旨，负起责任，急起直追，以期达到最后的成功。

---

　　* 本文系 1936 年 9 月林文庆在厦大秋季开学式上的训词，发表于 1936 年《厦大校刊》第 1 卷第 2 期。题目为编者依据演讲内容所加。

中国文明之伦理根据[*]

　　除非赴日内瓦开会之代表，抱完满之诚挚，否则国际联盟殊无若何可希冀者，但最少总能略有益处，因其犹可令一般独裁之迭克推多（独裁者——编者注），重行考虑其方式之为智为愚也。

　　日本人所以能保存而又有所谓文明也者，莫非当□功于其采取中国之文化与宗教。

　　中国人对共产主义之理想，实不啻基督教诸使徒所训导者，彼等认此种理想，应由恳挚实践爱君，以及人君愿为社会之福利而牺牲，而实现之，并非藉暴力即得臻此境。

---

[*]　本文系林文庆在新加坡侨生组织华人公会上的演讲词，发表于 1938 年 5 月 14 日的《南洋商报》。

团结起来，争取抗战的最后胜利[*]

今日中国虽处于动乱之中，然而中华民族复兴前途，实具有大可乐观之希望，今日举国上下最要者，即一心是也，陈主席（指陈嘉庚——编者注）适才谓今日乃建国日，建国之首要条件，在于建立一心，出钱出力，即一心之表现也，愿吾人下最大决心，持续输财效忠，打倒侵略中国之日本狂魔。谨祝中华民国万岁！

各位爱国同胞，我们今天在这里开会，简单地说，是因为我国受日本之法西斯主义者无理侵略，我们为自卫起而抗战，自卢沟桥事件发生到今，我们抗战已历一周年，我们为纪念过去，加紧未来的抗战力量，所以在这里开会纪念。

在这周年当中，凡吾中华民族，都过着悲愤仇恨的非常生活，这种生活是由于敌人不断地侵略所造成，这种仇恨，我们不要忘记，我们要坚决抗战到底，我们要加紧抗战力量，（献）出我们的生命，用我们的热血来换取我们的自由，收复我们的失地。

现在国内各党各族已经团结得铁一般的坚固，各党各派间的和洽为历史上所未见，从这一点，我们可以预测抗战结局必然胜利，固然，我们在武器方面，虽然比不上敌人，但是自抗战开始，我们就加紧充实军备，现在我们的军备是越抗战越充实、越精锐，这是已经有事实证明的，我们的军事最高当局，在蒋委员长领导之下，已下了最大的决心，不管任何牺牲，决抗战到底，这是我们坚信最后胜利必属我们的第一理由。

国际方面，各有关系的国家，对于吾中华民族神圣的抗战，已渐由观

　　* 本文系林文庆于 1938 年 7 月 7 日在"新加坡华侨筹赈祖国难民大会七七抗战周年纪念"大会上的演说，发表于 1938 年 7 月 8 日的《南洋商报》，转引自许云樵等编《新马华人抗日史料（1937—1945）》，新加坡文史出版私人有限公司 1984 年版。题目为编者依据演讲内容所加。

望而同情我们，由同情我们而有所动作，无论物质方面、精神方面，他们将来必能给我更大的援助，以完成我们的长期抗战目的，保卫他们在华既得的权利，世界第二次大战已迫在眼前，此次战争将为民主国家与法西斯国家两方面的大混战，法西斯主义者已烧起殖民地的火焰，各野心国都在相互交结，互相利用国际关系，纵横捭阖，希望填满他们的欲壑，英法俄美各民主国家已渐觉悟以往各自为政的不对，已有联合成一条战线的可能，民主国家的力量和法西斯国家力量的比较，无论什么人都能明白答复说，法西斯将敌不过民主国家，法西斯阵线终有一日会崩溃，日本法西斯主义者将有一日会受到制裁，这是我们最后必能胜利的第二理由。

但是，"天助自助者"，我们不能放弃国民的责任，而全仰赖于他人，假如我们放弃自助的责任，有钱者不出钱，有力者不出力，都是等于有意自绝于有心助我国之友邦自己跑回胜利之路。我们华侨纵不踏上火线，也应从大处着想，下最大牺牲的决心，出到最后一文钱，尽到最后一分力，把数千万的华侨精神统一起来，整个的华侨的力量发挥出来，把各自行动的救国团体联系而调整起来，在居留政府法律许可的范围内设一最高的救亡机关，计划一完整而有效之策略，务使全体华侨一律奉行，如经济之征募，劣货之拒绝，国民外交之运用，国际文字之宣传等，救亡工作在规定方针划一步骤之下进行，使救亡之机关，形成坚强的体系有发号施令之权能，使令之所施，如响斯应，那末华侨的救亡力量，将更伟大。

我们检讨过去的工作，有不少的缺陷，这些缺陷就是单顾一方面，忽略多方面，换一句话说，仅知内部之工作，而忽略国际之宣传，仅作各个之活动，而忽略通盘之筹划，因为这样，所以恤财如命之侨胞，乐得作壁上观，奸商亦乐得利用流氓组织反宣传的机关，破坏正式的救国团体，做自己的护符，所以我们应该调整一切的救国团体使趋于指挥统一化，动作纪日的安乐（原文如此），起来，我们华侨的同胞们起来保卫我们的祖国。我们要在有纪律有组织之范围内，发挥我们伟大的力量，我们明白日本是我们的敌人，同时也要明白，凡有钱不肯出钱的资本家，我们应该给他们一种的劝告。

起来！每个不愿做亡国奴的同胞，起来！大家打破畛域的成见，毁灭封建的思想，组织一个最纪律化，使在集体的动作上，生更大的力量，使爱国的同胞免遭无必要的牺牲。

继谓各位同胞们来！我们要站在最前线，凡有可以援助抗战前途的工作，我们要不顾任何辛苦，任何牺牲，起来抢救我们本身以及我们的子子孙孙，祖国是我们生命财产的保险圈。我们如果失去了我们的祖国，就是完全了我们的生命与财产。我们决不受任何强盗或侵略者来危害，我们应该用我们的心力物力以及生命，来保全我们的祖国，我们尽可牺牲我们自己救活后代或牺牲我们一世救活我们后代万万世，不可自私自利，贪图高的策动机关（原文如此），共同站在救亡的统一指挥之战线来拯救我们的国家。

中国之进化[*]

进化始自五千年，自有人类后，当初开化时，不知有衣服，住于山谷，饮血，露宿，继之如巴比伦，渐有思想，发明钻木取火，制箭，行猎为生，再继而有美感，发明瓷器等，至是方发现有铁（不料数千年后，竟为杀人之利器），最后达到发明文字，此为史前之进化。除中国如此，其他上古各国巴比伦，埃及及士乐尼亚亦然，现在只限于言中国者，距今三千五百余年。

三千五百年前中国发明文字

中国发明文字，查中国之文字，倘君等能有研究之机会，便觉得很有趣味。盖发明中国最初之文字系取其形，如日字便像日，月像月，门便像两扇之门，如明字，系日月合成，因日月有光也，门内口，其形像问话，门内加月，如逍遥自在之闲（閒），至于好字，合女子在一起，当然是表出好的意思，如吾人言善与不善之善，羊之下加草，而草加口，即羊口食草，羊有草当然善也。不过近日有欧西思想，"贵族"两字早有之，极其简单，但返自欧西则偏欲言"亚利士多克拉西"，进化两字何其简单，新派人要称为"怡祸鲁逊"，日本方面亦如此，故弄到其文字，不知因何，亦有英文，亦有汉文。余三十年前便想及中国言语，非统一不可，故则力倡北平语为国语，要侨胞学习之，因此曾遭老辈之反对。有一日，一年老福建人对我曰，这种话，将来鬼（会晓）懂听。我便答之，亚伯，将来的福建话，连鬼也（唔晓）不懂听。将来的中国文字，因时势变迁，但

---

* 本文系林文庆在新加坡侨生礼拜堂附设之侨生学术研究社上的演讲词，发表于1938年8月19日的《南洋商报》。

125

求易学与简单，言语统一，虽有南北腔稍别，总能听得懂。

由尧舜谈到孔子

中国开化时代系始自尧舜，均圣贤之帝王，由人民公举之，贤者为王，所谓采民意而行之，次之，教化渐废，互相争杀，及至东周列国，孔子降生，痛人民之胡行，乃极力搜集古人之学，由石由骨由竹简，记而保之，古人之学术遂得传不少，同时教人以礼乐，振礼乐可化战争为玉帛。

孔子与小人

是故孔子之言，有君子与小人之别，君子者能登高举手发言动众也，试看君字，手在口之上，乃高举手而疾呼，非君子焉能达到此目的。孔子劝人之言为一"诚"字，倘能以诚待人，何事不可为也。大学云，古之欲明明德于天下者，先治其国，欲治其国者，先齐其家，欲齐其家者，先修其身，欲修其身者，先正其心，欲正其心者，先诚其意，而后天下平。除上述外，复倡孝悌，功效颇大。孔子之教传播一时，及孔子殁，其弟子秉其意，继续努力。惟时不久，天下再乱，六国归秦一统，忠孝渐废，秦王有天下后，筑长城于北，以拒匈奴，听李斯之言焚书坑儒，自称为始皇帝。秦二世亡国，得其江山者为汉高祖刘邦，不久三国分裂，约数百年后，唐宋以继，元明清续之，佛教亦在唐时侵入中国，颇得民众之信仰。及满清推倒，孙中山建立共和国，提倡三民主义，三民主义表面上观之极新，究之，则引中国古代之学说，亦不外孔子之"诚"也。

我之抗战乃为和平而战

我国之抗战，亦为"诚"字，非为光荣而战，乃为和平而战，不但为中国和平而战，实为世界和平而战，此与孔子之"四海之内皆兄弟"可同日而语也。然有人谓孔子系一教首，故其学说为孔教，予曰不然，孔子人也，其学术系传自古代之圣贤也，孔子不过接受而传之至今也。

关于共产主义

关于共产主义，予有一言欲声明者，共产主义，料亦古代政治学说之一，所谓博爱者也。此主义之行，应以和平手段，自然成功，断不能强行之，不然，不但不见其成功，反取其败也。

人生哲学[*]

    不知几千万年前，尚无分为天地日月星，过了不知若干年后，方有太阳月亮群星绕之而行，地球亦其中之一。现在单言地球上之万物，初极热，及后热度减退，万物以生，因古代野兽巨禽，凶恶无比，有牙有爪，均能伤人。人以无长爪更无尖牙，而能在恶兽斗争中生存着，乃因人有思想有智力，虽遭遇凶恶禽兽却能安居于洞穴中。不但此也，能有智力制造武器自卫及打猎。人既能存在，久聚成群，于是成有村落，有市，有国家。在古代，音乐与美术亦极重要，音乐进步，美术同时亦进步，于是聚集地点，亦有艺术化，若建庙宇，敲钟击鼓作乐，教人以善者，亦赖此二种感化也。

    妇女在人生、在人进化上颇占重要地位，如养育子女，为人母者责任之大可知也。恒有西人谓中国人轻视妇女，将妻子关闭于屋内，予驳之曰，君将金银珠宝锁在甲万①中，亦轻视之列，其人无言可答。予又谓，禁止女子常常外出，为恐失去其尊严与价值（听者至此大笑）。今则不同，男女平等，同有救国之责任，如蒋委员长夫人及孙总理夫人为国奔走南北，今日之救国，岂有男女之分耶？希望中国抗战中，多产生如戎押②（法国女英雄）。

    人生在世，宗教之信仰，颇为重大，各有各教，目的总是教人行善，但有因宗教而发生冲突者屡见不鲜。关于政治，自古已有民主国，不过名

---

  * 本文系林文庆在新加坡佛教会英文部所发表的演讲，发表于 1939 年 7 月 13 日的《南洋商报》。

  ① 即保险柜或保险箱之类用以收藏重要文件、金银珠宝等贵重物品的特殊容器。

  ② 即圣女贞德（Jeanne d'Arc，1412—1431），又被称为"奥尔良的少女"，是法国民族英雄。英法百年战争（1337—1453 年）时她带领法国军队抵抗英军的入侵，为法国的胜利作出贡献。最终被俘，被宗教裁判所以异端和女巫罪判处火刑。

词不同，民为国主，万事取决由人民也。一国与别国之政见不同而发生争执，以致生灵涂炭，自来有之，不能避免。在战争时期，甚至有礼拜堂亦祈祷胜利，此诚为一种笑话，亦有祈求和平者。但战后又思念和平，乃有国联之设立，但该国联似不能尽其所能维持和平。除政见相左，能引起战争者，商业亦大有（可）能，因争权夺利最为一般人值得争的，但你有你争，我有我争，各求其是，最后予希望者，莫因他人争夺，而我方任其争去，吾人应为人类和平而争，目下中国虽遭不幸，但若奋斗到底，新中国必然产生，异日大家方知我方伟大之牺牲，为人类谋幸福是对的。

马来亚华人 [*]

——在一八零九年前之活跃

荷属东印度及马来半岛华巫籍人士每于想到华籍移民与巫籍土著间，发生友爱之传统关系时，莫不异常快慰。

过去之历史，虽无准确之记载，但在主降生前即西历纪元前一百一十六年汉朝时代，已有马来亚之记载。西历四百年著名华籍佛教访圣者法显和尚曾远涉重洋，到锡兰寻觅佛教经典，中途曾经过爪哇各地。该时爪哇与马来亚之政治甚佳，有乌托邦之美誉。例如苏岛之干达梨地方，太平无事，无盗窃之风。

马来史里维香耶帝国之寿命七百年。在此时间，曾派遣甚多专使至华；而中国亦曾遣派佛教访问团，时常南来访问。西历七百一十一年华籍佛教访圣者伊靖氏曾逗留苏岛，翻译苏岛佛教圣人所著之梵经。此时为爪哇文化全盛之黄金时代。古代文明之史迹，目前仍可在爪哇婆罗巴都、峇厘及其他各地见之。

是时阿拉伯商人为数极众，常川往来于南洋各岛。回教亦赖之而传入，排斥佛教，取而代之，成为巫人之宗教。

西历约六百七十一年时，印度仙侣将佛教传播至印度各地。新教传播力极速，同时中国各朝屡遣佛教访问团至印度，该种访问团时常顺道经过马来亚及爪哇各地。

西历九百零五年及九百八十五年间，宋朝曾派遣多次访问团访问马来

* 本文系林文庆应新加坡广播电台的邀请在电台上所发表的广播演讲，发表于 1940 年 11 月 6 日的《星洲日报》。演讲的题目原为《一八零九年前之马来亚华人》，《星洲日报》在发表的时候改为现名。

亚，此地王公每年纳费呈献中国之"天子"。

郑和下西洋

明朝皇帝曾封马六甲之统治者为王，并遣太监萤秦（萤秦应为尹庆——编者注）为其全权代表。该时马六甲仍年年进贡于暹罗。数年后，中国再遣著名太监郑和为专使，马来亚人民皆熟稔其名为三宝公。目前在甲仍有三宝公庙，以纪念其功绩。郑和南来时，曾携带甚多明朝皇帝之赠品。

郑和率领舰队六十艘，继续西进至锡兰。锡兰对郑之来临无所表示，郑遂擒住锡兰王，教训该王应尊敬中国皇帝之原因。郑和复邀请马六甲王游历中国，结果将锡兰王亦一同带返中国。彼等抵华后，备受中国皇帝之优渥款待，彼等南返时，对中国之厚礼表示无限之满意。

马来王公与土族人士间虽曾发生无数之内战，及欧洲各国海盗之侵入，但华籍移民仍能维持和平生活，在巫籍人士间，顺利进行各种营业。

华籍富有冒险性之商人数世纪来游行苏岛、爪哇及马来亚各地，做以物易物之买卖，将中国著名土产，如丝绢、陶器、茶叶、古董等携带南来，将此邦之香料、燕窝及其他热带名产运返祖国。

狮岛之命名

据当地传统之报告，星加坡或另称为狮岛，在十五世纪时，已呈现其为重要贸易中心之气象。十三世纪时星加坡最古之碑文纪事，曾在星岛附近之吉里汶（现称峇来）境内发现。莱佛士爵士引述马来亚历史，谓依据巫人之民间传说，星加坡乃一著名之城市，亦为一强盛帝国之京都。莱佛士爵士亦提及星加坡境内发现许多一代炮台之古迹。据华人之史载，古三七三年马来亚王名谭马山纳河氏，此或指谭马锡（或星加坡）之王也。暹罗、中国、爪哇及巫人历史中曾提及谭马锡（星加坡）曾一度受治于巨港，为巨港之殖民地。莱佛士爵士亦曾发现石头一块，其上刻有四威族人之文字。一三七七年爪哇人侵入谭马锡，完全将其摧毁。

马来亚历史中有关于统治星加坡之五个王帝之传奇，最后一名孙尼拉乌打马氏者，继后任马六甲之苏丹，彼在岛上发现狮子一只，遂将昔日谭马锡之名改为星加坡拉。

不久后有叛徒一名，因其女有不贞之嫌，为其爱人（即星加坡王）处以刺刑故，遂引狼入室，领导爪哇人征服星加坡。

结果星加坡不再为文化之中心地，全体居民迁往马六甲、苏岛及爪哇，而星加坡遂成为海盗出入之大本营矣。莱佛士爵士之巫籍书记门施亚都拉氏在其著名之记事中述称，海盗利用星加坡为巢穴，杀死被擒之不幸者，均分捕获物，当然，海盗中亦时常因分赃不匀而自相残杀。

龟屿之史迹

依照巫人传记中载称，星加坡四围之领海中，盛产成群结队之剑鱼。关于此事，曾有一年仅九岁之小孩，曾做奇怪有趣之预言，该小孩现已被后人尊奉为圣人，设庙于龟屿之山上。

龟屿山之圣人乃一巫籍孤儿，为一华籍移民收养为子。该小孩极爱其养父与养母，至该小孩几将被抛进海中之时，频频嘱咐其他巫人，请彼等将其父葬于其附近之坟地上。此即龟屿岛之圣人传奇也。

另一关于华巫人士亲善之有趣传奇如下：一八一零年廖岛、星加坡及柔佛各地统治者备受剑鱼之扰。工作于小艇上，以捕鱼为业之子民，时常被噬，损失极巨。彼等在星召集酋长及官员等举行大会。一年纪九岁之裸体小孩，亦出现会场中。主席怒甚，厉色呵斥该小孩，谓彼怎能如此无礼，冲入会场中。主席命令士卒，将其拖出并杀死之。该小孩提出反抗，并请求主席说明处死之理由。彼谓彼出席该会议，若发现彼等有何烦扰，以致率涉如此众多之要员，聚首集会，君等岂非为了剑鱼之事乎？对付之法极简单，可将无数蕉树，将其树干抛入海中，剑鱼必将锐利之剑刺在柔软之蕉干上。该批剑鱼将钉住于蕉干上，等待其头之被斩矣。该小孩之意见，惊动全体人士，各王公立即接受其议。不久后，领海内剑鱼，全体消灭，不再为害矣。

该小孩贡献意见后，全场中人，曾恫吓其谓，若此计划果能成效时，将擢升彼为重要官吏，不然彼将因冒犯大会之罪，处以死刑。当局依照计划实施后，果获成功。各王公及官员等认有此种少年老成之孩子，乃危险之人物，遂将该小孩抛诸大海中。当局命令一小船，船上人民手执竹竿、剑及铁链等，期待于龟屿岛。长官邀请该小孩至深海钓鱼。行至中途时，该小孩询问彼等所往何处？长官草草答之，谓前途仍甚遥远。该小孩笑曰：余知之详矣，君已布阵以待，决将余溺毙大海也。彼等闻言惊奇万状。该小孩笑曰：君等不必惊惧，余不欲逃出，容吾等前进罢，余之时期已至，余虽死，但仍将逗留地上。余之养父死后，请将其葬于余之墓侧。十年未满以前，星加坡王将丧失星岛，白色人种将拥而有之矣。

龟屿圣人及龟屿大伯公成为今日圣□者，即此之故也。

莱佛士爵士曾仔细研究当地之传统史实及马来亚历史后，决意获取星加坡为英国殖民地。爵士之同僚极端反对之，彼坚持此议，谓彼获得此地，华人聚居以后，此地将成为东方最大之市场。此位英国之爱国者、才子及富有统治力之伟人，竟受同僚与英国人士之反对，诚堪痛惜。

但真理必昌，旨哉斯言！今日不但全英即全球人士皆钦仰其人之伟大。星加坡于开埠五十年内，一跃而成为远东之大市矣。

混乱之世界[*]

纳粹黩武主义者，欲毁灭民主，希特拉（即希特勒——编者注）多年来伪作和平，而乃事与愿违，准备大规模之战争，不顾国联之军火限制，顿然撕毁一切条约，侵略邻国，英以其无理侵波兰而与之抗战，希特拉或许相信英不致冒如是大牺牲者，而当战事初启时，彼又以为可于迅速间侵入英国者也。

英国态度

开战时英尚无准备了，盖年来英志图以减缩军备而建立欧洲之永久和平，故无新船只之建造，并讨论裁减军队之议。不幸当英国正等候其他国家合作，以谋增进和平之时，纳粹则值机为巩德主□以准备作战也。因是英须忍耐，英国人士相信，在重整军备未完成以前，惟以防守为上策，军火生产及新军训练现正有大量进展，盖以吾人有巨量无穷之资源，再过数月，无疑英陆、海、空军将为世界上最有力量者也。

护拥正义

英国为民主国家之母邦，美国、英帝国为英民主之分支，共同尊仰自由、平等及正义之理想者也。

希特拉梦想以闪电战术施袭英国，已成幻影，英国之忠勇空军不独能保护伦敦及其他城市，且灭毁轰炸德国从事生产战事时原料之工业中心

　＊ 本文系林文庆代表星华筹赈会在新加坡发表的广播演讲，发表于 1940 年 12 月 1 日的《南洋商报》，呼吁社会人士慷慨解囊，向伦敦空袭赈济基金捐款，救济英战时难民。

地。德机则施暴滥炸，惟英空军保持人道及遵守国际公法。

希特拉侵英计划已完全失败，无疑彼未放弃再举，但时间于英有利，每一周之延搁，即每一周之对彼不利。数月间，英将得较佳之准备，自兹以降，英空军将继续轰炸德国之海陆军根据地，及毁坏其制造战争原料之工厂。

华侨贡献

吾侪华人居于马来亚者，尤以在星加坡者，明白英为民主及辅助弱国抵抗侵略而战，吾辈华人处于国难当中已有多月，祖国文化中心，备受残暴毁坏，现在祖国同胞且继续受无情的轰炸。

海峡殖民地华侨，忠于其祖国，但既为英殖民地之公民，所以亦准备尽可能贡献服务于帝国及英皇，"英国必得胜利"乃为其口号也。兹者，海峡华侨可得予助于英帝国之机会，于十二月七日，星华筹赈会将发售花和小旗，所得收入，拨充伦敦市长空袭赈济基金。

义不容辞

希特拉以为滥炸英人，便足以威胁及催促其言和，惟结果反是，适足以增其抵抗敌人之心，一如在中国焉。然而有许多人已变成无家可归，尽失其所有，此正为马来亚华侨慷慨予助于英难民之机会，尽力予助，实为吾人义不容辞之责。在此危难当前，吾人请勿忘战争，每日巨大之开销，现尚需继续牺牲。吾人处身于战线外者，应予以财政上之助力，于十二月七日慷慨解囊，即为表示同情于民主及愿意予助英帝国之实在办法。希特拉之封锁之国家，迟早必告崩溃，当英海陆空军进攻纳粹土地之时，德国将一败涂地，化成灰烬，英国定获胜利，吾人盖尽力予助之乎?

人格之修养问题[*]

我国固有之道德，发挥尽致，国人最理想之人格，为达到非礼莫视、莫言及莫为之君子程度，并须能自治，及富有牺牲，及为社会人群谋福利之精神。至于人格之修养，儿童时期之母教，对人之性格，影响最大。今日我国为自由正义而战，以争取世界之和平，其目的并非单为我人之幸福，而亦为全世界人类谋福利也。此外，欲有高尚之人格，尚须有知过必改之勇气及宽宏之大量也。

＊ 本文系林文庆在新加坡国际联青会上的演讲词，发表于 1941 年 2 月 23 日的《南洋商报》。

孔子学说之真谛[*]

孔夫子学说，其目的欲使人人明了自制之重要。自制者，即自主之先声，亦即每人应服务社会之谓也。

人人在家须受家庭教育，恪尽孝道，然后始能发生敬爱精神，俾手足之谊能实现于社会中。孩童在校须授以道义之基本原理，因此之故，设立学术中心，乃极端重要之图，学者能继续做研究之工作，并创设专门机关，负责科学之研究。中国于过去数世纪中竟迟滞不前，毫无进展之因，即不能实行上述各原则有以致之。孔子学说着重建立民主精神之政府，对于此点，极值得注意者即尧舜时代最理想化帝国，与今日之英帝国极相类似，该时之皇帝执有统治之大权，彼等尽量接纳人民之意见。

所谓王道者，即依照天地人之法纪统治之意也，借助于宗教、文化及人道以促进人民之和谐，但其最主要之目的，仍以谆谆教诲家庭人士有亲爱与和平之精神，然后再循此扩大至爱邻，以至爱乡爱国爱社会，最后以达国际间之亲爱与和平，俾各族人士能在亲亲而仁人之主旨下，团结为一大族，蒋委员长倡导下之新生活运动，亦以孔子四种根本意想为原则，一如国父孙中山先生之三民主义亦以四书五经之教条为基础，新生活运动之标语有四字，即礼义廉耻，但孔子之全部学说可以二字概括之，此即忠恕是也。

孔子教学之真正目的欲创立各国联盟，该种联系并不以提高私人之政治或经济利益为前提，乃谋国与国间能发生真正之亲爱精神耳。欲使此目的之实现，非各国造就正人君子不可，务使人人能表现君子之精神，由此

---

 * 本文系林文庆在新加坡孔夫子博览会开幕式上所发表的演讲词，发表于 1941 年 8 月 16 日的《星洲日报》。在这次博览会上，博览会主席郁达夫在介绍林文庆的时候是这样说的："林博士是真正的儒者，是我们所尊敬的通才硕士，有学问而兼有道德的典型。"

观之，孔子之学说又可简单概括之于智仁勇三字之内，杀身成仁，舍生取义，乃中国最伟大之理论，吾人希望今日世上之纷争能早日解决，正义大昌于世，施行民主精神，各国共享和平之乐。

中国民主之复兴[*]

　　史前时代，中国人经过不知多少之游牧生活后始进入农业时期，彼等在村长制度之下，早已发展自由之民主意识，且村长等根据孝道及"家和万事兴"之原理，指导村民，发扬各族亲睦之精神，贵族当权时代，帝皇之冠衔，即人民代表之谓也。所谓民声者，亦即天声也，虽在封建时代，统治者亦未曾随便干预民间之乡里事件。

　　孔圣先师素亦以训勉人民尊重古人遗教，因此，侧重于万物主宰之科学上之研究，并注意社会继续发展下之需求，其中之精华包括有创立乌托邦（即快乐邦）必须之政治，伦理及经济原则，目的若能达到，则各族亲爱与天下太平矣。

　　秦朝第一位皇帝竟施焚书坑儒之暴虐与独裁手段，希图毁灭中国人民之国家意识。

　　汉朝改革复兴帝皇之业，但乡村中旧有民主精神，并不受丝毫之阻碍，重兴学术及书本之印刷，恢复中国之文化，直至现在，仍无变化，且北方蛮族二次侵入中国，蹂躏各地时，乡村之民主制度，亦安然无恙。

　　孙中山博士建立共和政府时，亦眼亟以保存中国固有文化为职志，孙国父抱持之民主意识之伟大，连满洲政府亦受其感动，接纳古代之遗教，为人民之福利而退让帝位。过去三十年中，吾国领袖及智识阶级，不停为民主而工作，例如教育方面，推动民众教育，教育之成绩，曾使政治情状作极大之改变，自由及启迪之意见，与宣传等，亦已使老百姓醒悟，使明了彼等之权力及义务。

　　中华民国之创造者，于清帝退位之日，清晨至明太祖之陵，献言中国

　　*　本文系林文庆于 1941 年 9 月 16 日在新加坡广播电台所发表演讲的演讲词，发表于 1941 年 9 月 19 日的《星洲日报》。

已由满人手中夺回，孙中山博士当时宣布，谓其目的乃恢复和平，创立民治政府，取消帝制。

一九一二年一月一日，孙国父被选为临时大总统，该时，因天灾及军阀争权割据之故，全国仍四分五裂。国父为退让贤能，选举有力领袖以挽危局起见，特向议会建议，选举袁世凯为总统，唐绍仪为内阁总理，该时因极难召集国民大会以选举总统，继之，各军阀电发出命令，谓彼等将选举彼等之党人组织国民大会或内阁，授权彼等订定宪法及选举总统。经过多时之纷争后，宪法幸获通过，组织国务会议、立法大会，及选举一位实行独裁大权之总统，总统有权任命各省□军充任总统代表，恢复每年祭祀天坛及孔庙等礼节。

一九一四年，上次世界大战予日人深入中国予取予求之机会，日人利用英日联盟之条件，遣兵驱逐胶州租借地之德军，一九一五年向中国政府秘密提出无理之廿一条要求，实际等于要求中国沦为日本殖民地。一九一五年五月九日，称之为国耻日，中国政府被迫接受日人之廿一条件。

袁世凯及其党人阴谋复辟，拥袁世凯为帝，定一九一六年二月九日加冕。是时，全国哗然，纷纷出师诛伐袁氏，结果，袁氏复辟之阴谋终于失败，而西南联盟政府则相继成立，也在广州组织最高军事委员会。不久，袁氏患神经病，死于一九一六年六月六日。袁氏死后，副总统黎元洪继位大总统，中国政府向德抗议德潜艇之滥炸政策。德方不纳，中国遂于一九一七年八月十四日加入协约国阵线，向德宣战，黎元洪任总统后，甚多政见不合之政客，南下广州，彼等得伍廷芳、唐绍仪及孙中山博士之助，成立新政府，一九一八年十一月十一日欧战和平以后，中国南北政府曾一度谋作携手，但结果无补于事。

一九一九年北京学生抗议北京政府向日商借巨宗借款，并组抵制日货运动。

广州政府亦面遇甚多困难，其中最著者即陈炯明之叛变，迫得孙中山博士不能不逃难于英轮中。

孙中山博士计划获得外强之资助，由外籍专家之指导，发展中国之农工业。

苏俄为第一位同情中国之外强，将一切非法获自中国之土地交还中国，取消领事裁判权，一九二三年鲍罗廷任国民党总顾问，主张创办黄埔军官学校，孙中山博士虽然同意与共党合作，但共产主义并非中国之政治理想，而国民党亦永无共产意义。孙中山博士居留广州时，曾作多次演讲，阐述三民主义及其意识等如何民主化，同时亦为最适于中国之主义，三民主义者即民族、民权与民生也。

一九二五年孙博士应北方军事领袖冯玉祥将军之邀，希望趁此机会举行大会，不料舟车劳顿，积劳成疾，于一九二五年三月十二日逝世于北平。

国民政府虽以苏联之范畴组织而成，但理事会及委员会会员等对于各事未能一致之故，又有左右翼之分，一九二六年中央执行委员会以国民党三民主义为原则和解各派之政见，选举蒋委员长为主席兼北伐军总司令，军威所至，人民皆服。可惜共党分子的鲍罗廷为军师，与蒋委员长发生意见相左，结果遣送鲍氏返俄，以避免各种意外事件之发生。[1]

一九二七年蒋委员长辞职游历日本，返国后与宋美龄女士结婚，一九二八年被选为中央执行委员会主席，正式重委总司令之职，并决定南京为首都。

在此时期中，中国妇女在宋家三姐妹之领导下，摆除旧日之生活，出任社会工作，目前更以伊等为榜样，献身为国，努力于抗战之工作。

蒋委员长之军事行动之最主要目的，为反对共产党，一九三七年七月七日日本寇军，无理启□，发动卢沟桥事件。

中国之民主事业，中间虽曾经过颇多困难，但确已下最大之决心，抵抗日本声势浩荡之侵略。今日中国全国上下，已团结一致，誓死与寇军对抗。日寇之残忍与惨无人道之行为，使封建时代之野蛮，再现于今世。中国文化中心，医院等无数遭殃于寇军之滥炸。此外，日人复干出难于计数之罪恶，例如包办及保护娼妓、赌博、鸦片毒物等之罪恶行为。中国已在为人道主义作浴血之抗战。

中国大多数人民皆属农工商界，彼等素来极忠顺国民政府，日军之入寇，已将中国各政党熔冶为一，在蒋委员长贤明领导下，共同为自由与民主之正义作战，中国人民深信英国亦正在为民主作战之中，如此中英二大民族皆在共同目的下作战，直至胜利已达始止。

---

[1] 此处，林文庆有贬低鲍罗廷之嫌，显示出其思想的局限性。

孔教大纲[*]

苏易序

尧舜之道，朗若青天；三代之治，灿若朝霞；孔子之教，明若日月。有目者无不知之。知则无不赞叹其高深美备，以为不可几及，而迥非荧光磷火所得而比并者，岂特吾儒之私言也哉？无如被其泽者，则竟以忘其所自；叨其光者，则竟以昧其从来。此则有病目丧心之所以无足怪者。然而日月无光，浮云自蔽，青天减色，瞹曃谁为？吾不得不责之儒者矣。尝谓儒道之衰，不在于不尊崇之，而在于尊崇之失当。是故拘泥之士，视经书为咒诵，礼圣贤若仙佛，切于身心者，茫如也。是故跅弛之士，苦名教之束缚，目圣贤为迂腐。关乎实学者，漠如也。是故曲学之士，鄙经书为不新，斥圣贤以专制。纯为至理者，懵如也。则其弊皆自宋儒之讲学而适以晦之也。呜呼，天地昏黑，魑魅魍魉，斯出而与日月争光。呜呼，足所践者金穴，而仰屋乞怜，不诚道迩而求诸远，事易而求诸难哉。林子梦琴，学擅中西，深于析理，以举世轻薄至道之秋，独能昌明绝学，以我国群趋外教之顷，独能不负儒宗。盖二十年前，已揭孤标而树吾学之帜矣。迄乎汉家光复，蹶然起曰，民国之兴盛，舍圣道之奚从？爰是纠合同志，将以倡兴儒道，因著一书曰《民国必要孔教大纲》。具儒理之概，阐道义之真，守古而不泥乎古，言新而不诡乎新，必准今酌古，而折衷于吾道，可以医俗，可以砭愚，而极之致治以安天下，皆实理也。易与之从事，为铨

---

[*] 这是林文庆用中文撰写发表的、专述儒学的一本专著，由上海中华书局于 1914 年 3 月出版，原书名为《民国必要孔教大纲》，应该说，这本书是林文庆最有代表性的中文著作。林文庆著《孔教大纲》，却冠以"民国必要"之名，也正说明其目的是要在本民族的几千年传统中为共和政治揭出"治道大本之所在"。

次之，愿吾族之得是书，同起爱国保粹之心，以我先圣得天之道义，而联四万万众，则民国之淬兴，计日可待也。道当不在远，事当不在难，惟我诸父兄弟其重念之。苏易弁言。

自　序

我国为数千年古国，历代为文明之邦，未几而学者，自谓吾学已无可学矣，清末为外迫之故，不得已而改图。盖为兵力所怵，由不信轻视，转而大歆慕之，至欲大效其强力，谓非西学不可。然西学无能详确之者，西人之所以强，亦无能详究之者。咸丰之季，一败至清末，皆慕效外法而失其理，如觉痒而搔之不得也。革命起义，为吾民困难之故，而推覆专制，望以复我在昔之荣，非欲灭祖宗之德教也。欲合五族以进于文明，自应知我国之美善者，而后能存，否则人各视外国之美，几忘我国我民有特别性情，则宗旨必至涣散。或学日本，或学英、美、德、法，而各视其所学者之美，而不出洋者，又不明其所谓美者，如此则国不几殆哉？文庆虽未尝学问，惟久于深接外国，且数年留学欧洲，深为西国之教所激动，知欧美日本之强，实由其人之存道德，故其格致学之进步外，则其人人之各有为人资格也。大抵其人自幼则闻教道，其社会常谈者，为民人之爱国安分。彼外国之弱者亦有之，取其强者，与其弱者而较之，反观乎我与彼之差，可以明乎应由外国之何所学者。一其家庭有教育，国有学校，自乡党以至京邑，或官或私，皆有立学，男女皆受教育，礼乐皆备，民之为国而死，视之如归，有此气象，而后军力可恃耳。然以其教与我儒比之，虽其贤士，自言不及我者远甚，且其近日修改宗教，渐近儒道，盖其人渐已破除迷信，所服之道德，与儒道不异，而日本之道德，自是得于我者。故我国而实行孔教，自是不谬。不但此也，不行孔教，则此广众之民人，心何以齐？庆文（原文如此，但原文中"庆文"二字比正文字体小一号——编者注）久信孔教之外，欲立民志，我国定大危机。如失汉文之学，而盛谈外国语言文字新名词，此无异自灭。不久则汉文将与拉丁字胥归于尽，而国不待瓜分而自瓦解，永无再合之望矣。此鉴不远，则以满洲之习我语言文字，故今日必依依于我，以蒙藏则不然，故于我几形相背为彰明者。今日而民国之亿兆众，果能保守儒教，以大普及汉文，则外患特小小焉耳，吾不虑乎其分也。盖即惨而至于实行其瓜分，终必至再合，故深望我举国上下，取儒道以求治，则进乎新，且不失旧有之美善，益何如哉？利何如哉？

民国元年十月林文庆自序

儒道序略

世界民族国家，欲上溯其远古，多幽邃难明，我国亦然。凭考究而极之于未有载籍以前，则不可从迹，遂以取之于父老传闻之奇奇怪怪者，万国皆同，如欧洲之古国。印度、日本，则竟以人事而上接夫神仙矣。我国唐虞以下，重有史册，而于古事亦鲜可凭，商代之书，方为信史，至司马氏之所摭拾，其于黄帝以下，尚可凭据，以上则荒渺难稽矣。伏羲、神农之圣，已不可知其为我今日之中国，抑为中国外者，惟可知我国自诸圣人时，已得教化。若夫有巢始屋，燧人始火之类，其与万国之幽邃难知者同，又不知几千年也。究如书称黎民，明其为有教之民，且明其非本土之人矣，惟始祖之来自何地，则不可知。仅从史乘，不得而明，因就四邻国土而讨求之。孔子以前二千年，亚洲之西，有教化文明大国，如巴比伦、亚实利等，其再古之一二千年，则已有史册，所载之教化风俗，略似我国古时，虽遗留字书，与我不同，其形则甚类，意者或其近地迁入者乎？盖我国风俗制度，迥异欧洲，而于诸国则略同也。其宗教敬天地，城有城隍神，后其僧人，渐变天为上帝之说，其贤哲以占验天文而知世上，祷祀以祝诵，祭品以牺牲，燔柴灌奠，其言天，则众神分职赏罚，皆酷类者也。如书之谓大舜登庸，祭乎上帝，则我国之称上帝，又与歌洲（疑为欧洲——编者注）《旧约》书所称者近。如作之君，作之师，造化万物皆上帝，亦然。又如《易》言春生万物，皆帝所为；《礼》言古祀上帝，《诗》更每称上帝。要未尝言上帝之何形状，若与人同然者，此则高出犹太人者远也。巴比伦、犹太有赎罪祭，我国则有武王之疾，而周公祈天以代也；九年之旱，而汤欲代民也；后世更多以身代亲为祷者。血衅新器，《旧约》书亦然。凡此之类颇多，窃尝论之。古以天命为言，盖天理而系人事也，祭祀祖先，则古代已信人之死后有鬼魂也。即此以推古之教化，足征数事：一、有天理；二、子孙之于祖先，有相关切，在敬死者之魂；三、以观天地之变化，万物之生灭，如有鬼神，故有天地山川诸祀。

孔子时，民间且又别多鬼神祭祀，孔子之于时人，不决言鬼神有无，第曰敬而远之。此在西人之传教者，谓孔子之不能知。窃谓孔子之为是言，自是万世师表。盖至今虽格物之高识，如欧美哲学大家，其言不过如是。然攻乎异端斯害一言，则固示人以迷信之必除也。至于祭先，则《家语》有子贡问死者有知无知，而孔子不答，已明其非迷信之比，特以追远之礼，使子孙不忘祖德，且以立人礼义之本耳。周时为我国教化之最盛，盖尧舜道统所垂。治国亲民之政备，孝弟任恤睦姻之俗成，皆精一执中，以辨乎危微之心传所自推，故教化之大纲定，而条理自足泛应曲当矣。夫包宇宙而含万有者，一理而已，欲得一理以穷事物，如观天文，而星宿周旋，四时定序，万汇变化生灭，其绪至繁赜也。综其要，分其类，虽形形色色，而类又以类，然比而较之，其理不过数者，而又胥归之于天理。知此理而以之教人，则必有道。此之谓道，然理虽惟一，而阐之以教人者，则各有所见，以各所见，则道又不定其为一矣。老子之于孔子，其理则同；杨墨之于孟荀，其道亦不异。老子则以无为为尚，杨墨反之，而以为必为我，必兼爱。佛氏回景且各有其道，辩论纷争，皆因行道之法，随地而差，随时而异。而传其道者，不能达乎其理之一，必欲自行其教，是己非人。果能推原一理，则无有不和者矣。文明之国，则无有不和，盖以教化为旨，理自不差也。必欲偏执，其道必不能行，以其为传道者之私意所中故也。夫圣贤教主，各有立教之旨，所谓因地因时而差异者，必执此以为教，势必至于争特一党派耳。孔子云：有教无类。人苟明是理，取诸子之道，以合今世之用，则何争之有？然则偏执一教之所谓是，而争其异己者，皆弃于其教主者也。回景二氏，其交争至数百年，足慨也。昔三教亦多争辩，儒者因究其理，而三教遂以合一。今者诸教皆入我国，不于此时而究其理，则将何待？夫理之所自生，则物与人之思想，故求得其真，自不脱乎同而胥归一致。且教者，皆劝人为善，使人止所能至之至善，非有他也。我国今日各事，皆未就绪，虽政治共和，而实行之法，当必凭何道理。盖教化之端，能生意见，如宗教不定，则人心散漫，理道未专，则辩论不得归一。故望我国人观本国历史，勿忘治道大本之所在，五千年道统所昭垂，尧、舜、禹、汤、文、武、孔、孟之雅化，自生至长，在家庭里党国家，无不根之历代圣贤之训。凡我国今日之所美善者，皆自国粹而得；所不善者，皆离国粹而然。有不得忽而置之者，且今日共和民国，尤必以孔子之道，方得立有实基。夫民而有权于国矣，国必有长，长之者，必如何以治国，安乐其民，自由平等之实解。如不以孔子之道而折衷之，以使吾民之公明，则四万万人之心，将何以寻得归处？我国执事诸公，早知此道，则以之立我宗教，使众咸知，则帝王专制，不必附在孔教，则宋儒三纲，亦不必废于今日。君之为文，出令之谓，其义群之所归之谓，总统之名号虽殊，不居然君乎？执事之僚，不居然臣乎？总统不应以礼使下乎？僚属不应以忠治事乎？余何待言？须知数千年之专制，皆秦政之留遗，而历代帝王，皆虚尊孔子，非实行其道者，且所有历来之革命，意者必多赖孔孟之书，而秦之焚书，又注意欲灭孔教之所谓民权者耳，可知孔教之与专制相反也，我国人其深念之。近者外国之哲学名人，且力劝我国必勿轻舍孔教也。夫圣道而沦于异说者，纠而正之，此吾党之事也，必曰舍之，容有可行之道者乎？

孔子序略

　　周公之议讨商纣也，其时世道衰乱，囚文王而致兴周室。以史册所载，知人民久已不遵道德，不然，何以若是之久，无有起而讨纣者？至武王灭商之举，初意亦第以国之不得平治耳。观孔子之尊文武，而不非其为革命者，可知道德之人，不重朝廷而重义理也。然而伐纣之举，已为侵灭病根，近孔子时，诸侯群相争夺，而无所不至，以致平王东迁。天子如是，列国踵而蹈之，权谋诈伪，延纳术士以自树援，毫无公理，假仁义以为名，征诛讨伐，第为自谋强立之计耳。当孔子时，诸侯之于周室，皆在虚文，虽会盟约誓，以无信故，而不久国君权臣，多被谋杀，民人疲于徭役，田土荒芜而不暇治，乱臣贼子，上下相习败纲常，背事理，无所不为，道德之士，隐遁不出，政教风俗，日即颓丧。孔子忧之，取尧舜三代之法，庶几人归古昔教化，周流列国，冀行其道。孔子之心，为欲兴周室欤？为欲得道德之人而为之欤？未可知也。同时伟人，如老子者，为周柱下史，心理湛深，何以遂无一法以救人国，而终于独善其身。道德五千言，历代贤人欲阐其奥而不能详，仅成道家者流。司马氏史，载孔子见老子之篇，几谓老子以孔子之言为非关要。庄子南华，亦录孔子事，然与四书大异。道家书以孔子为尊其道，此正与上文所谓道与理一，而立教者之各有所主也。惟孔子之书，未尝及老子，孟子书亦然。可知孔子之尊老子者其理，而未尝服其行之之法也。孔子之道，率性也；老子之道，玄微也。盖上极夫上帝太极之理，阴阳之奥，不得以语之庸常人者。而老子则以为人人皆足以循其天理而无为，必至复其纯全道体，而无纤芥俗染，自无恩怨也。以此为行道，自非可以发达者，以不究其由禽兽之同性，而渐进于仁心耳，此故孔子不服其行道欤？夫教化之端，必自教育礼仪而进于道德，古圣人之所以成其为圣者此也。本此道以为教，欲人之不至于禽兽也。以尧舜为法，非止于尧舜也，特尧舜为古代圣人，举以示人耳。而贤希圣，圣希天，法而止上也。老庄之书，儒者可参其理，若其道世无可行也。与孔子同时者，又有齐之晏婴，则尝沮孔子者。史言其归女乐，且讥孔子之礼多，虽一世行之不尽，而孔子则称其善与人处也。前乎孔子者，又有管仲，其相齐桓之力。孔子伟之而小其器，皆足见孔子取人之不偏也。孟子亦不愿比管晏。然管氏之政治则精，从史册而求其一二，盖与近人天演之说略同，其为政，则国家必治凶顽，而使民安乐以富国，此与孔子先富庶之意同。其所异者，专尚强力而缓仁义耳。孔子之后，有杨墨二氏，杨主为我，墨主兼爱，孟子皆力距之，世道赖以不衰。

以二千年前之圣，其事可得而详者甚少，惟《论语》一书，得其真实，《史记》《左传》，皆未可为信。汉史《孔子世家》，其文已失，《家语》自非可凭，兹就《论语》与先儒所考者，择要而序述之。孔子之先，为宋人，至防叔，避华氏之祸而迁鲁，父叔梁纥，娶颜氏而生孔子，名丘，字仲尼，居昌平乡鄹邑，为今之山东泗水。三岁丧父，母迁曲阜，今曰阙里。少时无考，惟传儿时嬉戏，常陈俎豆，设礼容。孔子自言无父，皆必己力以从事，故自十五岁志学，则其少时非素裕也。然虽未显贵，已有名誉，故有鲁君赐鲤，因以名子。时则已设教阙里，自行束脩以上，未尝无诲。二十三岁母颜氏卒，守丧三年，至鲁考求国政，遇郯子谈古法制。二十九岁从师襄习乐。据司马氏谓尝至周见老子，然所与言论，未必为实。此际孟懿子从父命而受业，南宫敬叔亦以此时就学，门人之至者渐多。后归为中都宰一年，男女别道，路不拾遗，而四方诸侯则焉，政治家大为震动。定公以为司空，别五土之性，而物各得其所生之宜。为大司寇，设法而不用，无奸民。是时孔子特意之事，则齐鲁夹谷之盟：齐人欲劫以兵，孔子以礼破其诈，使反汶阳之田。为司寇时，判事每召市人之公者，询之以为断。有父讼其子者，并系之三月，曰：父不教子，子何能孝？听父而杀子，杀无辜也。《家语》载孔子为政，沈犹不敢朝饮其羊。公慎氏出其妻，慎溃氏越境而徙。三月，则鬻牛马者不储价，卖羔服者不

147

加饰，男女行者别涂（通"途"），男尚忠信，女尚贞顺，四方客至，不求有司，皆如归焉。齐人是时以其近鲁而惧，至欲致地亲鲁，以一大臣计，进女乐，季桓子受之，不朝者三日，孔子行。之卫，年五十七矣，此一行，遂以周流列国，有善遇之者，有淡漠之者，数门人从之问道。至卫，仪封人请见有语曰：二三子何患于丧乎？天下之无道也久矣，天将以夫子为木铎。主颜仇由，卫灵公无道，虽禄之而不能久居。之陈，围于匡人，有天之未丧斯文，匡人其如予何之语。复归卫，有旧馆人之丧，而脱骖以赙之；与蘧伯玉友善；卫灵公夫人欲见，孔子以礼见之，月余，灵公与夫人同车，使孔子次乘过市，有"吾未见好德如好色"之语。去卫过曹，桓魋欲杀之，有"天生德于予，桓魋其如予何"之语。适郑，与弟子相失，独立郭东门，郑人有谓子贡者，曰：东门有人，其颡似尧，其项似皋陶（原文如此，疑为皋陶之误），其肩并子产，自腰以下不及禹三寸，累累若丧家之狗。子贡知为孔子。之陈三岁，吴侵陈，陈常被寇，于是去之。过蒲，蒲人止孔子与盟，曰：不适卫。既而适卫，子贡曰：盟可负耶？孔子曰：要盟也，神不听。灵公闻孔子来，喜，郊迎之，然老而怠于政，不能用其言。佛肸以中牟畔，使人召孔子，孔子欲往，子路不悦，有"如有用我者，吾其为东周乎"之语。孔子既不得用于卫，将西见赵简子，闻窦鸣犊、舜华之见杀，叹曰：刳胎杀夭，则麒麟不至郊；竭泽涸渔，则蛟龙不合阴阳，覆巢毁卵，则凤凰不至，伤其类也。反乎卫，蘧伯玉家，有灵公问陈，孔子对以俎豆之事，则尝闻之，军旅之事，未之学也之语。明日遂行，复如陈。季桓子病，遗嘱必召孔子，为公之鱼所沮，而康子遂以不果召，故孔子自陈适蔡。绝粮，子路愠见，有君子固穷之语。居蔡之明年，如叶，叶公问政，对以近悦远来。反蔡，有问津于长沮、桀溺事。楚昭王迎孔子，将以书社之地七百里封孔子，为子西所沮。昭王卒，孔子自反楚乎卫，卫君辄与父争位，欲得孔子为政，子路有"卫君待子为政，将奚先？答以正名"之语。其反鲁也，以冉有为季氏将帅与齐战，克之，而康子以币迎之归也。鲁终不能用孔子，孔子亦不求仕，追述三代之礼，序《书》《传》《礼记》，语太师《乐》，因鲁史而作《春秋》，此时曾子述孔子之言为经。哀公十四年，狩于大野，获麟，以为不祥，孔子见而悲之，《春秋》是年绝笔。孔子视《春秋》甚重，故曰：知我罪我，其惟《春秋》；视《易》甚重，故曰：假我数年以学《易》，可无大过。时陈恒弑其君，孔子请之，哀公讨之，公以告夫三子，不可。明年子路死卫难，孔子闻之甚悲，未及而疾，一日晨起，歌曰：泰山其颓乎？梁木其坏乎？哲人其萎乎？子贡侍侧，病七日而卒。卒时所言身后之事，不因死而惧，所系念者皆公。西人有黎氏者，尝考求于经而深悉之，据云卒时若甚悲恻失望者，而魂灵有极郁抑者，以诸侯王无能听信其教，虽无妻子之侍侧，不望天堂之登，未尝祈祷忧惧，或其心深于自知，所欲益人者，实由上帝之命也，然不显其迹耳。黎氏既著此意，反为传道教士取为口实，而言孔教之无益，谓孔子卒时悲恻为戚也。然孔子卒时，实为安然，惟其为仁人，故临终不惧，惟其无罪之可忧，故快然忘死，与西贤苏格拉底皆不为死所累，虽一为被害，一为善终，惟圣贤顺受其正，斯不至为所困苦耳。若至死时之惨戚，则莫如耶稣矣，门徒离散，甚至有不敢认之者，十字架上，且以上帝之何以弃之为恸也。孔子额广颜黑，衣食卧起至慎，乡党一篇，载之甚详。既葬，门人为之庐墓三年，子贡又加以三年，其德之感化及人，有如是者。后哀公自知失人，而以礼下士。我国自古以来，莫不取孔子之道为治国治家之法，惟道存而法有损益耳，虽秦政且不敢不敬礼之，所以焚诗书者，为欲行专制耳。历代帝王，则又假孔子之道，而阴行其专制也。今者我国共和成立，而竟有以为必废孔子者，为历代帝王之专制也。噫，吾恐欲废其误以为专制者，反为弃其实行仁义之政策，而取其专制也，此我亿万众人所当细心而评议之也。况今日外国之政治哲学大家，且皆勉我中国以不可弃故有之仁义孝顺根本，而必保存之，则我国何得自昧之哉？

孔门弟子及后儒

司马《史记》云：孔门授业而身通六艺者，七十二人，皆异能之士也，而弟子至三千人。《论语》所载不具备，详在《史记》《孔子家语》《朱子集注》等书，事迹多不能周悉，但识姓名而已，举最著者。

颜子渊：鲁人，在孔门年最少。《论语》"雍也"章，哀公问弟子孰为好学，子曰：有颜回者好学，不迁怒，不贰过，不幸短命死矣，今也则亡，未闻好学者也。其死也，子哭之恸，曰：天丧予。颜渊季路侍，子问志，颜渊曰：愿无伐善施劳，则志在不伐，欲以礼乐化人心，使民归于文明而致太平也。年三十二，发尽白，平日闻夫子之言如愚，而默会以行之。唐封燕国公，元加以复圣，从祀圣庙四配之一。

曾子舆：鲁人，少孔子四十六岁，身为孝子，名重于世，著书明大学之要，又著《孝经》。一日采薪心动，亟驰归，母曰：方思汝，故啮指以动汝耳。元封宗圣，从祀圣庙四配之二。

闵子骞：鲁人。初见孔子，面有菜色，后得意而面加丰，盖因道而喜悦也。为人醇实而孝，孔子称之。

冉伯牛：鲁人。其为人直而勇，有疾，子视之，叹谓斯人而有斯疾。则见重于圣人者深也。

冉仲弓子：尝称以可使南面。

宰我：善言语。

端木子贡：善言语，尝谓学于孔子，如就江河而饮，如量而止，不知其大。仕卫。孔子没，为治丧事，庐墓六年。

冉有：有政事才。

仲子路：果毅有勇。

言子游：吴人。尝称孔子之教，如雨泽之润土地，而人不之知。

卜子夏：以文学称，诗序或谓则其所传，公羊穀梁之学，本于子夏，而传春秋。

子张：陈人。

子思：孔子孙，少学于曾子，为鲁缪公大夫，缪公优遇之。作《中庸》一书，传道孟子。

孔氏子孙有功于儒道者，孔鲋子鱼，孔子九世孙，秦焚书时，藏书壁中，有《孔丛子》书行世。孔安国，孔子十二世孙，就古篆绎《书经》，注《论语》《孝经》。孔颖达，孔子三十二世孙，注《易》。

孟子：邹人，父孟激，母仇氏，教子之方，世盛称之，其三迁择邻之意甚深，后世教子之道，无能过之者，我国今日所宜急取其模楷也。嗟乎，如我国者，各地之卑陋，亦何地可迁之有？意者必新造一世界以易之而后可。孟子为子思门人，深于孔门之学，为齐客卿，不能行其道，遂游各国。至梁，惠王薨，复至齐，二年后，则家居，与门人论道著书。孟子之时，诸侯僭乱纷争，孟子欲以孔子之道化之，言必称尧舜而说仁义，不得行其志。发明民为贵之理，以激励诸侯大夫，使致心民事，或其心之能以尧舜为心也。嗟乎，其以仁义为真利，而致多言利矣，亦由人之多好利，故迫不得已，而举仁义为利以动之耳。孟子之道，约而言之，则富国安民，尊孔子而距杨墨，盖当时二氏之徒甚炽，故孟子力辟之，以期乎圣人之道复明于人心也。自谓守先王之道，以待后之学者，人无异议也。宋哲宗朝，入祀圣庙。四子书之《孟子》，载其行事及与人辩论者，其理学专尚仁义以为人之利，故若隘而不宽，然后世称为亚圣，盖以视孔子之道为较浅显而非圆洋耳（原文如此）。究之孟子实生非其时，无圣人为表而出之者，须知论世者，不得拘执泥说也，杨朱之言，类希腊之哲学爱比鸠腊斯者，其理主快乐，谓人恒以死为可惧，实无可惧也，有我则无死，及其死也，则我已不在矣，尚何惧哉？杨朱主为我，墨翟反之为无我，则兼爱也，此与释景二教同旨。孟子辟杨氏之为我，使人知其为殆，功自比于禹之治水驱猛兽者，诚大矣。观之周末党派之争，皆杨氏之教为之波也；汉时惟墨氏之教与孔子之教争胜，杨氏之道已灭，后则墨道亦渐已废，皆孟子辟之之力也。

荀子：赵人，为大夫，因事奔楚，为兰陵令，授徒李斯、韩非，著理学，辩孟子性善之说以为性恶，亦儒之一子。盖人有自主其所见者如是，则必言耳，不得因而外之也。且孟子之后，与墨氏争孔教者，荀子之功也。李斯为中国著名人，为儒教大罪人，则煽秦政之焚毁诗书也。然李斯亦孔教人，所行亦孔子道，盖孔子之后，三百三十九年，秦之诏曰：举中国必从教，即孔教也。李斯焚书，本意非为灭教，特欲使民不得取诗书而议政府之行政耳，盖其观乎诸侯之所以争者，皆取诗书，而下议其上，臣讥其君也，故其焚书特行政之术，不关教也。为其法之不善，致失多书，故其罪至终受腰斩也。

董仲舒：下帷读书，三年不窥园，门人甚多，深究《春秋》之学，著《春秋繁露》。秦时杂教尚留，至汉武帝时，杂教失势，而孔教以尊，因武帝、仲舒之力，经书非但诵读而已，审判亦且本之，自此立基，而英豪之志，由之群兴。盖至汉世，方取孔子之道而实行之，虽未尽合，而志士之为豪杰，爱国明理者辈出矣。曹操乱用非人，败儒者之实行政治，至前五代而道教重兴，隋代佛教又入，儒者虽名居其首，而实行之者鲜矣。

韩昌黎：祖居直隶，少失怙，兄养之。七岁读书，日记数千言。比长，通六经百家之学。仕途偃蹇，终至礼部尚书，为直谏顺宗革职，徙阳山。宪宗时，谏迎佛骨，大触其怒，赖有援手之者，得充潮州军，因而行教化于南方。有驱鳄鱼文，唐尚文词，故亦以文章大手以辟异端，苏东坡韩庙碑及诗道之甚详。

朱子元晦：南宋高宗时人，卒于宁宗庆元末年。在孔子后一千七百五十一年，生于福建尤溪，原籍安徽新安。年未二十，举进士，为同安主簿，师李延平侗，延平师罗文质，文质师杨龟山，龟山师程伊川。其未师事延平之时，好释道之理，故当日儒者讥之，甚至言其几于为僧。前此百年，儒学为周濂溪先生，聚徒甚多，讲太极之说，二程之父珣将师之，先生谓其已老，遂以二子就学，则明道、伊川二先生也，明道著《定心书》，伊川著《易传》。朱子之学，盖本于周子也。朱子在湖南历仕八年，至南康尹，又为漳州府尹。在漳州时，都中人攻之，以是去职。门人蔡沈偕隐，常侍侧，沈父元定，与朱子同穷经者，亦从祀，沈著《书经集传》《皇范皇极》二篇。朱子著作甚多，有《朱子全书》，最要者为《通鉴纲目》，其功之大者为注经，其注经本一大纲以为贯串，与汉儒差异，或至相辩，其凡注解之文字，皆以一定文义，不别生异解。其自著书，有《四书本义汇参》《近思录》，此二书，一则令人明圣贤精义，有贯一而不碎乱；一则简言理道之何以实行于世，使有志而无明师良友者得明道也。

王安石半山：江西人，宋大儒也。其学注重富强，为民生主义，有似今日欧美社会派所望其政府之实行者，然与当日大家多不合，如欧阳修、三苏父子、韩琪、司马光等皆不附之，而助之者多小人，是以行之不能久也。其均输、青苗、保甲、市易、免役、保马、方田、均税诸法，为今日民生主义之党所可为法也，所谓儒道之含有民生主义，此为明征矣。王氏之行政法，不随唐代之文章华丽，而在实行其考试，皆取实业有用，期于富国。徽宗靖国之年，从祀圣庙，四十年后迁出，盖其反对者多，不足怪也。由今日而溯前事，未尝不叹息于当日儒者之不能共成此盛事也！则如保甲、保马之等法，果能行之，何至见灭于蒙古哉？夫安石之偏，特一门经济耳，不胜如宋儒之弃废时日，以空谈性理者之沦于奥妙思想，忘其实政哉？盖亦不知本矣。

王阳明守仁：浙江人，忤刘瑾，谪贵州，因以教化苗獠之民。以不合于时人故，而道以折磨。初，先生以求理必于事物，后于一夕大悟曰："圣人之道，性中自足也。"尝刻古本《大学》《朱子晚年定论》二书。其宗旨主无善无恶为心之本体，有善有恶为意之动，知善知恶为良知，为善去恶为格物。后儒议之曰："阳明之《传习录》《大学问》论学诸书，一言以蔽之曰：无善无恶！"其说本之告子，出之佛氏，阴实尊外氏，阳欲篡位儒宗。又如先生云："心本无体，以万物之是非为体。"后儒误以体为体用对待之体，非也，其所谓体者，意也，如言目本无体，以万物之色为体也。盖谓目之实所以别乎色，无万物之色，则目何以有意？无意则空，空则无体矣。其与朱子异者，一以良知为天理，二解大学格致之说。大人者，以天地万物为一体者也。其特异之理说，为知行合一，谓知即行、行即知也。与门人论语为《传习录》，多辩朱注，后儒多讥之，为用二氏之学也。我国以其理近异端，明末传入日本，甚见重焉，而儒学因之活泼，衍而为武士道，以至于今也。故尝谓求合圣人之道，最不宜以文词拘束，须在实事上者为得，盖有见于后儒之致辩先生者也。

清初明末，理学之家甚少，惟顾炎武、黄宗羲说经大意所研求者，为汉代以前未解之经义，儒学直下而微矣，类以八比为事，士子置至理而不深究。清末康有为与其徒梁启超，仿西人新学，而研求儒道新解经义也。

新学之士，读西人论孔子之道，近于哲学而非宗教，遂亦自诩新学之名而傅会之，著为言论，此等人竟不自知宗教之实为何理义矣。下文论孔教详之。

经学考

我国自古所有政治教化之书，皆谓之经籍，最为古奥精善而耐深思者也。释名曰经者，径也、典常也，言如径路之无所不通而可常用者也。《文心雕龙》曰："经者，恒久之至道也。"经书除古今文外，注疏理解之类，汗牛充栋，未易穷究，略分数类：有五经、六经、七经、九经、十三经也。《易》《诗》《书》《礼》《乐》《春秋》，六经也，《乐经》亡，故曰五经，加以《周礼》《仪礼》曰七经，再加《孝经》《论语》曰九经，《易》《诗》《书》《三礼》《春秋》（左氏、公、榖）《论语》《孝经》为十三经。又有《易》《诗》《书》三礼为六经，《春秋》（左氏、公、榖）《孝经》为四经，合之《论语》《孟子》《尔雅》为十三经者。

《乐经》古有谱调，意者至汉代而失，然其关于乐之为用者，有可寻也。盖三礼之中，屡言其用之时与用之义，而于诗又存其词也。孔教自昔则甚重乎乐，如《孝经》云："移风易俗，莫善于乐。"《论语》云："礼乐不兴，则刑罚不中。"又云："成于乐。"《乐》既云亡，儒学之渐衰败也。欲重兴儒教，必考求乎乐，使人心沾染乐理，务致闾里之风俗有乐，国家之政治有乐，为其关于人心者切也。夫欲望其国之兴，而不以先王之乐和其人心者，安能致于上治哉！

《易》为各经之源，最要之书，其义深邃幽奥。孔子欲假年五十以学之，亦见其甚重也。始自宓羲画卦，文王演象为六十四，周公系爻，孔子赞翼，分上下为六十四，言事始自天地阴阳，终言成败，其本则孔门一贯之理也。谈经云：本造化，明人事，言天地者，包乎宇宙万世之事也，推万物之一理，引而申之，万殊一本也，使凡物归之一，大同也，观其动能真而实，此造化为生之始也。言夫妇，治人治国本乎家也，故义深而奥，盖圣人之灵觉而显，太极一部之精，明其言多喻，其理在数，故终二卦曰既济未济，在成与败也。所言与欧洲新学进化天演之类相表里，如包大尔文（C. Darwin）、斯宾塞尔（H. Spencer）、赫胥黎（Huxley）、爱根（Eucken）、博申（Bergson）等见理极似。朱子以《易》专为卜筮之书，未为全是也。卜筮者，《易》之小数耳，盖八卦成而易道备，圣人因图书作著策，演卦合《易》，以征吉凶，定民志，劝善遏恶也。《春秋》，鲁史也，孔子忧世之僭乱，借鲁史标题见义，以著其所难言与所欲言之情。孟子有见于此，故曰："孔子作《春秋》，而乱臣贼子惧。"盖《春秋》之义，所以褒贬善恶者，皆帝王治世之权，齐家治国之范。孔子自谓："知我罪我，其惟《春秋》。"而后儒称之为素王，而发《春秋》褒贬之蕴，但不得遂谓每事皆然，亦不得视为深文隐刻，实简易之词耳，且今之《春秋》，为当日孔子笔削者否，已不可知，盖秦火之后，汉时摭拾故也。不得如耶稣教中人，取《左传》之一字一句以讥孔子也。孔子之作《春秋》非史，盖藉史中人事以明大义耳，外人之教士，传道中国，竟谬以《春秋》为史而诟病孔子，而中国人亦耳食其说，自为诟病，且谓《春秋》之文，短而无华，不得比之《左传》。噫，是亦何足以知《春秋》者，以后儒所考究，《春秋》不尽为孔子旧作，且孔子作意未尝隐刻，但直书其事，使是非自见。

《诗》三千余篇，孔子删之为三百，取其可施于礼教者，授之子夏，传至今日，子夏传至毛苌，苌作训诂，故曰《毛诗》。"国风"者，各国风俗也；"雅"者，帝王之政治也；"颂"者，宗庙祀祝也。事有大小，故有大小雅也。《诗》者，略如近世报纸，其章句以韵，故可入乐歌咏，其情委婉温厚，可以劝善惩恶，治国治家之要也。

《书》为上古之事，故曰《尚书》，凡二十八篇，自帝尧始，至于秦穆，著者多人，而孔子集之。"虞书"一典千余言，括尽两朝三百年盛事，盖古人笃实尚行，而竹简篆书，记载为难也，读之可以观立宪政治。

《义礼》为汉时大小二戴氏所著，古礼自周末衰颓不具，至秦大坏，汉始考求之，其事则冠昏丧祭乡饮射。国际交谊，宾朋礼节，其重在毋不敬，圣人以礼修身，以礼教人，礼非强作，盖人道之经纬也，无礼则无人道，知天理者自知礼矣，天者莫之为而为，礼亦如是。

《论语》为孔子与门人弟子所言论者，亦有孔子之事而门人记之者。

《孝经》为曾子门人所述者，所谓至德要道，以治天下也。

《公羊传》，后儒以为阐发孔子《春秋》之意，盖在当时不得明言者也。

《穀梁传》，略同于公羊，惟不及其精。

《孟子》一书，或以为自记者，或以为门人之记者，为与时人时君论道之事。

《尔雅》为训诂之书，周公所撰，仲尼所增，盖周公制礼一道天下，作《尔雅》一篇以释其义也。

今日经书，皆历代所修改，自孔子时至刘歆，无敢故意以乱之者。秦火之后，前汉大抵渐即收复矣。歆助王莽，欲兴新教，与其父向掌书籍，改窜《左传》及经书多处，以合莽旨。莽尊之为国师，重次六经，改增其文，分裂其章句，以私意注疏之，假造新书，伪为新得者，书皆古文，疑则《周礼》《左传》《春秋》等书也。至于西汉前所定者，则实古之所传者也。故今日而定以真伪，有甚难者。虽然，八九为真者也。康有为有刘歆《伪经考》一书，然未确也。总而言之，所有经书，其旨显有天理，教人以顺理而行仁以止于至善也。

儒学考

孔子前后多子，或圣或贤，演出其天理所感之动，自古以至于今，我国道德之学，直流而下不绝，其或迟或速，或清或浊，大抵因外势所迫而然也。如秦之以专制焚书，使怯者不敢诵《诗》《书》；如五代之道教蜂起，印度佛来，以幽深玄远之理，清净寂灭之道，迷信士庶，而所谓儒者，又常各执一端之见，以自相争辩，致失大局。周末儒道渐衰，孔子集群书以保全之，惜世乱已极，不克成功，以后颓败更甚，后儒如孟子以至诸子，各如自立一门，至近世所余，仅为文词之材料已耳。难怪乎西人于五六十年前曰：儒者而与耶稣天主等教遇，则如瓦器之必碎矣。噫，斯言也，以对夫腐儒之学，定非过语，且我国今日之不振，其罪皆归于为儒之不儒，上无礼，下无学，士不知义，民不得教养也。但西人所讥之儒，必非圣经之学，特仕派之儒，借孔子之名，而无其实者耳。而今日之中国人，以其所讲求之西学，而习闻其所鄙之儒，遂为所惑也。自以为儒者但哲学一派，而非宗教，且如任意可以读之一部小说，故至有废孔子之说，不知孔子之教化，虽千余年来，无有善其传者，然其教泽之浸渍我国者，固已深入乎身家乡国，莫不仰其仪范，资其指南。故许大国民，其乡党间里，无不自结团体以相联络，而父老督其子弟，邻里相警戒而成休风。设一旦而弃其指南，将如多少船舶，忽于大海之中而失其依据，吾恐四万万人之风俗造化文字，且必随之胥灭也。鄙人所见，不自今日始，盖自游学西国初归之时，见华侨之在南洋景况，而惧其子孙之不识本国语言文字，自失其无数子孙矣。故虽自知无学不才，辄以孔子之道告人，勉人以学普通语，于学堂传孔子之道德学，幸自爪亚李君兴廉、陈君金山不以为谬，倡设中华会馆，以教汉文，传圣道以至今日。凡南洋各地，有华人之居，则有孔子学堂，可喜也。夫孔教一兴，而人心无不爱国而念祖泽矣，故华侨之热心，则本诸开通而保存国粹也。所望于今日我国学界之士，皆得如南洋侨人，为孔子木铎，而民国人人有君子资格，且不仅振兴我国而遂已也，则必推此仁心，传吾文明教化，以及地球万国。夫今日我国人常谓外人侮我，以兵力吓我矣，抑知其所以欺我者，为我弃圣人之道，而无教无宗旨乎？苟立吾志，行吾仁义，取法先儒，克己齐家治国，杀身成仁，则又何患外侮之不消，内治之不振哉？

　　此百年中，儒学最大危机者，为西人之传入天主耶稣等教也。前者则儒者目之为异端而力排之，欲以专制之手灭之矣。溯自明末清初，天主一教，已得势力于我国，其时教体仿佛儒教，易入人心，如祭先之礼，未尝废之。至乾隆时，宗旨改更，请政府驱逐之，至英法北攻，议和之约，遂载天主耶稣等教，得传其道之文，自此其道日以发达。厥有二故：一、其道每中于少知识之人，此等人多易于迷信释道之说，而又未尝闻儒学之美善，则皆败儒之隐助其力也，盖其自处优等，峻其门墙，以愚吾民，不啻为之驱矣，其甚者散为讹言，而有剖心刮目等说，以焚教堂戕教士而酿祸，为割地赔款之累，以炽其焰。二、其传教者，以外势获其教徒，则愚无志者乐趋附之，虽此种人无心而入其教，然其子若孙已尽入其学堂，习其理说矣，而所谓儒者，正束手高卧于洋烟之榻而不之理，亦足悲也。此诚如先贤所谓人伦所以不察，庶物所以不明，治所以忽，德所以乱，上无礼以防其伪，下无学以稽其弊，自古诐淫邪遁之词，翕然并兴也。彼则初用文明以传教我国，我以野蛮攻之，至彼以野蛮而攻野蛮也，则彼野蛮之势力大于此野蛮而势力以张，而教力以振矣。今日者，民国已有各教平等之令，以得政府保护，则外教可以守文明之法，传于我国，而吾儒者，何以不能以文明而传我六千年之教乎？外人多讥我国之风俗宗教者，致其国人轻视而侮辱我也，然则我今日以夫子之道为念，正不必怒之，不必愤之，惟是详察其言，如其是也，则反己而自改，如其非也，其自误耳。吾儒于今日，则不得不讨论其教，以救吾民勿使深入迷信也。天主耶稣之教，其大宗旨，可一言蔽之曰：兼爱，盖佛氏之类也，我先儒辟佛之言，取而辟之可也。程伊川曰："其言有合处，则吾道固已有之，其不合者，固所不取也。"窃谓其言之有合者，亦吾道之浅近一理而已，且无贵重也。余如奇诡之事，尽可取先儒之辟迷信者付之，或即欧西新理学辟之之言付之，均可使无致辩也。以近日中西哲学大家，尊崇吾儒之道，实高出彼教，无可愧让者也。盖其教一本迷信，故欧西学界，于此已日窥其陋矣，若吾儒之学，本乎天理，则世界之究天道愈明，则吾教自日以益尊矣。回顾古昔，以绍先哲之徽声，遥瞩将来，以望后贤之继盛，参天地赞化育之功，不在远也。

儒学类

古之儒学通六艺，文武兼之，盖士之普通学也。乐之废最久，武则至宋而渐衰，元清更防革命，益不令民之重之，故我国人之能武者，几于绝无而仅有矣。今日民国前途之希望，则是二者，皆应入为普通学之一，使人人有和平气象，振武精神，虽行伍兵法，属于专门，然人人当有保身保乡资格，不得视文明为柔弱。盖吾儒之文，必有勇焉。射御，古之战备也，今日更以体操，形改理存也。数学久已失讲，在今以关于各等科学，盖已广矣，如天文历数，已有专门，不必虑也。卜筮之学，久已不得其真，未可据为凭信也。书兼字学及行文，而千余年来，仅传糟粕，不求实义，遂有视之为畏途，以为我国文字艰深，难于记诵也。今日者，应讲明六义，而使言语与文字合一，以复小学之旧，自可不因失讲而视为艰也。礼以浅近言之，曰洒扫应对进退，深言之，曰修身齐家治国平天下。

．今而欲振兴孔教，必择而分之，若者为普通之学，若者为专门学，如数学、乐学、体操，此普通学也，人人所宜学也。儒学所包括者，圣人传下之教，如修身、政体、史学、物理、格致皆是，分以五类：

一曰道体，亦称曰教，所谓宗教也，如释教耶稣教之谓。

二曰理学，即今日哲学之谓，兼格致说。

三曰存养克己，今日修身之谓。

四曰治体，兼道家言。

五曰教学，今日所谓教育之大纲。

道体总论

朱子《近思录》，首列道体，解明《易》《书》二经大道，如黄勉齐先生云："圣人于人中得最秀最灵"，于是继天立极，而统理人群，发明道统，以示天下后世，皆可考也。今日者，舍道而言教，以旧有三教之称，而西来之教，亦遂以为名也。拉丁文义教（Religio）字，为束为集，谓人常系心于神也。至天主耶稣二教成立，而有寺院，以此文合其宗旨，盖欧西人古时，视教为敬神礼俗也。至四百年前，始渐以理而求教之原，则以英国哲休美（Hume）[①] 为最早。百余年前，欧洲群教大加研究。马克士牡勒（Max Mülü）者，二十余年前，博考教理，其解"教"字之意，曰：教者为觉悟无穷，以感发人性而善其行。是说也，有偶合处，则朱子与极新之哲理同也。何以人竟有以儒学为非教者？竟有以孔子为哲学家，非教祖者？此皆执一而废三也，其意必以为有鬼神之默示为重，儒教不有迷信，且不依倚鬼神以立教也，此自儒教必不得忘乎为教之要也。西人引嘉德（Caird）先生云：教有三进步，一为上帝，则在万物；二为人心，自觉无穷之感；三为神觉，即上帝显在彼我之上。西人曰：西教有默示，默示云者，为第二层之进步。儒者虽不言默示之说，然孔子云："天之将丧斯文也，后死者不得与于斯文也。"此则儒教得以入欧西之第二层也。《书》云："天降下民，作之君，作之师。"又云："天聪明，自我民聪明；天明畏，自我民明威。"又云："以昭受上帝，天其申命用休。"此明谓上帝之显示圣人也。故三层者，直与景教并立，亦无不可，惟儒教与景教有

---

① 休美，英国哲学家，今译为休谟。

大不同者，则吾儒断不敢谓我国有圣人，他国独无者。然则我东方之人，多认中华圣人为我圣人，何敢谓他国圣人皆非真也？佛则印度圣人，耶稣则今日西欧圣人，此为确然者。盖各国圣人者，引出其野蛮以入乎文明也，引出其黑暗以入乎光明也。我国之文明者，已六千年，而所以存此文明者孔子也。盖前圣之道，孔子保存之也。我国人须以引吾祖宗入文明者为我圣人，何至竟以他国圣人，而自背我圣人，自坐以野蛮无教也？虽然，非谓外教之来，则必拒之也。各教之人，尽可交亲，孔子云："三人行，必有我师。"惟必究乎我本有之教，使吾民尽明孔子之道，味其教化之美，探其理义之深，使自男女老幼，沾我古圣启迪之厚，则外来之自为一端者何有哉？古者化行及四远，今则异方之俗，入我内地，外道以教吾民，儒者对此，能不心伤？是故我而不背圣人之道，必于吾道与德，有足破远来之迷信，使已受迷者自归，使传其道者，受吾感化，得吾奥理，悦吾礼义，而传吾万古不磨之文明以去，而我中国复收我应有资格，皆吾党所当深念者。

道

道之浅义，路也，而深奥之义，则老子所谓"道可道，非常道"也。庄子所谓："天道运而无所积，故万物成；帝道运而无所积，故天下归；圣道运而无所积，故海内服。"西教所谓天父上帝，张子《西铭》所谓"乾父坤母"也。《诗》《书》多称上帝，皆天也。孔子罕言天道，非不知也，非难言也，以能听者少，故言亦罕耳。究之言之不慎，欲解奥之理，非徒无益，而反误之，故西教日以上帝置之口头，无怪乎其所谓上帝者，竟类乎人矣，盖《新约》书之上帝则若是也。近今西人多轻其道，失其敬信，此以见孔子之不多言为愈也。自孔子之后，儒者不言上帝而言天，盖借以极大极统一所可见者，以表不能备言之意。朱子举其大概，谓可以理包之，曰："天则理也。"其注《易》则本之周濂溪先生《太极图说》，约而言之，则宇宙万物，皆归一理。一者何也？动也，动而后有形，形如水之漾，一速一迟，自其迟速较之，则如动如静，故周子曰："动静阴阳也。"阴阳合而生生万汇，此理非博物求之，直空言耳。今日西哲如博新（Bergson）者，其言曰："真者，一而已，动也；动，灵魂也，生命也，灵觉上帝也，一而已也。其得形也，为动之阻力也，其觉也，为其相续而无穷也。盖无原始则无今，无今则无后，惟动则无穷极也。"此意与吾儒之解上帝者，大同小异也。夫动生万物，则万物之中，惟人最灵，因其灵自可以参赞天地。此意与西哲所谓人之所以独立为人国者，由其灵性之能逆天然势力也。禽兽以无是能力故灭，人则虽处烈寒酷热之地，皆能以天然之境自适其用，突出禽兽界之范围，逆天演之势力，此盖各国之有圣人为之先路也。盖有精神，得理论以推究万物也，正合乎《易》所谓知天理而凶以吉也。今日者，人群已臻此盛，必明乎天理，失天理则殆甚，而今日之得保存者，实赖乎圣人之道，以理御理，使害我者转为我用。试取一事观之，其所以催我进步者，明为使我避天然势力，而复入一层危机也，如失天理，则危机不得避，而再入禽兽界之范围，则亦必亡而已。何也？盖人类至此，已失禽兽界之自觉性矣。夫人以灵性而得此高等进步，推其原始，可知来日之无穷，此天理之不可不尊也。天理者，所以和于万物也，此人之吉利贞亨也。

以此观之，则人为万物所自成者矣。始则各物若相同，然久而愈分，其分也，有事迹之可寻究，各生物有相亲之性，自是同一祖系。生物者有生觉，生觉最灵者为人，能知天理，能知有我，我自有灵性也，此不必取据生而知之者也。属于我者也，此性通数万层累世代递传而下者，虽在今日，犹不免带出远代粗鲁气质，故气质有不全善者，皆露前代黑暗时世性情耳。然则性何以本善乎？曰：性非本善，必不能变恶而为善矣，惟其杂处禽兽界中，故不免沾染禽兽性情，至入野人世代。已进一步，又得圣人者出以引之文明，而万种禽兽如故也。是则人之由禽兽界而野人而文明，此见性之善而自能进乎善。故性善之理极合，且令人生希望心、勉力心。

西教称耶稣为天子，其意盖谓上帝现性为人也。详核其书，荒谬甚多，使人心不快，如谓善人循乎天理，此如吾儒所谓秉受天性也。然行儒道至尽，则人心与天理合一，圣贤也，君子也，何尝不为天之现性者，知此则吾夫子所谓四海之内皆兄弟。人为天之所生，称为天子，亦是不谬矣，天为父，能是言者，要在明是理，方为有益，不得徒有其言，以趋夫鬼神怪诞之危殆也。明此理，自明孔子所谓祷之久者。景教者每谓儒者不教人以祈祷，此为不亲于上帝，可应之曰：上帝者无不在，人亦何能离上帝哉？人有灵性，自亦能明天理，则无事无时可离其性，从此真理以行，则从吾愿。此祈祷也，至若景教之祈祷，直迷信耳，儒者非不祈祷，盖孔子云："获罪于天，无所祷也。"然则儒者之祈祷，与迷信不同，彼所谓祈祷者，为求所愿也，儒者明乎天理，知其所由然，奚祈祷为？如疬疫之足灭一乡一地也，儒者第究其致疫之理，由其理而得其原，治以消之，何有乎疫？祈祷云乎哉，推而水旱偏灾一理，死生富贵皆然，故儒者于凡事无须乎祈祷，盖为尊天爱天之大据也，为其不宜也，儒者之祈祷，则开其心以对乎上帝也，且吾夫子所谓"获罪于天，无所祷"者，可以他说解之，或指夫逆理者之必受其报，如明知而为之，后必食报，或灾害之至，将何所免？如事之举动，必生其果，虽有及觉不及觉者，其定果必知，亦所能祷者，必如良医之治病于未发也，防其不发，斯为祷之正者，若至病发，亦第顺病理以治之使愈而已。又一等人，谓儒者无地狱之说以儆惧愚人，故不得称宗教。此亦无思想而妄言之耳，夫说一空诞地狱以惑人，其势力岂得比实事求是者？儒者所谓结果，有可见者也，取其理而示人，发其蒙使人自觉，自能长修其正而不偏，自少至长，则有明训，有畏天之心，有敬圣贤之念，有守道德之规，使不循理者，观感以自较其善恶，自明乎道矣。

事上帝

前所言者，何以行教也，为集人于圣庙，讲论天理，使人人明之而得神感化。感化云者，灵性自觉也，精神与万物统一也，从此立志，与圣贤同途，自得光荣以施及乎人。圣庙陈设雅乐，以为提醒感激，嘉礼以序众人。外则派人传道，以时省视人家，为之扶持疾苦，而婚丧各节，定以礼乐报酬先圣贤，以祭祀追念烈士之忠贞，皆教体所有事也。我儒不分僧俗，凡有才德者，举为人师，如此以兴文教，则民国之进步必易，盖民德归厚也。且如此以保国粹，而通其新不泥乎古，庶斯民不受外惑，自顾廉耻，有礼有乐有学，自能有勇知方。且望后起多士，习礼明诗，发前圣之光，使教与国并进，则我中华最早之文明，其风流文采，列于万邦之上也。人多谓欲强我国，重在武备。窃以为苟无道德，则虽军械兵舰以至飞艇，且不显其利也；盖此等死物耳，必有人以驾取操用之，以不教民战，并器与人国而委之敌也；人多谓欲强我国，重在留学各邦，仿其宪法实业，硬效其模楷而为之，此清人之愚昧故智也，国以之亡，中华以之受万般羞辱，民国当知所反矣，当知所儆戒矣。夫不以道德先医其人，则游学也，适以资其侈肆，美其学而坏其人，危有甚于学陋而人善者，故民国前途，重在道德为之根株。伊川先生《易传》曰："理者，天下之至公；利者，众人之同欲。"公其心不失其正理，则与众同利，无侵于人，人亦与之，若切于好利，蔽于自私，求私利而损于人，则人亦与之力争，莫肯与之，而有攘夺之者矣。国人上下，欲得此公，舍教其奚由？

理

"理"字在我国经文之中，其意深奥，盖有二三意，皆以此字表之。宋儒解经，以为"理"字略同于"道"，如前文所谓统一之"动"，故曰：先有理而后有气，天地间二气滚作一团，其不乱处则理。又曰：太极即性，诚者，即性之实理，但理气不得分而为二。《榕村语录》云："人之所秉为性，天之所降为命。"命本以天言，性本以人言，理本以事物言，道即理也。以此观之，气与理之相关。人常不明。盖理与气实非二物，就二面言之，自其动者观之曰理，动者有阻力，如生质，此之谓气，故动变阴阳者，则动之变形与其迟速，分为二端，二者联合，变而五行，亦皆理与气也。则即动以观之，理即我，而知觉其动也，有所阻碍而生万物，谓之气，故曰人物本乎一气，《礼记》曰："理亦谓之性。"常语曰道理，皆连文取义也。此篇言理，理学也，理学之旨，在欲寻究宇宙万物原理，始由格致，取诸各门学问，成其大约，一方与教育关切，一方与格致相表里，盖格致之学，为研求万物以穷其原理者，如水之未成以先为何物？盖气合而成之者，既成而以热以电分之，可变为何物？此格致也。如同类多物，汇而较之，可得其所包含者，此格致也，然仅于研求物理之概耳。理学者，与此旨不同，欲寻出一统大道，则吾儒所言之理也，格致之学有限，智力限之也。理学则凭心理以推有无之原，以一理解万物，故理学与心无穷也。格致者，可教人以形式，曰是物，之变化奚如？曰何花何色？可结何果？设问以何以有此花？则格致惟曰不知耳，盖不得其据，自不能言也。理学者，则必探乎世界万物原因，西国名称颇多，近者我国习用其哲学之称是也，中西理学，其旨则一，欲明万物之由而已，数千年来中西理学意想，大致概同，可见所研求者之为近真，虽未全得，或由中西人性质虽同，而时世习俗有一偏耳。孔子虽罕言理，然其言论之在经书中者，则理学之根具在也。后世历代讲解，藉以发明者多，不得去之于吾教也。然理学与教之别者，教为最古，自有生人，则其灵性，则知人以上有一上帝，或造化者以理万物，万物有其知觉，如无知，何以有感应事？则古人之觉有天理者，惟无意义可解其所显明者而出之，故其人朴陋，则其教类之，大抵自古至今，立教之旨，特谓太极者天之性，帝者天之心也。理学之旨，为以思想与道引出其原者，或寻一大纲以分万汇者，教由古诗书而来，理由博洽之士而出，要之理与教宗旨则同，故并行而不相悖也。

天命

学者既明乎道体，自知乎天命为天道之流行而赋于物者也。《中庸》曰："天命之谓性。"则此推而万物，以观西人所谓造化主者，即吾儒所谓上帝也，天也。上文已明天之即理，理之即动矣，兹不再论。

性

性者，赋于各物之理也。人所受之理，则人性也，于物亦然。然虽分万物万性，而理则一。程子曰："穷理则尽性，尽性则知命。"又曰："性之本为命，性之自然为天，性之有形为心，性之有动为情。"一也，圣人因事以制名耳。李延平曰："天下之人无异性。"惟性不可见，孟子始以善形之。朱子曰："性者道之形体，心者性之郛郭。"又曰："天命之性，只以仁义礼智四者言之。"

《乐记》曰："人生而静，天之性也；感于物而动，性之欲也。"凡言性者，专言天性与其情也，古理学家谓心，今之新学谓脑，然古之谓心，中西皆同，盖以情之一感而心以动也。然理学之所谓心者事也，陈北溪之《论仁》曰："仁者，心之生道也。敬者，心之所以生也。此心之量极大，万理无所不包，万事无所不通，此心有无穷之量也。"此所谓心则脑之性也，以脑之理言之，人之灵也，故有知觉，则此理行而其动在脑，则为人性。孟子明其为善，故曰："人者，仁也。"仁亦随乎脑之进步而显出之，自禽兽界以入野人，至于文明，皆随脑力而生仁心之理，推极其原，则为造化。方其未成为仁，但一知觉耳，知觉禽兽有之，不待学而自知为营巢养子之事。朱子言万物之性，所以异者气也，二气五行，万变不齐，故异。新学之解，则谓为气之结乎人脑，与禽兽异形，故理之动于禽兽脑中者简直，而可立知所以宜者而行之。理之动于人脑者，如乐器之分弦数十，可以应之万变，故律虽六，而因应万谱，惟在乐师调之也。虽不如禽兽之简直，然和其原因，推其事实相从之前后，亦卒于立知。盖禽兽者，如留声器一般，只是一调，人脑如琴瑟，因应无穷矣。禽兽之仁心不易见，惟于爱育其子则甚显，至如蜂蚁，且能博爱其群，而脑力进步，如猴之一类，则已有爱族之心矣。若人类则仁心至明，盖圣人者出，而放大光明，照耀人性。是故人之得其理者，必服习之，虽知而不习，无益也，盖非若禽兽之脑，立能知之者也。

志

志者，心之所向也，其理自脑而动，在人性中最重之一。有志而后得以自由，不为气所束缚。试深思之，必有志，方有我有真觉有人己，否则只一枯木之漂流，随风逐浪而已。志者，亦犹仁之由渐而生，在禽兽中则为原意，常为外感所养成者，遂惯而习之。如以肉与饭食犬，似见其喜，然亦势之所惯有不得已者。野鸟而闭之笼，每不食而死，自小养之，欢虞如也。至于人虽外感力亦有同然，然有思想以推其理，知结果之美否，而力禁所欲，以为其所不欲事，逆所习惯者。故孟子曰："士尚志。"《论语》："博学而笃志。"颜子曰："舜何人也？予何人也？有为者，亦若是。"故士者立志，自能率性以发其仁，此为儒者要道。虽人之与物，理一而性不同。而今日格致学，已足明人之曾累阅历，远祖盖直接乎禽兽界。此盖示人以更臻上理，非欲人之坠其千万年前之狉榛也。然亦不得遂谓人性之皆无异也，人之不同，有如其面，盖由脑之有互异者，其来历有不同耳，此则多少带有祖上缺点焉。时而人有野性，教不能迁，其行为一徇己意，凶猛如兽，所营皆私，此其禽兽性质之复显也。幸而早得善人为之提撕，庶几矫而正之，其道在养其仁心，助其立志，如人而嗜一物，成癖之深，则其前修之美性为之咸灭，仅余禽兽性质。故但营其私欲，公理瘅（原文如此——编者注）尽矣，如烟酒未深者，得以善法助其立志，使其善性动而再生，自能著力捐弃。如染毒已久，则无可望，与未修之恶性同。具此善恶二性者，理学道德之家，所难为之筹画者也。孟荀之见性不同，为各从一面观之耳，如见人之带有远代性质，自是性恶，如见人之沾乎教化以后性质，自是性善。推之于理，皆动也，但脑之气结为质，则皆昉自远祖之旧。故理之动也，不显其新者之善，如欲其善，则必早教之，则外势之感其脑，自能开其新者，则善种子引出其苗，斯志立矣。从此新径一辟，新理一动，循之以往，皆亨衢也。故今日者立志而难，明日渐易，日以愈，成矣。我夫子盖七十而从心所欲，不逾矩。

志既立，斯足以行仁道。行仁道，则亦率性而已，则前所谓立人界而已。盖人脑之理，遍乎四周，此之谓参天地也。此非另自一理，亦循乎天理而已，否则自为固执之心，使人类坠于危机也。以我国征之，人群之合，如此其大，有如我者乎？何以昔之强盛，而今之衰弱也？夫古之政治，其纲纪若何？古之风化，其整饬若何？先圣人教养若何？盖志在斯民，务引之以率循其天道也。自儒学颓败，而立志者少，巧佞之士、见小利者多，以致政府失道，民失其依。灾疫年年，苍生穷困，幸而年丰，又以人多而食不足。以此境象，则空言有立志，亦所不可，盖志而行偏，为害更甚。我国今日处危机之中，切要志士之出而擎持之，更切要志士之有道德也。

生死

万物既为阴阳所生，生而万变者，则凡有生之物，而以吾知所及计之，其天命则有必死之期。古人谓为魂魄离体，魂升于上，魄降于下。张南轩云："凡气之可接者为神，祖考祠乡于庙者为鬼。"就人物言之，聚而生者为神，散而死者为鬼。程子曰："鬼神者，造化之迹。"真西山曰："人之神曰鬼。"朱子曰："人死虽终归于散，然亦未便散尽，故祭祀有感格之理。"孔子曰："敬鬼神而远之。"鬼神之事，万古万国，无不有之，其据亦且至多，而奇妙至不可解。言其无，亦多不可信者。以孔子之圣，且不敢断言之，如子贡之问死者有知乎？惟曰："有知无知，非今日所当急者。"至若景教之新、旧约书，则鬼神甚多，恍若我国小说之《封神》《西游记》之类。西人迷信之者多，强人以信此怪异，谓有关乎灵魂之得救于天堂者。试举以问之哲学格致之家，必曰：不知而无可稽者，以理推之，先儒之解，既不断之以无，而自上帝以至万物，皆一动之所变，理以生气，自是世上之物，形可变而理不能灭。浅譬之，鼎水而火之使干，岂得谓水之已灭？故宇宙之理，以吾儒推之，无一处混乱，无一处有间隙，随处皆理，虽混沌之际亦然。故鬼神之事，虽不易得其真，不得谓无也。惟不必迷信之，而以格致求之。不然，竟是腐败之教，而诌事鬼神矣。更不得固执无稽之凭据，务研求以理，如巫觋之见圆光之法，催眠之术，中外皆极其多，酌之于儒理，亦无足怪。今日者，惟师我夫子以不断断之，再无以加也。

特取理学数条，以动之一理，贯乎万事物，解明宇宙中所有之万变和古今人之思想，使无一为心之所能思者，于理有不合也。

鬼神而无也，则属乎空。如其有也，亦顺理而已，许大之上帝，尚归乎理，鬼神其小焉耳。

人多不深思此事，而由外国浅见之教士，讥我国俗人之迷信。而近日之西欧格致家，新提出人实有二种动力，一如华人之所谓心者，一如人之所谓神者。以中国之理解比较之，此所谓魂魄也。

存养克治

人而明理，则如伊川先生所谓心通乎道，然后能辨是非也。存养云者，用其知以存养其天理，如养其生然。古之人动息皆有所养，伊川曰："人之不能安其止者，动于欲也。"孟子曰："养心莫善于寡欲。"颜子问"克己复礼"之目，子曰："非礼勿视，非礼勿听，非礼勿言，非礼勿动。"此数者，古人之意也，盖欲人之养心于道德也。近今所谓修身也，惟今之教者，取数则劝善之言，录几条故事，师之授徒，不关己之行否？徒之从否？第教之以语言，不识其归宗。此等人必曰非儒方得进步，必曰用律不须用教。殆矣哉！人不可恃，国不可保，必非吾儒修身之法也。观《大学》自明，要得有理，方知所止，而后定所当行者。西人谓修身学曰品行学，其教祖为苏格拉底，亦首重知而后能行也。天主、景教，亦重修身。西历四百年，始集说以解其所欲行之修身，盖其教之所发者，谓是上帝默示，约以善者赏，而恶者罚，此律法也。今日西欧理学，则以格致之道，教人修身，近乎吾儒，盖在实行仁心，自幼而习之，使心之所思者，可表之于外而行之。孔子之徒，取孝为道德根本，盖以家为圃，以艺道德也。子贡问"有一言而可以终身行者"，子曰："恕"，而申之曰："己所不欲，勿施于人。"以"恕"而行其德，世无更加之道也。佛与景皆兼爱之道，所谓以德报怨也，孔子谓："以直报怨，以德报德。"此大公至正也。今日世之口诵景佛者，实则取法孔子，明乎孔子之道为是也。我国百年之久，闻景教以德报怨之美，且谓信其耶稣，则圣神降而助其实行矣。

试即我国与景教之国交涉之事言之，有是处，有不是处，未尝见其以德报怨也，并未尝以直报怨也。割地赔款，种种恶感，此其所德乎？可以见其说之不能行矣。至于今日民国，则嘉礼厚意，待其国人，而其所谓博爱者，未见些斯。其《约书》曰："有求于尔者与之，借于尔者勿推委。"亦未见其实行，且生多少阻挠于他人，此明征其教之未能化其国人之心，纵既化矣，必其道之难行也，取其所不能行者，而欲我行之，不直孰甚？不恕孰甚？何若我孔子之理之公也？所以为此言者，欲我国之士，勿为巧言所惑。我留学生，勿谓欧洲之富强，为从兼爱之道而得者，须知其数百年实行之道德，则本于未奉景教以前之理学，与我孔子之道相近者。若夫景教之道，久不见重于其国矣，我国而欲教国民以修身以强国，无他，惟再归儒，而取格致之学以开民智，用礼乐之化以养其仁，使人人知行志士之路，此则泰西真际之学，此则我国再强之道也。

孝

　　孔子视孝为最要之人道，盖其理则木本水源之浅显，人人易知，而行孝为顺人性情。夫仁心之见，自父母之爱子，先其所以生此爱心者，天理也。故孔子欲其养此孝心，亦顺乎天理也。人之知识，非易于自觉，必有教导之者，前于言性篇详之矣。故如孝与识字之类，须有发其蒙而教之者，虽高智父母，而不以教子，亦卒成愚鲁耳。智从五官而得，父母其引路者，子在其手，如陶者之抟土，惟所欲为，由父母之善教而子以孝，此由因而得果也，天理也。树之不种，果从何来？种之不善，果焉得美？不谙树法，而漫加培壅，过肥失养，皆足以伤果木，此喻人自明之。儒者之孝道，责在父母之教，今人动曰：此教之专制者。遂有无意识之说，曰父子平等。不知孝之为平等也。夫平者，衡也，衡必有二物，一锤一物也。欲得其平，必物之符其量。父之教子，其量也，故教之多少，则孝之多少，非平等而何？若今日道路叫嚣之平等，则实大专制。何也？责父母之必养子，而不责子以孝，非极不平等之专制乎？或曰：经书则每及子职而不言父则，至风俗亦皆言为子之当何如已。何也？曰：教者，常因势而导之耳，父母之于子，不待勉强而爱，自少至长，不离其心，无须乎教，犹饥之于食也。其有不能率性者，而后教之。儒者以孝道为人类普通资格，非一孝事父母遂已，特道德之一层耳。盖孝之所包者大，凡所有人事，无不可取而纳之。以一二较明者而言，如有其权者，则必安其分，父之权以管乎子，则其分在养子。而子之分既在孝养父母，岂无其权耶？盖亦有之。此最要之理也。其权安在？则几谏力诤也。我圣人自古则以为父母功德，不能平等报答，此特最下之公平。故提出其至善之心，必报父母之恩于无穷，方合为人之资格，盖父母爱子之心无穷，子之爱其父母，理当如是。有其功者享其利，此不必详言之，以孝推之自明。合则存，散则亡，此亦浅而易见者。家之成败，国之兴衰，皆以此故。敬长辞逊之道，行之父母，最宜而顺，行之至熟，其轻者无难也。人之良心贵养，行孝则所以日养其良心，使之扩充广大，习之熟，则天然之理自生，而良心之性以立，故以应万事，无不本之良心。孔子曰："入则孝，出则悌，谨而信，凡爱众。"此博爱之有秩序而正者也。博爱实高出兼爱，盖顺乎人之所能为者，而爱为真。兼爱则秤锤高仰，令人难行，卒成伪爱。有如佛景之言曰：人之父母，亦尔父母；又言待尔恶者，报之以善，此何以行之今日哉？故人之可行者，为次序之爱，行理之爱，儒者亦知推爱之广，故有大同世界之道。此待之人，人性质已臻圣人，可以参赞天地，盖人类来日无穷之希望也。可知兼爱者，挟泰山以超北海之类也。儒者之言爱，为长者折枝之类也，以之施于世界，人人可行，其不行者，不肯行耳，或野人黑暗之未能知行耳。

世界应有大小长幼之次序法规，如家有父母，家以外必有君长。斯言也，在今日之固执者，必不喜之，盖慑于君之一字，忌于长之一字，亦谓去专制喜平等耳。殊不知君字何尝有专制之义，国一纲也，君为之纲，民犹群羊，则必有为之牧者。野人则有酋长，文明之国，称为帝王，总统名号虽殊，宪法互异，而理则一，皆君也。且父曰严君，盛德曰君子，称人曰其君，是则君之称道，直一才艺执事之名耳。释名曰："君者，群也。"一群之所乡也。故虽民国，必不能舍君臣之义，盖总统为国民之首，对外国言之，则我国之君，佐总统而为治之百官，皆臣也。得曰帝国之君为专制，民国之君为公举耳，岂得遂谓之无君？窃谓今日者，虽立民国，而孟子无父无君是禽兽一言，亦当重念，夫无父者，失为人资格也；无君者，失国民资格也。此可见孝顺之道，民国更须研求也。专制之国，有专制之宪，有帝王专制之使不乱行。民国则权操民手，人人应有君子资格，则我国君子之称，正合今日民国之用，以国民有为君资格也。然则在家而无孝顺资格，何能出而行之于国？盖资于事父以事君也。为总统者，务有父母之心以为国，国人务有孝子之心以为国，自可臻于太平兴盛也。此见孝之为义，可行之人事而充类至尽。

孝道教人以卫生，则经所谓身体发肤，受之父母，不敢毁伤也，故身体卫生，则孝之一事。至于公众卫生以预防疾疫者，此道更在所要，盖从理利公，私在其中也。如但蠢然营私以害公，卒至并其私者不有也，此理不在浅处见之，取譬一喻，人或能明之。有富室而欲其子之善，所居为昏愚积秽之地，四邻疾疫，但知延师教养于内，而治理整洁，墙以外不知也。入则师弟宾主之数人者，出则亲友之狂愚者千百，久且其子骎然而进于恶耳。为女择婿，亦惟此愚人耳。且处是猥鄙之中，其子者，非日损其志，则生怠傲，皆足以滋祸害，再而外疫四溢，其家保无患乎？

孝道自生，克己而去欲，此人所易知者。如在家而兄弟聚处，必克己以和，此所以制造其品也。故大学之道，曰："身修而后家齐，而后国治，而后天下平也。"然则孝者以养道德为预行于国之第一进步，而极之则益及举世也，岂在一人一家已哉？我民国人人必速立此志，在吾家必先行孝，在吾国必先行忠义，在万国必提倡太平之理。孝不诚大哉？

万古而下，我国有祭先之礼，孝子视之为重大。孔子之答门人，且不敢断言之，今日者世变已极，人惟好新之念，视凡祭祀为迷信，祭先之理，至欲并去之，此不得不辩之也。夫孝子之心，不忍以父母为已死，心无或异也。祭者，今人之所谓记念也，以古礼为记念，未为非也。外国人亦尝置时花于前，岂为其能嗅乎？是则理同而迹之不必同矣。如其必同，则目之坳、准之高、睛之碧、发之黄，何有哉？

悌

儒者之所谓悌，已包之孝中。取孝以为普通人之德行，悌者，则为泛爱之通名，悌之于孝，为儒者之理，已多言之，此再言者，则有先而后有后也。古之与今，为动之与静也。今日之于后日，则已为静，后之子孙为动也，动静阴阳理气，各对举而非二物，故在今亦有古有后，此次序太和之道也，敬长尊师之理也。用以悌字者，以一家之中必有兄，人皆明之，就其既明者，以施之于众亦犹是耳。所论行远自迩也。观于生物而求其理，则孝悌者，为人类之特性，然则不孝悌者，不及为人资格也。有格致家，欲求一理以达乎人与禽兽万物者，谓禽兽苟无，人亦若是。此等理，实欲援人而入于禽兽木石也。老子无为之道，佛氏灭种之清净，皆取下等生物之理，而欲普通人之行之耳，儒者知其理之虽同，而性则别，故举性，必合乎性，必孝悌而后能视人类为一体。取乎家之一义以扩充之，近包乎一乡一国，远至于天下万国，再推而至于禽兽万物，无不同以是心，是则悌之为道非呆道也，为极灵活而日进步者也，如以为呆然行其进退辞让之仪文，特其皮毛耳。圣人之道，有令人步高一步者焉。行此道也，方表人之灵性，与天理一原，其无穷也，亦与之无穷已，所谓无极即太极。

仁之理，行其爱也。爱在吾心，有是仁而后知有是爱。孟子曰："人者，仁也。"仁为爱力之通于脑中各部者，爱而后能遏欲灭私。恕人而视乎身，若不有此仁心也，无他，德非人人纯全，盖用字呆而用义则极灵活。理与气因人而差，其量不同也，此理凡道释景之所谓爱，不能越之耶稣，后世之门徒多言爱，大抵不能知爱之理，误以为易极之事，不知爱之理极深，为世界难行之事，盖其为近天之性愈发达，而为灵愈明，灵愈生，则反而制其气。气以生灵，灵以增爱，而极大之愈相感激，其力欲大也。此犹之乐与电，其应之力无穷也。至于人人同理，而亿众同仁，则力量以大，此则非和不能。至于大和而成人之志，不为身之所束缚，故有杀身以成仁，而不求生以害仁也。儒者贵养仁心，故致重于家庭之孝，以为人心立仁之本。

义

义者，事之宜也。如人有应为之事，应有之分，必力尽此心，所谓义也。欲知义，先须审别是非，故于父为羊我，盖以谁、何者为断也（原文如此——编者注），所谓义理也。人群既立，圣人因人心而为社律。社律者，取人心能和之理以为准，逆此理，则为逆众人之和而坏大局，故有不能和者，必不容于众，而不能为害也。古圣人之立义，原由合群之公益，且含有儆戒意，如曰勿贪，此含有若贪则为众所攻也，非徒以令人之行耳，必有一义以为的；如曰勿饕餮，此含若此必生疾病也；勿怠惰，此含有宜工作也。有所得，必以赢余而益大局，此圣人所以立团体而使固也，不然，则为强者之所侵夺，何能保人？已终亦必亡而已矣，今日亦然。故必从社律为宜，宜则应为之此义也，有同此一义，而目的连续以达于结局者，不得仅在一事而视之，如营利以畜妻子者，为欲妻子之成人耳。然继此往其极，则为大众之理，盖由一族而一乡，一国而天下万国，则天下一家矣，此天理也。天理方为正义也，背天理非义矣。是故为人之道，约而言之，谓之止至善。作事而合此旨为当，可谓之应为之分，故孔子曰："见义不为，无勇也。"

欲知其教之旨，自下而上，必问其若何。如曰必节俭，则问何以必然？曰以备匮乏，则问何以必然？曰不欲恃乎他人，则问何以必然？曰：此为合宜安分。至此为极，无以再问矣，此则至善而合宜也。欲行此义，须先诚意，而后性情正；人欲定，而后知物之实为在我在彼，及凡事之有关乎此之秩序，则义矣。人而欲行道德之路，必先有所以宜者，首在保己生命，次保家业妻子，次及大群大局，推之则灵知愈明，而天下皆已有此义也。守此义，则今日之所谓自由也。然自由者，译西文之误也，其文（Libersy）实合我国义字之解，又有一解，为奴受其主拘束而得释，此不得混入修身一边。然由释其拘束而使不义者，义亦通，故攻专制者借一边而为言亦得，专制已倾，共和既立，自由云何，岂非吾意吾行乎？太各行其意而不由公理，此致乱之道，儒者所谓乱非者也。国欲其兴，在人人明乎义，而安其分之所宜，否则人人循其心之所欲，则必愤忿而争权利，此恐利之见夺，彼虑权之见侵，从此而交相攻恶，其何以为国载？故无义理，则人相疑，各无宗旨，而人行其是，何得有和之一义乎？势必至落于野人，而手一利器以狙击于山谷间，遇则相戕耳。故义而发明于家庭，使妻若子得所眷顾，而人有妻孥子之安乐，各尽其义以相成。一人之义，推之一家，家家相接，亦义以为衡。共和之国，党对乎党亦然，民党对乎政府，提出其所应享者为义，必政府定其是非。家无其长，斯不能行其家之义，国有政府，亦人之义，且义者有约必信，如人负我财，则财为我有者，妇为我妻，则约为合义，皆人之所宜也。再举文明国人之所宜者：一生命之义，二保其产业之义，三立约之义，四家庭之义，五政府应有权力之义，反乎此者皆非义。定此非者，律也，俗也，俗与律同。俗者，未表之律也；律者，使义理显其实也。有刑有罚而后实也，有所惧故以不争。道定而人心静以安，故行也。孔子欲进人以高等，故以耻立人，而以德为心，礼为术，令人定其义，故曰："道以政，齐以刑者，民免而无耻；道以德，齐以礼者，有耻且格。"是故义一定，则安分之念生，如物而知其应得与否，如负于人者，必勉以偿之，盖律也，至若贫人而求助于我，无其律也。知义则分所应与也，人竞言自由义权矣，抑知义之有所在乎？故必儒者之理为全备，义为完全，盖从心上知仁，由仁知孝，皆实理也。知我之所应有，而保人之所有，方是大公，此足生大英雄念，则凡强之欺弱等不平事，必起而助之，此为大义也。约而言之，一人之义也，扩而充之，国人之义，人类应得之利也，极之则凡有生之物，应得之利也，自备之心，亦从此出。

礼

礼者，在使人习之，而实行仁义者也。故曰："君子无所争。"又曰："忠信之人，可以学礼。"礼如画法，视物而至明其形与色，欲图之必不立能，惟先从习练描其简易，以渐臻于纯熟，而后意到笔随，则无难矣。故礼始自家庭，而父母兄弟姊妹各尽其仪，显其仁义。连家而为村，邻里之礼也。合大群而为国，国之礼也。万国交际，万国之礼也，万国不能外乎仁义。律者，特礼之一部耳，礼必归之政府制定，故各国自有其律，以定其民之行义。万国必有公礼，今尚得以为律，盖未得举一人以立之，言公法者，强名之耳，非各国所乐从者。一家有礼，则兄弟不争；一国有礼，则庶政不乱；万国有礼，必无兵争。昔在春秋，故孔子欲尊周室，以为集义而立诸侯之政，以安天下，非欲其专制也。盖必定礼而后人心从化，天子以礼待诸侯，诸侯以礼待大夫，大夫以礼待庶人，而皆以忠事其上也。近日欧洲列国，无异春秋，平力之国，则相争相忌，于亚洲之弱国，则思吞并。如此世界，应出有真儒者，以请于大国而讨其非礼者，以伐罪吊民。日本通我华文，其讨俄国之罪也，则特书曰：伐欧洲！钦佩之，然能行其伐者，须明大义，日本则因而吞高丽，侵满洲，此其征伐无当于儒者，盖必无少私利而后可也。日本东学之同志者甚多，故深望其必能发达儒理，使其国之对付高丽、中国者，行儒者大义，不沾沾于目前小利，以儒者嘉礼，而联络东方久远之三国，此则作者之深愿也。此问题有最大关系，不仅东方之益，益在全球也。呜呼，今日中国，一万国战场也，中国亦正中国矣。昔者则中华施及四邻，今则四邻迫入中华，余力不足以发，各国欲从而侵夺之。如圣人之道不明，彼此不相感，则强弱以争，谁存谁亡，有不待言者。欲人之以礼相待，则己必先有礼。亦望吾邻日本，与我而相乎以礼，如此可以动西欧志士之仁心，亦与我而相乎以大礼，而天下得以太平，而人民得享幸福。是故我民国之人，如不守仁义，如礼何？无礼则各国与我交际，自以争利为心，而不厌足。故礼须视其大者，勿徒观其繁文。如子让父坐，少让长坐，视之若不甚关，然须知无小难成大也，故礼之成，则视人之性。古人制礼，务在合人性质以达仁义之的，治国根本，在乎是也。不得以留学外国数月，视其礼而必效之，盖必有宜于彼而不宜于我者，必致坏乱也。夫考究外国礼俗，此格物致知也，既考究之，则必推其理以合我国之性，方为进步。若见欧洲妇女，得与男子嬉游，遂以为其强盛之在此而必效之；或见其多嗜酒以为大礼，见其多食牛羊之肉以为常餐，见其衣帽以为文明，此特耳目之文明耳，非真文明也，惜乎不见其文明之真者。夫西人之文明，不在衣服，不在饮食，实在乎人人之受有教化，有礼义也。吾儒仅受之经书，仅学之少数人，而令多数人之无礼无学，国人志于家，不知有国。专制之时，上下交征利而腐败，以腐败而欲学强盛，不知其为征利而腐败，故一至外国，而以征利腐败之心，而见其腐败之胜我者，遂以为我之腐败者不及之，取其利器以归，以为得其所学矣。今日者，腐败亡矣，民国应知西人之强之富之美盛，何自来者，非兵器之利，非军队之勇，非实业商务之兴，非格致学问之盛，盖根本于道德教育也。以一人而充之人人，一国上下，有礼有乐，万众一心，故有国体，且有国志耳。其教化较之我国，未为美善，惟能实行之，遂得此效力。设以儒教行之，更当何如矣？我故曰西人之强盛，在乎有礼，如其不然，则亦与我国同，无一事之成，而皆虚伪矣。今日民国而求振兴，必自总统而下，效圣人之模楷，达我国之礼义，实行道德，观法祖宗，以为根本。否则徒纷然于衣帽之必洋，而以无资格之人为军，轻道德以为治。如此而欲兴国，自古以来，未之有也。

信

信者，实也。有灵性之物，方有此也。知乎有无是非，方知信之义。实则信亦在体中，为仁义所包括者。人群之中，信甚重大，故圣人特取而表之。君子必主忠信，然行信要在以礼，无礼则伤直。文明之国，必实言语，必体谅人，而言不得率口而道。外人谓中国人无信，犹之中国人呼外人谓野蛮也。外人不明中国之理，中国人不谙外人之俗，二者皆盲说也。言中国人之不信实者，莫甚于教士，且著书极相诋毁，其伤于中国名誉者实大。又谓中国人既若是，则用其教而使信从，以耸动其国人之听，此亦犹之我国愚人，动曰西人无义也。此由与西人无实交而不得其真，与教士同类者也。究而言之，信非易事，外国教士，冒然而来，以为信极易易，然不知信之大者，各国皆同，而细小处不无或异。以不同之小见，而谓之无，遂以播之全欧，其人之未至中国者，将竟以中国人之果尔矣。不知彼特见夫道路之情耳。若至商贾大事，朋友交际契约等事，岂让外人？

毅

人有谓孔子之道虽善，惟使人知所谓，而不能使人之有力于行也。我国人之迷于其说者，亦谓景佛等教有迷信事，足以动下等人，儒道仅以语上等人耳。此皆野蛮专制之居心，非明儒理者也。儒者一贯之理以传道，虽万物无不各得其宜，何中等下等人之有不合？夫人类在今日所以存者，为其灵觉之能设法以御外感也。其性情之变，亦此动力耳，盖灵觉令人自知其何者为义，义则以保生命，及所有之关系者。今日人之所为皆此，余无所致力也。凡其所幸望而欲得者，与其所虑患而欲去者，则存亡之故，及其所有者也。是故借虚空之说，而导之以入迷信，何如使其自明乎天理也？夫教之以顺存逆亡，亦同一理。首则教以保身，既知保身，便知保家，而即此爱理，以保一族一国，以及人类也。以理导之，以切近之道，省其迷信之功力时刻，而以之为实学有用功夫，则人群岂不大加进步哉？彼迷信之教，但赏罚之说以怵人，我则以正理使人明天地之当然，取万法以治万异之人性，使今日所谓无道之国，转而为善人也。如必欲究夫奥理，则天然之奇，较之荒唐小说，有更足取征信者，此格致中实验奇变，大可显其理以为教，又焉有不足砭愚者乎？以此理推之，则人有能爱其种族，保其大局资格，能行儒者日新之道，方见日有进步，而远胜迷信者之信此则此而了无他变也。夫日新必本天理，天理变，则亦变耳，虽不决定鬼神之事，亦不借鬼神迷信之力，盖以理推之为浅也。使人人上下，皆得行之，如以此理而行，忽而明日天开，上帝下降，亦无所惧，以上帝亦在理中也。或曰：此理何以谓之儒？谓之孔教？曰：名者无关，如西教亦多名称，如行德社、道德会、一体教种种。夫我国人称教为孔教者，实以孔子所保存之古经书，下其种子，而谓之孔教耳，非谓孔子已全备之也，盖既集理道之大纲，由此可推万变而自合，故其所以行道者一恕耳，中国首出之一人也。吾学重此以为本，则以之为名，以表吾宗旨也。夫教之圣贤，亦甚多矣，虽他教亦然，如景教则保罗之功甚大，其后则传道之著望者亦多，以名之一小理，而表其大。此举世皆然，如荔枝者，一果之微耳，而以表见其树之根株枝叶者无数，而一言荔枝，遂各呈其象而明之焉。《韩诗外传》曰："儒之为言无也，不易之术也，千举万变，不穷其道，六经是也。"

政体

治国行政，应取仁义以益国民，使义至人人之身，此自古以来，圣人之意也。治政特其路耳，其归要在保民之安，而助之得应享之乐，为之防御所不能免之灾危而减少之。我国自古圣人，则有政治，治体则仿法治家，故国君仿乎父母，而视民犹子。但后世之君若臣，不以此行政，故为圣贤所忧。其弊在假公为私，据政治之路为富贵身家之地，致乎百姓困穷，所谓虐政也，专制也，非圣人之治也。夫天理治民，本于仁术，而道之以礼，和之以乐，利民以惠，未尝专制也。自民贼据其要政，而假其虚名，以实行其私，盖秦政而下，我国几无实在政府，凡所行政，但聚敛以供王税，备百官，取以为利而已，得民间之供应斯已，他非所问也。其所有亦出些须以为公益，如文学教育者，则由好文事者之提起，出自个人之事耳，其首要为王族计，故臣僚亦为其家计，民之视官如寇盗。以至今日，民已不信其官长。以此故，闾里之间，千余年来，久已行其无政府治体，而以俗习之约以相让，以古来未泯之礼以相待也。清代之中国，实为无数小国耳，而政体为无政府治体。所以成此无政府治体者，以官一莅乡，但期取财，故民亦惧而自匿其财，务在使官之得财愈少为幸。其为官者，亦但收其财以去，余不必知也。为民者，不知政事何关。虽至今日，民智略开，而以推覆专制，而我国人久为假古美名所制，亦恐推覆政府，而自陷于无君无父。故革命初起，尚虑难得人和，幸者民国则已成立，人则多明政府之无用，群呼废去专制，而立共和矣。则今日者，应念所废政府，非废孔教政府，盖秦政而后，政府其名耳壳耳（原文如此），要知政治，为儒者最重之道，不得割裂经书之一二散句，以为驳论，不得取孔子之政言，遂硬坐以为政之必若此。孔子不尝曰："无适也。"无莫也乎？孔子非所谓时中者乎？其言或为合当世而言耳，时世变，而法亦应变，不必固执守古，如麻冕与礼，有从众从下，礼乐有从先进，皆择善而从，未尝拘泥成法也。今日民国宗旨，有与儒教治法异否？此正问题也，详慎之行政如何？必民间公举贤智之人，以定其法之能和民性者，而立国宪，使行政公仆，得以快达国民之意。若行此法，民国可取有政府治体或无政府治体为之，此二者，不外儒者治人之理也。凡治必有理，且不但治有理，则乱亦有理。吾儒之理，穷之无极太极，焉有不合者？夫无政府之治体，所以发起者，为行政者之皆民贼而虐民，故俄美各国，有倡无政府治体者。我国人未究乎理之深者，不得遂谓如何方是美善，孔子实与反对也。何以不知无政府之治体，本在仁义人和？无此三者，难以一日安存也。此等人不爱政体，所反对者，非治体也，治理也。不本乎民之信也，不本爱民之理也，其视一人之专制，与共和政府之办事多人，实无以异耳。帝王之专制者，取众人之益，以利一家，共和之政府者，则以利数百人，亦犹是也。谁敢谓孔子而生今日，不与为同志，而赞成之乎？要观欧洲政体，有君主，有共和，有君民共主，以何者为依归乎？要观其如何，而比较其如何，且欲知其美否，以何者而断之乎？要观其兵力其富乎？此特暂时之美耳。西班牙之三百年前，其势力何限？其富何限？而今日者，帝国安在？兵力安在？窃谓必视其人民之如何，不得但视其中上之少数人，须观下等之众人，视其身之能安否？其为人得遂其志否？其家有丝毫之乐否？以其人之自言，无一人心愿之也，下怨其上，则于吾儒所谓上下无怨者不能也。故下等人，不得已而取卢梭之自由，信俄国之巴古恁①，从德国之逆子，以反对乎教，反对乎社会，反对乎理学，甚至欲天上之无上帝，地上之无帝王也。俄国之杜土陀，则欲人复乎上古无政体世界，而行大道德以施博爱。故欧洲各国，时有暗杀执政者，其所杀，不止腐败专利之如俄国者，则美法二国总统，亦不免。可见西人视其政府之虐也，而喜无政府之善也。今日者，我民国欲取法欧洲政府，为欲法其虐政乎？噫！不当为其兵力之强，以煽惑吾民也。盖其大专制大虐政而不恤民者，其国皆甚强，如罗马之该撒②，如法国之拿坡仑③，如我国专制之君皆然。故论政体之合孔教与否，在视其目的之何在耳。前文已言前清之乡党闾里，行其无政府之政体矣，盖其贸易交通，往来办事，必有多少合乎孔子之道处。

---

① 即巴枯宁，俄国无政府主义思想的著名代表。

② 即恺撒。

③ 即拿破仑。

故总税司赫氏①，经义和团惨剧，曾著一书，论中国事曰："虽中国国体腐败，而其民尚有美德，尚存孝顺之道，故别种之社会已亡，而其社会尚在也。"如斯言也，则效外国政体而行，不知儒教之理，不达先圣之旨，恐将来虐政，则类西人而已。夫西人政体，为其人之习惯，而为其民之困苦者，今日我国欲取而法之，既不习惯，岂能行之较善乎？窃恐不足以和本国人性，而硬欲效外国政体以压之，不知其可也。今日共和，务集宪政之和，务悉吾民之性，存吾国粹，使我乡党闾里之心，孚我以信，而以行其无政府之政体者，能尊信共和之政府，如此，则我无政府之社会，与共和政府，成为一体，上下安乐，行其孝顺道德，执事者以礼以忠为国，而提倡以太平主义，此则行孔子之道也。否则，共和之貌，仅袭诸外国，而与吾民性情不合者，又不知所以和之，礼既不能达乎上下，自必刑以齐之，则与外国之困苦其民者无异矣。如此，则民必至于贫，而至不得已之地，势必以小小无政府之乡村，结而为大无政府之体，以攻其所谓虐政者。孔子之道，亦在其中，所谓民为天口，民为天心，天视自我民视，天听自我民听也，此可知儒教政体也。吾道之理，贯于无穷，何以狂愚之辈，竟视我孔子为一专制政体而已？不亦坐井而观天，曰天小也？岂忘乎孔子之答问孝一端，人各以不同教之也，人且各有变法，何以许大之事，关乎亿兆众者，不以时而改变之乎？以理治国者，则以极深之智，极广之仁，视民与政府为一体，推此理此心，则视我国与人国，亦必仁义相待，故在国内既安，则必施之外国，使亦如我。是故欲有害于我国者，使之不为，而有害于人国者，使之不思。以此行政，首在立孝，次行仁义。在国既治，而后引导各国，以入太平之世，此孔子之道也。其体自有无穷之变，合之何人？合之何势？其变何能限之也哉？已往之史，吾知之，则其政体之应变无穷，未来之变，虽不可知，然已知其必变，而不能长此不变也。夫不变则不新，新则必变，此理推至其极，则合乎动静之原理，此理既明，自知人之在世，其社会之变不能同，而必渐异也。如野处之士，杀人而食之者有矣，至进乎高等者，虽居处未定，而合群政体已基之矣。酋长之待人，则犹之父待其子矣。自人类之智愈开，而政体日以愈密愈固，有圣人出于其间，或霸者生于其际，则政体以分，要皆依乎民人之性质为之。孔子之时，其研求政治之理，大抵赖乎三代之事，然孔子之政治，实

① 即赫德，英国人，曾在清政府为官，长期担任海关总税务司一职。

则何尝行之中国哉？惟略于为鲁司寇之日，行其万一耳，则已见其道之高出庸常，而起齐人之忌也。孔子而后，亦未尝实行儒者政治，故如以前政府之腐败，不得视为儒者之政理。且儒者亦人耳，不得遂谓其无非，而遂谓为儒者之故。孔子虽圣，且不能无过矣，故孔子曰"不以言举人，不以人废言"也。略述政治之理如此，民国今已成立，此理有必行者，略举之以备采择：

——在教民之何以治生，次则卫生保国之法、道德之要。

——预备专门各学，使才智之士就业，如美术学、古学、诗史学，各等实学，皆必有专门。

——选举人，及被选举人，其资格，皆以品行为本，才能次之，善言语有田产又次之。

——军队不得干预政治，如有才干欲入政界者，必先告退军界。

——选举之法，不得仅行通告字样，须派人到处宣布，使众咸知选举之重。此所派人，必由总统亲选，各省数人，代己巡行，宣布于各府州县，使之转布于各乡里。不然，恐国人久为专制抑塞，必畏虑乎生端干咎也。总统要分别贤否，进退人才，以图上治，一以国事为念，而不毫有己私。

——自小学以至大学，自浅而深，教以为民资格，则由孝弟仁义，以益己身家国，且宣布民国宗旨，及应行之大义，使人人知义安分，则共和之体无虑矣。

——各党派，预定其宗旨，所有辩难者，在要讨论求真，非欲以辩难为争战。盖分党派之意，为联合同志，则所注重之理，得以更真，而后以此理为安其国也。故党派者，所以利乎举国，而非以利乎私党也。此儒者之旨，故吾党有视以为重之事，则出而提议之，以望国人之赞成，使他党能出其美善之议，则我亦必赞助其成。如此，则以忠与礼，待各党如兄弟，事国如父母，有大利于吾党，而害大局者，必不为也。如是之党，何虑其多也？若至党其所党，不论是非，不自我发议者，则必破坏之，如此兄弟之不和，则其家之必败矣。夫党派不和，共和之解何谓也？

儒教之共和民资格

——明人伦之道。

——有大义之心，能行普通仁义之路。

——无私心无私利，视公益为己福。

——有殉国之志，视国人为亲兄弟，视国为家。

——能分别事理与人，不因事而不信人，不因人而不听其理，我所不喜之人，有出而为国者，不生反对，其人为我亲朋，而事为无益，言为无理，不少助之。在公众而辩道，不以此而绝交。

——须养成君子之性，为国则不患乎达人，而必行大义，虽人多以为不善，而我果视以善者，则必言之。

——须有普通学问，知己国历史及所缺处，方能知所应举者必何等人。

——须担当国事义务，或充行伍，或冒险以裨益大局。

——须有忠义之心，以对乎政府。

——须存吾义，安吾分，以对种族及天下各种人类。

民国大宗旨

以儒理言之，人必有食以保其生。孔子曰："足食足兵，民信之矣。"至不得而去此三者，则曰"去兵去食"，谓"自古皆有死，而民无信不立也"。即此以观，食且不甚重，而信为国之根本也。今日我国外交，形大危机，何得舍弃儒理哉？食与信外，有关紧宗旨，为行儒道之所不可无者。

——定礼乐，使自总统而下，有雅乐诗歌。

——有学校庠序，以教愚医弱而起废疾。

——各等博物院，园囿、池沼、书楼、古玩，凡属国有者，皆必与民同乐。

——人人有言论之义，有保身保家保国之分。

——不宣布罪名，不得系执之，不经审判，不得定期罪名，刑法不辱其身。

——刑法必本乎仁，须有益于受刑者，有裨于大局者。刑法须能化之使善于未刑时。

——国民家家须得有安乐，以享太平。

欧洲政治大概

欧洲列国，三千年来政体不已。希腊之得教化最先，而约与孔子同时者，有苏格拉底，其与弟子及各理学家之所讲论理义，传至今日，为欧洲理学之宗。当时希腊之小小列国，则已具共和、立宪、专制三政体。其门人亚里士大德①，以此三政体，分而为六种，二千五百年间，欧洲政体，不能出乎此。然以欧洲今日之势，其国之强弱，不在政体，其民之苦乐，亦不在政体，前已言政体民甚困苦也。虐政之外，欧美历代，又有暴杀之事。损伤民人之安乐者二：一为宗教之欲强人信奉，务迫举国之人入其教，致国中大乱，而各国亦因之而起战争。幸而近日理学日盛，此风已减，盖此百年中，已不复然矣。一为军界之权过盛，军火机械，年年以增，此为强国宗旨，而实欧美大病，日本亦步欧美，而染其毒，此病一甚，必至好战，战而幸胜，而国遂以强，不幸而败，国斯灭矣。惟不论胜败，其民皆必大受其困苦，而死伤者无论矣。日俄之民，去战争者已数年，其困苦至今未已。是故外国今日，饷税之重，皆出于备军械养士卒也。由儒者观之，非文明也，此特类我先世——战国之腐败耳，且其政策人心，实于战国无异，故其民之憔悴已极，至有不足食者，正如孟子所谓"狗彘食人食而涂有饿莩"也。其各地多有生子而不知父者，其收养孤儿之院，公立私立，甚多且大，如豢鸭雏之一大群，不知父母之教为何如，不知家之为何如。此等人无家无父，至长大而工作，方知社会之范围，无可上进，如印度之有类界然。故各国之今日，多罢工事、暗杀事，常有因妻子不给，而攻富人者，其作乱，不特对付政府，且怨及多产业者。我国今必欲效外国，盖由空凭教士之言，谓其强盛之由教也，由其兵力能压及我，而效其匹夫之勇也。夫欧美之盛，不关其教之道，实由理学格致之大进步，我国必欲效其政体，他无可取，取其所得希腊敬爱美术之心，及格致无穷之理可也，至于共和之实，须行君子之勇，志士之义，重我民生，存我美俗，行政不分类，不分种族，不分贫富，视学术为上，道德为高，视战争为国之不幸，如此则我文明之甚光且久。

---

① 即亚里士多德。

议院

议院为民人之表，此正与古贤圣之为帝王时，询于庶人之遗意同。夫为国必时有新律，以民事日变也。我国古昔盛时，上下通情以为治，故巡守采风，皆以求民隐也。至治法之坏，儒道不行，行政者私意自用，仅取民利，此正背乎儒理也。今日之议院，于儒道甚合，故议院之所议者，将定以为律，必视其合于民性者，不得随意于外国所有者取之。欲定一律例，必视国中情形，为今日国民资格之所能行者，而先定之，所不急者，所未逮者，必先开民智，不得驱策而强为之。欲议行政，自必人人研究，愈博而约之愈精。能确知外国政事美恶为要，而尤要在自知古昔之政，不得重己轻人，尤不必舍己从人。夫己国为重，而后知所宜更改修为者何在也，如外国之有美法精器，为我所无者，此应学焉。而欲民之行乎古昔所无者，亦必有序，且为备其可行者，使由近及远也。必先教民使明，方可成律，不教而取外国以成律，则民必有难之者矣。我国数千年之道，何得于数月期年之间而顿易之？故最要在有关存亡者，而先增改之，其有不急者，亦听人之自由耳。行政者要明行政之理，此当然也。然政理之能实行，则有数方面焉，政府要民为理，其所理之事，则视举国人为未开智稚子，事事以刑律齐之，此不能行之故，由不通乎儒者之大道也。历代皆坐此病，欧洲今古皆然。则如今日欧洲之律，实假公利公益之名，以少数人而专制多数，人民家虽微细自由无之。四百年前，英国大起革命，易以民国，专以刑律齐民，而卒不行，仅易一总统，而民遂再扶旧日腐败之君主，而行其专制矣。此我今日民国之儒者，所当取以为戒也，盖民国之治，近乎儒者也。则吾儒必急为设法，使上下明其为共和之义。欲固其基，则本乎孝，盖必孝而后父得以教子，如为父而不教子以义方，而欲以律齐之得乎？夫律者以治其资格之不足者，使不出礼法之外耳，此齐之以礼也。不然，而律以强迫之，必有梗塞者矣。是故不务教民，而务改律，不惟不合儒道，直致乱之道也，不知孝治天下故也。盖律既不明，必不能行，从之则政府失权，是无国礼，亡之机也。以刑迫之，必逆，逆则必击，此入于乱世也。故以儒道而行政，则民情未合，必不宜立律，最要在养民之法，治财政之道，此二事，如以儒道观之，于古昔办法，自可缓缓修改，虽数十年之事有之。经传之中，取其法良意美，足为民生应有主义者，如土地而均分之民，此古井田之制也，人皆知之旧矣，第略增减其法，以合今日之势，而柔法以取销旧地，而他项酬之，不必泥乎古法，第以合乎今日之民生，此正欧洲社会党之所希望者，亦其历代之政治家，无政府家，所希望而欲为之者，特其理未正耳，故其办法极杂，然其美者皆合吾道。西美政府，为革命所迫，已渐取革命之法而试之，为其理之未正，而办法益害。就其给助贫民一法论之，此法已行之七八十年，以千八百三十四年及千九百零九年布告观之，略云：所行仁心，不能合法，致民之资格又坠，不分其贫之所由致，而概以无财者则必给之，此害其习业学艺之心，而灭其治家之道也，为国人而无体，为父母而无慈心，为子而不知安分，人人谓国之必养已，父母以但能生子，已属安分，既生子，则国必养已也。又曰：为父母者，恐其子之有营业，父子非财不相体恤，非得政府之给，不养其子。有弃其妻子者。有迫其子而为非者。有女人指其子曰：此吾夫之子者，此吾未嫁时之子者。一调查员云：民之出是财也，则为害民，此最不善之旧者，近已渐改，然犹未善也。故井田之修改，在使各种人，得以维持其贫，而自恃己力，故可重也。又一事属在儒道者，人自生时至年十一，及年七十以上者，以公田养之。今日欧洲之增税以为此事，其法犹未善也，盖一国之大，土地之差，而欲一以此法行之之故也。又有一事，彼好新者，动曰须取法外国矣。夫兼并之法，孔子之时，已言其害，惟兼并有私有公，公则儒者之道，如合众力以利众，官不得而与之，此路矿江河电灯，为人人所必用，公则以归公也。如盐利为管子所倡，以为赋税，而官以自厚，此不合乎儒道也。如立公司以垄断物价，此不合乎儒道也，则政府应干涉之，为其私利也。如益及众人之专利，取有德者而官之，而褒奖之，则所赏非为其人，盖为公也，所以勉人也。儒道虽有赏其私者，然公之于学校，使人得其学，其有得者，则亦专赏之矣。又如专利以予新创之人，亦合儒道，盖以劝工也。余如政府，而以不应有之权利，而私与人，则不合。惜乎我国，于凡合者，皆未之行，于不合者，皆已行之。古人于物，时有新者，以有司者治之耳。孔子惟不欲官之袭于子孙也，今日者，必限年以赏专利，其天然之利，必不得予人以专之，是故或补助于民之不足，或借贷之，儒道皆有其理，惟不得一人专富，而必以之均于众人也，盖本乎仁义也。若至办及农工商贾之法，儒者亦备，且不论何等新法，皆不能出乎儒者范围也。《中庸》之九经，《大学》之理财，则今日之行政，又安得离乎儒理者？设尽弃儒道，而取诸外国者而为之，究至如何，均不出乎儒者之道，则又何乐而舍所固有，以求诸远者？且虽取其善者矣，而不先有才德之人以行之，非徒无益也，有其利器，而不有志士，则以与人耳，故于行政，更于儒道不容忽也，得其一理，遂可用之无穷也。吾信果行儒理，必易使我国人，得古昔盛时醇美之风，而享安乐，以为天下万国之模范，盖吾儒之道，顺万物之理，得人和，而以仁义礼信合乎人群，以义理消灭战争，使地球之上，群享太平之乐。

乱

经书中每言及乱者，则为悖逆犯上争斗之事也。孔子不语，解者谓为不喜之也。人以为革命与乱似，遂以为孔子反对革命者，是为专制矣。此坐识字而不识义之谬也，要知儒者之所谓上，正派之首，善者仁者也，如此，则呼之为天，呼之为帝，称之以君，号曰总统、父兄、长上，岂有不当？而悖逆而乱之者，何乐而有此等人哉？设名为人上者，而先自乱矣，而又顺其不善，则亦乱耳。逆恶则善，何乱之有？是故汤武革命也，孔子称之，孟子且不以桀纣为君，直匹夫耳，人亦何可不识字哉？何可不读书哉？

教学大宗旨

行儒道之教，学为大根本，此人人知之也。学之方，亦极多矣，盖与行政同，而为行政首要。欲知人，则以学观之，而美恶自辨。以儒道言之，欲何美法以教民，务先明乎人为何等，不但知其身，务知其性情灵觉体用，及接物无穷之万变，是故学之为文，二手措爻以示子也，此教人以知己知彼也。为师者要明儿童性质，及为学目的，人亦要明其子，欲成何学问？将以何用？如此，方为学之有益，且易于进步，是故学术宗教政治，皆必其理之和于人性种类也，不得定言极美善之学。此如定言极美之食，而不计其人，不指明其用之何处，而以成人之食物，欲与婴儿，其害甚矣。我国今日学术之败已极，正应加以考究，不得徒慕外国之法良律美，而必学之，欲以成人之食，供诸婴儿也。前清之末，狂然以学西律，设审判所，则有福建某地，一审判司，断辱侮人妻一案，罚以数金，曰：此依新律也。其人不服，而无奈官何，因取金去，径到该司家，赚其妻出，而亦戏辱之。官欲系执之，其人曰：勿须，罚金具在，则以相偿耳。官怒杖之，遂为其所控，去官。可知人情不合之弊矣。至夫学，更属乎人情无穷之变也，如学而固执，则人性变，而弊生于无穷矣，盖人于历世代，应有进步，后代学识，应高出乎前，故学之宗旨，虽在和人性，亦必渐以高远。不然，人亦何所希望？则学而空究其理，亦不得也。须知历代我国，由来风俗社会之习惯，而讲求之，以益公私，盖必私之益合于公，此正儒教之教也。使人之已益者，不损其一家之益，而一家之益，不害于一国，此一国不害于彼一国。盖君子立学之大宗旨也，首在教人以为人，其道在孝弟，以行仁于国，此小学之事。在为人资格已明，则有中学，以学治生知识，得普通之才，有作事应机之能以自立，而不必恃人，自能开智以尽专门之学。盖中学者，为开其智力以入实学之门者也，其宗旨在能自寻学识，不待乎师，而亦足以教人，其手足耳目，已能自用之，理亦已明，文字已通，盖人能得新智之进境，必有教之之法，则在以理使自明，而得知识，非教以事事物物也，此中学也。失其宗旨，而教以记事记物，必至纷无头绪，不得归宿矣。如此，则不轻视工商，以于其理既明焉，而为工商与农，皆从此出，不止于为士也。大学者，不仅为成人者之所学，理之既深，自非成人不可几之，要在使有德行才能者，而研求深理，以格致之学，使国民进步，不但益于己国，且益及举世，此大学也。若但集召数人，以诵读其中而已，何补哉？必取已成之专门学，以推求新理。而大学毕业，不止谓已学专门，须自研求一门之学，自寻新理而后可。至如为人之道，须有普通资格，博学而知其约，方为大学真意。我国办学，以此为合，此理既定，则经书何待乎辩？孟子曰："尽信书则不如无书。"今日之于经书，为欲求其要理耳，此前代之用也。故必新经以合今世之用，此如虫为一时，茧为一时，蝶为一时，故欲知蝶之所以然，则必究乎虫与茧，若谓必再入乎茧，何可哉？是则儒者，不计其何等新书，要在合理否耳，是则用新书，不必排儒，要有正儒，方能著新书耳。故学堂之事，不得舍乎儒者，观夫欧美大国之理学务，多有不同，德之路得马丁，首倡以人人须令读书，而重学堂，而小学须兼有宗教之训，中学须分数种。后而宗旨变更，盖欧洲联国，有宗教自由，虽然而中央犹必有宗旨，以使要事可以同归一式。其大学甚备，而甚锐进，所重为格致之学。法国之办学亦甚善，其小学不限之以宗教，但教以道德，使合民国资格，其中学则备之以入大学之门，皆政府监之。法国极重师范学堂，故理学堂之官，多毕业者。瑞士国小，而办学甚合民国之体，各省有治小学之权，读书免费。日本办学之法，我国所应知者，盖其与我同类也。其小学之修金甚宜，且不论男女，皆有读书之令，其取诸外国者，则效法国，以其美善也。英美办学之法多而杂，有私立，有教会所立，有政府所立。以儒道而言，我国应先立师范学堂，而求诸英美，聘得良师，而主讲席，此一策也。如急难得师，而立学堂，是乱之也，必至民间之宗旨不定。师范学堂，须集最高学问之人，以详究国粹，而备简明之书。凡各专门之学，须备有为师者考究之书。小学未有教师，可出一二紧要规条，使各学堂有其宗旨。乡里学堂，与其士绅合办，方有热心。小学须有官立私立二者，而同一考试法。准有私立学堂者，所以存人本义也，盖政府所立学堂，必无力求师，以尽合学生资格，为不得视千人而可以一法为教，以同一书为教，致为师者不得自由更改也。如必万人一法为教，必至人无变通，有如八比时世，一格造士，致空有读书之名，余事茫乎不解。如政府谓私利之学，一概不得设，殊恐中等人之子弟，失其美机，而不能尽其才也。最善者，学堂随各地自为，而合考之，以定优劣，惟考法宗旨，必先行布告，则公私有竞胜之心，进步自速。但私立学堂，必归教育司巡察，而其教师教法，不得减少于公立程度，如此，则私立者两出其费矣，苟公立之尽乎美善，人亦何必私立为哉？小学，自六岁至十四岁，分以幼稚园，及上下二等小学，更莫善于取法德国，另有继续小学三年，可使必求营生之儿，此三年中，得受各工艺教育，以补缺陷。中学，须得数种，以备将来欲进之事业也，各专门学，如各种工艺法政医学。各省必有一大学，如一时不能举，则二三省共成其一可也。旧日之翰林院，必重修之，以收各美学之士，拟其程式二：一为大学堂学生以考试而入；一为凡有高才硕学著书立说者入之，此为名誉翰林，无论汉学西学，皆收之。既收，则必至中国演说十日，将稿刊布，其西文者，则译以汉文。此翰林不同于昔日之为官阶，而为大学进步之机关也。儒者之各省，必有儒会，以联结同志同学之士，以传夫子之学，而劝励国人。各府州县圣庙，归会中掌理，圣庙之旁，立德学、理学、师范等学堂。京师国子监，亦归儒学会，为汉文学大机关，以广集天下文学而联络之，其宗旨为穷经、考古、习礼、治史及政治、树艺、理学、格致，以备采用。此就管见言之，欲尽美善，务集众议成之。如此，可望我国慎保其精粹，而不致坠废，以振文明。

武备

以儒道言，武事为不得已而用也，盖以人性未至圣人资格耳，其高等文义，则止戈为武也。幸者近来外国，亦渐近此旨，法美二国，与我国宗旨不差，然有他国，常欲强力相欺陵，故我之文明，未能传至野蛮之国。暂亦不得不备，但宗旨不在战争侵夺，惟防虎狼之为害而已。兵分二种，专充兵之陆海军，为保国大镇，须日备可以即战，至少要六十万，而粮械医药必常足。自兵士以至元戎，必时有训练，各乡要有民团，此为义务者，政府派官以操练之。出军械炮弹衣服以给之，或富室自出义务为之，各学生徒，须加操练，故民团可即学生中选之。最善者，乡间不必枪炮，而习以长矛牌盾之类，可省多费，且长精神，盖所欲养者义师之勇也。此民团，而用不费之力，至少可得三百万人，剑矛盾刀棍棒之属皆得，以各省合计，可二三千万人。政府不费分毫，惟教以知方，则我国兵力，何不足之有？然必行儒道，而得君子用事耳。如此，则彼列强者，亦何乐而入蜂群哉？舍儒教何以能聚众心之如是？故以儒道而遍我四万万众之心，使我历代之雄豪复起，此君子自强不息之理也。

妇女

请得言乎儒道之待女界者，今日外国之学问大进，我留学生多至其国，闻其言论，似以儒者之轻视妇女矣。且其传教士，常著书演说登报，谓儒者之轻妇女，华人遂亦自以为然。而教士者竟云：尔国之弱，为其轻视妇女之故；又云中国人无有良心，以溺女为据；又谓华人闭妇女于室，使无学问，仅作玩物；又讥华人之有妻妾，如此等等。其言不尽无凭，究之中国今日之俗，异乎外国者，皆无识之人。则从前之溺女一事，亦有之，然考外国之事，其轻视妇女，更有甚者，杀妻戕子有之，盖此等恶俗之类，我国彼国无异。至言儒者之轻视妇女，极是无凭，夫儒教之视男女，本属一类，所谓敌体，如阴阳之相辅，而不能相失，故视之并重。然欲阴阳之顺理，以至明德，法则不同，盖性有不同者也。欲知儒者之待妇女，必先明男女之性，及天之生女何用处？其功何在？盖儒者究其理致性质，以男女不同，故必于礼乐学术分别其教，以使妇女步步行之，得以顺理也，此之谓阴教。

妇女之性

阴阳之气质情性，在生物中无一相同，如仁道在禽兽中，亦必有其理，惟不得究取禽兽举动之性，而施之人，则男女亦不得取野人世代之境，而谓文明时世亦必若此。如非洲土人，全不衣服，惯习于赤体，而视为常。迨乎久习文明，而成风俗教化，自是离其惯习，而生羞耻。我国女人，衣裙必以蔽体，为我教化，在不欲人之见妇女美丽也。此我圣人之教，在以德行为重。欧洲之人，承希腊慕美之俗，以身体之天然为美，故其盛礼，则妇女露其半身，以呈美丽耳。夫妇女之情，自是好为妆饰。男子之情，自是易为美色感动。禽兽野人，则由此合也。儒者不欲人之以下等者自待，而以理化其山野之性，故男女之合，必以媒妁，视人道之合宜而配之，不使不阅历少年，草率其毕生。为父母者，两家商订，而有媒妁，一一比较，而后定婚。盖我儒宗旨，立家为一生大事，必经审慎，此人道之正也。我国人必勿为外俗所误，夫外国妇女，为多数男子所搅乱，其情必不能定，而色心以活，势必择其愉色之能感情者，德不暇择也。外国人谓之爱，则亦何尝爱也，仅其外貌之浅者暂者耳，至为夫妇日久则生厌，一遇其新者，遂生枝节。我圣人实重妇女，务致其为人之理，而离乎禽兽界，不乱动其至贵之心也。范围之不使为强暴者辱，待其可亲者，而后亲之，盖视妇女之极贵也。西人之结婚，多不能致安乐，我国之结婚，夺得宜家，岂无其较哉？我国妇女，居室之权则重，所谓女正位乎内也。儒者之视子女如一，父母如一，至于女子之读书，儒者惟不使男女同学耳，则有姆教。盖男子学堂，必渐提其男子之性，女子学堂，必纯养其女子之性，各不同也。此而后男女合，而各备其为一家之用，盖所谓家，则必有男女，各得其用而后顺，则国亦以之安也。生子养子，为最要事，脑力务存其可为此用者。儒学而处今日，亦必欲妇女得卫生之法，以壮其身体，惟不在致其武勇也。欧美今日之妇女，必欲习男子事，同在学堂，而劳心力以究其高深，而与男子争权，自是妇女精神，当亦不亚男子，但必有二弊：一不善生育，二以劳力之故，而容颜粗若男子，是故欧洲生子之数，年减一年，法国为甚。至于听年少者之自由，而野合生子者，英国每千二人，德国柏林，每千四人，奥国更多。英国伦敦一城，流为娼者，至八万人，欧洲遍地妓女，或明或隐耳。其所重视妇女者，腐败则甚于我，取其历史而比较之，其妇女之轻实甚。

儒之贤女

儒者之妇女，要有学问，有知识，有治家资格，清操谦让，达孝克慈，训子义方，尽心以助其夫，夫死佐子理家，不使废坠为分，故儒者之于母，不异乎父，故妇女必无与男子争强者。至于无才为德一语，必非圣贤之训，特出时人偶语耳。且吾儒时中之理，其应无穷，则虽前人之语，未必遂以永久据之也。

辩异端

今日我国论道，不得不多少研究于天主耶稣之二教者。其教分数十门，而同是崇奉耶稣为教主，迷信许多鬼神异事，兹特举其尤者言之。一、其新旧二约书，为上帝所默示者，然欧洲格致家，深考此事，书中自相矛盾者甚多，而事又多与正史不符，所言上帝鬼神情事，皆野人世代时景，于正理不合。故欧洲人，无论教中教外，于默示一说，并而不信。二、其言人之得罪上帝，而生耶稣于处女之身，为人钉死而复生，以升天堂，其信之者，死得复生，服毒不死，握毒蛇无伤，有移山倒海之能，皆无稽之类，可以辟佛之迷信以对付之足矣。三、其兼爱之道，第与成仁同义，而不见其能实行。四、祈祷有力之法，考欧洲历史，其自古及今，恶事无殊东方，可知其教已近二千年，未必有上帝之助之也。然其教中，有实行教诲于人，勉以仁心，亦著有功效。有令人尊敬上帝，故虽迷信之异端，在所必辟，而其善亦不容蔽也。且慈善济人，设义学病院，冒险以传其道于天下，显其仁心，有可称焉，望其能舍弃不合之迷信，得吾儒真理，以直见上帝之大光，而实行救济之道，致地球上之太平，定不失死后之荣也。如释道者，我国昔已断其是非，大抵其善者，我已有之。望我国人，已受其惑者，可取天理为火，以试其真伪，得其善而去其弊可矣。故吾儒之对于他教，无所固执，且不异待之，惟求其理，果合，不论其何自来，有为我所不足者，必取以为补助，至于无稽之事，自不得信之。如其善也，必不因其由彼出，而我不是之。吾儒之心，如审判司，所疑必问，

188

合乎仁义，无不赞成之。

中华民国必不能离乎儒

前所言合乎理者，则儒道为其合乎中华之国民性质也。不论属于何部学问、政事、风俗，无一不得以儒理而变通之。不得儒理，而取外国之美善以来，且不能用之。以儒理为本，然后能用万国之美，以化成吾美，而吾民亦足感动以收之。况外国高明之士，极望我国人，谨守圣人之道，不为新酒所醉，以古昔宝物，而自轻弃之也。须知儒学之能维持一概事务者，盖六千年矣，儒理之于言语、文字、思想、性情、风俗及英雄思想，凡属美善，无不与相维系。如谓今日以舍弃儒道，则几如以我数千年教化而毁之，如此，则在万国之中，为一小稚子。必经百余年，而后得与所取师者并立也，故必如日本之能保存国粹，取我圣人之训，置诸男女老少之心，将见期月三年，而浡然复兴矣。可深信者，夫子之道，不误民国，故虽学识浅陋，不足以醒斯世，而不敢不言也。望我同志儒者，出而尽其所学，共订其何以阐明理说，开吾民智，使人人肯行大义，以振兴我至可爱祖国！

第二部分　英文译稿

儒家的天道观[*]

一 宇宙起源论（"无不生有"）

    远在上古时代，现象世界的各种表象就已成为人类既敬畏又好奇的对象，以至于引起了人类对于世界起源以及神的存在的各种各样的猜想，随着时间的推移，这些猜想最终凝聚成为史诗或传说。古人能清楚地观察或意识到，在芸芸万物之中，既有其统一性，又有其和谐性。然而，对于自然界统一性的这一看法，最初只是源自一种朦胧的直觉，它很快就变得模糊不清并被幻觉和想象的创造物所淹没。愚昧无知的占星者臆造出了支离破碎的玄妙预言，这些预言在理性的作用下，被编织成相互关联的整体，由此而产生了流传于世界各地的各种神话传说。在蒙昧时代，这些神话足以解释大自然所呈现出来的力量及其发展进程。因此，这些传说代表了原始人的情感与见解，它们不仅表现于古代的诗歌之中，也成为古代科学的一个缩影。

    所有的文明古国，皆有其解释宇宙起源或创世的传说，迦勒底人、埃及人、印度人和中国人莫不如此。古人大都相信，有一个超自然的造物主主宰着鬼神世界。迦勒底人和巴比伦人流传下来的那些古老作品，或多少为我们提供了这方面的例证。不久以前才发现的柏鲁苏宇宙发生论著作

---

    * 本文于 1904 年 6 月发表于《海峡华人杂志》第 8 卷第 2 期，系林文庆应一些儒家学者邀请，在威基利俱乐部（Weekly Club）所作的一个演讲。另，按照作者原文标题中的字面原意，本文标题应直译为："儒家的宇宙起源论与有神论"，但译者在综合研究了收录入本书中的其他译文后，基于林文庆儒学思想体系的整体结构，特意将本文的标题意译为"儒家的天道观"，以便更好地体现出林文庆儒学思想体系的完整性。再，本译文第一部分"宇宙起源论"，曾经新加坡南洋理工大学严寿澂教授及南洋孔教会张静小姐校译。

残本，即为其中一例。这位历史学家生活的年代，在公元前 300 年前后。柏鲁苏的作品，当然也是对前人著作的转述。论者业已指出，巴比伦人的创世传说与《创世记》一书中关于宇宙起源的故事，二者之间有着惊人的相似之处。《圣经》中有两处有关创世的矛盾叙述，敏锐的学者会发现，很难调和这二者之间的冲突。无论如何，据《圣经》记载，上帝在六天之内，从混沌中创造出了物质世界，并在第七天休息。上帝按照他自己的形象、通过一种特别的方法创造出了男人；令人奇怪的是，上帝最初一开始竟然完全忽略了女人的存在，因为，女人仅仅只是作为一种饭后甜点（作为事后的补救），利用男人的一根肋骨制造出来的。世界上的第一个男人跟他的妻子夏娃，实际上是一对白痴，因为对于是非对错与良善邪恶，他们完全惘然无知。然而，他们却被委以重任：管理伊甸园！园中种植着智慧树和长生不老果。上帝警告亚当，切不可食用智慧树上的果实，否则他会死亡。但是，撒旦却通过引诱夏娃偷食并与亚当分享智慧树上的果实而破坏了造物主的计划。按照基督教的教义，这一违令之举，乃是导致人类堕落的原因，并迫使基督必须以死为其赎罪。

所谓的创世，本为传说，最近的一系列发现以及长足进步的学术研究成果，已经清楚地证明了这一点。基督教教义绝对依赖于《创世记》中所谓亚当被上帝创造之后继而堕落之说，成为整个基督教神学体系中的严重缺陷。

当我们转而考察儒家关于宇宙起源及创世的看法时，我们发现孔子并没有就此问题发表过任何见解。固然，在中国人的原始想象中，亦产生过盘古神话这样的荒谬传说，说盘古——一个神话中的人物——从混沌中创造出了永恒不变的世界。但是，这个拥有多种不同版本的传说完全没有给儒家的哲学体系带来任何影响。

早期的中国人，显然将宇宙设想成了一个自我独立存在的实体（物自体），其中既有鬼神，又有凡人。一切都在至高无上的造物主，即所谓"上帝"的掌控之中。我们可以从首开神秘解读之先河的《易经》中发现古老宇宙观的雏形。正是《易经》，它假定宇宙由两种基本的终极实体构成，其一为男或阳，其一为女或阴，二者之间的交互作用，产生了无数的组合，并由此形成了宇宙万物的多样性与和谐性。这两个终极实体，不仅彼此相生相克并立共存，而且处于永恒的运动之中。饶有趣味的是，这一关于自然界的二元论观点与波斯人的宗教观相吻合。或许这是因为二者都是两性繁殖神话的残余产物，而在蒙昧时代，这类神话颇为普遍，它们所反映的现象，无非就是天地交感，万物化生。

《易经》借助于断开（– –）和相连（—）的抽象线条符号，组成了一系列的图案，这些图案很容易令人引起数学上的联想。很早以前，这些线条符号——因其排列成八组，故而亦被称为"八卦"——就被用于占卜。《易经》系由文王和他的儿子——著名的周公，仔细编纂而成，然而，统一中国后的第一个皇帝（秦始皇）却下令将此书收缴并烧掉。

在《易经》中，两个最基本的概念被称为阴（代表女性或负面）和阳（代表男性或正面），通过它们二者之间的转化、组合，最终构成了宇宙万物。这在某种程度上隐约成为宇宙进化论的前兆。孔子不仅没有对当时流行的宇宙起源论思想发表过任何评论，反而严肃地劝诫人们不要对超自然的东西进行毫无意义的猜想。但到了公元 11 世纪，随着佛教哲学的广泛传播及人们对佛教所表现出的兴趣明显与日俱增，促使儒家在《易经》中部分粗陋、晦涩难懂内容的基础上，煞费心机地为儒家教义添补了一套关于宇宙起源的学说，并将之注入儒家学说中。为了迎合、满足那些沉湎于佛教中业已存在、由天马行空般的想象力所产生的好奇心，周子（即周敦颐，1017—1073，北宋著名哲学家，是学术界公认的理学开山鼻祖）和朱熹（1130—1200）则成了这一结构复杂的先验哲学的解释者。

朱熹的哲学体系与现代欧洲的科学一元论有某些相似之处。古人的阴阳概念被朱熹以理、气所取代（亦可将之译为能与质），并将之视为独立存在的绝对统一体："绝对的无"，即太极。因此，中世纪时期的儒家思辨哲学，承认宇宙的一元性，而这一点，不仅为斯宾诺莎式的敏锐思考所认可，同时，亦获得了科学家，如海克尔和巴克纳所倡导的谨慎归纳法的证实。

按照上述观点，地球与人类的出现，仅仅只是宇宙进化途中的一个阶段，由固定法则所掌控的生生死死，不过纯粹是一种自然现象。所谓的固定法则，如果用语言学中的修辞法或者诗意的方式来表述，就是所谓的天道。与生一样，死亡不再是神对人的严厉惩罚。科学告诉我们：生与死一直是比肩而立、并肩而存的！远在在人类出现之前，在那不为人知的史前时期，就已经有无数的生物生死交替了。可以说，现代科学为基于经验和知识的理性哲学，提供了充分有效的证据。

由此可见，尽管孔子在人类和宇宙的起源问题上保持了缄默，但我们还是可以发现，他的伦理学体系，实际上是建立在宇宙自然进化的基础上的；而对于有神论，孔子只是隐约其辞，以刻意回避的方式，略为提及而已。

二　儒家的一神论

现在让我们来看看儒家的一神论。我们一定注意到了，在所有的自然现象背后，在人格化的神的信仰和无限奥妙的哲学认识之间横亘着一条固定的巨大鸿沟。上帝通常是人类想象的产物，就此而言，神自然就被公认为是人类属性的一部分。从古希腊的郝西奥德到马来亚乡村的魔术师，我们知道，众神总是喜欢满足于某些行为：可能是连哄带骗地制造奇迹，也可能是完成非同寻常的任务。从远古时代开始，人类就一直试图收买、贿赂保护他们的神灵，并一直有着强烈的自我安慰信念：神灵总是会屈服于人类的供奉与祭品。野蛮人持有这样的观念并不令人感到奇怪，而让人不可思议的是，它竟然在所谓的文明人那里仍然大行其道。事实上，在平时，绝大部分的人都会忘记了神灵的存在，直到灾难或疾病将他们拖入人生的低谷。因此我们看到，这种人格化的神逐渐演变成了迷信，其最后的归宿就是偶像崇拜。

伊斯兰教的上帝，也即是犹太教徒、基督教徒和穆罕默德教徒眼中的上帝，完全是在上述认识的基础上，如朱庇特或"上天"一样，都是虚构出来的人物。没有丝毫证据能证明上帝曾经与任何生物有过交往，因此，所有宣称这些关系存在的说法都属于未经证实的范畴。我们并不否认我们有关于上帝可能存在的庄严构想：出于个人的无知和对天堂的向往，我们时常有想要祈祷或向茫茫苍穹之上的某个人大声呼喊的欲望。传教者说，上帝正是人们时常在内心中倾诉的对象，而这就是上帝存在的明证。甚至就连古代的斯多噶学派，如塞内卡和马可·奥里利乌斯，都认为通过求助于"存在于我们内心深处的上帝"就足以驳斥那些异教徒。除了对自杀行为持有截然不同的看法外，应该说，儒家在很多方面都类似于斯多噶学派。儒家也诉诸内心的良知和自省，推断出上帝信仰的合理性，而这种凭直觉得出的关于神的认识，显然要比那种以逻辑公理的形式推导出的灵魂得救的信条要合理得多。由于儒家承认对超出人类的事情一无所知，因此，对于上帝及其所作所为它也同样坦承无知。儒家认为，尽管因果关系与思想之间存在着逻辑上的必然性，但还是应尽量避免谈及上帝的具体特征，因为很明显，这么做的后果有将我们原本一无所知的东西人格化和物质化的极大风险。孔子很少谈论奇迹或上帝，因为他相信无知的民众会因这样的言谈而随意地供奉神灵。孔子在谈及"上天"时，宁可说"天"，也不愿采用"上帝"这一古老的说法（言天不言帝），就是为了尽力避免让儒家沦落成为一种粗俗的宗教信仰。

意识到上帝的威严和仁慈，并以神奇的符号——几乎在所有的地方，它们都是上帝的代名词——来代表绝对与无限，应该就足够了。对于上帝，孔子从来没有给予过多的关注，他知道自己对有关上帝的知识是一无所知。他有过猜测，但都不能佐之以证据，因此，他对神学持有极大的保留态度。孔子在对神圣不可知之物抱以敬畏之心的同时，又刻意在他的教学过程中回避了古人关于神人同一的概念。孔子尊重那些崇拜"上天"的宗教，但他更倾向于理性这一比较安全的生活方式。

儒家的一神论起源于古老的"上天"信仰，正像基督教的上帝源自犹太人的耶和华。从《尚书》和《诗经》中可以很明显地看出这一点："上天"是中国古代的神，正如耶和华是以色列人的主那样。同样，中国人也应该有为自己选定的统治者冠名的动机，作为历史事实，中国人确实说过，是"上天"任命了他们的统治者（天子）来统治他们，而圣贤则引导他们获取智慧和美德。除了中国人与犹太人这两个民族有着明显的不同之外，其他的民族似乎并没有多少重大的差异。然而，传教士们忘记了独立的种族宗教信仰的可能性，而声称"上天"与耶和华是同义词。博学的理雅各博士被北京天坛所体现出来的中国历史和宗教的静默沉思感动了：在庄严的苍穹下，这位博学的基督徒有些被感动了，显然并不是全人类共同具有的同情心感动了他，而是儒家所说的四海之内皆兄弟的信念感动了他。理雅各博士向未知的神重复吟唱赞美的诗篇——这对他而言几乎是肯定的，然而，他相信自己是在与"天堂里的上帝"对话，也就是儒家的理性设想——"上天"——处于半文明状态中的中国人的神，或游牧民族犹太人的耶和华。我们不应忽视这样的事实："上天"崇拜如果不是崇拜"天"和"地"的结果，至少也是它的一部分。比较宗教学告诉我们，在很久以前，性别歧视这一观念实际上是被翻译成宗教教条或宗教教义的。我们已经看到，在世界上的大部分地区，远古时代的人们都将"天地"视为父母（男女）。相信这一点将会很快显露出来：当中国人变得日益文明，当中国人改变了他们轻视女人的习惯，他们将把大地之母当作单一的崇拜对象，并坚信"上天"是支配宇宙命运的最后力量，然后，天地崇拜将转化为对唯一的神——"上天"的供奉。天地相合是一个广泛流传、并拥有完整解释的信念，这一观念正在今日的中国乡村城镇中四处蔓延。而毫无疑问的是，当"上天"成为众神公认的领袖时，中国人就达到了犹太人君主时代的同样处境。

　　关于"上天"的特性，在古籍，如《诗经》和《尚书》中都有非常明确的记载。中国古代的统治者在准备将自己心中的愿望付诸实施的时候，其所作所为与当初摩西或大卫在犹太人中的做法如出一辙。《诗经》就像犹太人在《圣经·旧约·诗篇》中所描绘的那样，不仅宣称伟大的神的存在，还以最高的称号来称呼他："皇皇后帝"（《诗·鲁颂·閟宫》："皇皇后帝，皇祖后稷。"）——至高无上的神！在《尚书》中，我们发现，就像古时的犹太人一样，征服者除了把自己的胜利归功于神的良好意愿外，也在一定程度上将之归罪于敌人的暴虐无道。"上天"不仅是神圣的统治者，更是世间万物的创造者，它不仅任命国家的统治者，也为一般民众委派他们的人生导师。"上天"就像耶和华一样，也有自己的喜怒哀乐：为自己垂爱的人送去恩惠，却让灾难淹没那些作恶多端的人。"上天"因此而成为整个宇宙间精神与自然的实际统治者。虽然如此，"上天"又与耶和华有所不同，"上天"的所有行为都呈现出崇高的特性，它们无一例外都是出于行使善行这一目的。中国人的"上天"只有在惩处十恶不赦的坏人及其同伙时才会做出一些可怕的事情，因而他的行为总是带有一定的合理性。然而，《圣经》中的上帝却并非如此，本人不能在此说得太多，因为耶和华的许多行为，几乎反复无常到了令人不可思议的程度。可以肯定的是，对可怜的约伯①的那些考验，纯粹就是寓言，如果真像基督徒所强调的那样，它们是历史的话，那么，我们就必须说，迦勒底先贤诅咒把约伯带到人间的动机就是公正的了。如果真如《圣经》所告诉我们的那样，自以为公正的上帝将如此巨大的生活磨难降临到约伯和他的家庭成员身上，那么，这样做的唯一目的，只不过是以信徒的牺牲满足

---

　　① 约伯：《圣经》中的人物。约伯是上帝的忠实仆人，以虔诚和忍艰耐劳而著称，《圣经旧约》中有《约伯记》（*The Book of Job*）。魔鬼为了考验他而将他变得穷困潦倒且疾病缠身，但他却在贫困中祝福上帝，并诅咒自己的生日。上帝曾两次称赞约伯，说他"完全正直"、"敬畏真神"和"远离恶事"。

了撒旦的快乐罢了，如此一来，就在事实上立刻毁掉了我们相信上帝公正无私的道德含义。

在中国古代的经典中，中国人对于"上天"的人格特征提出了明确的设想，那就是，"上天"作为伟大的精神导师引导人们按照天意行事，并细心地呵护着人类。这样的想法，显然是从人类的思想观念中借来的，毫无疑问，即使在这些古老经典形成的年代，以上帝的名义发布言论就已成为一个古老的传统了。由于某种原因，这些精神上的古老信念，在万能的上帝——贵为天国之主、身边环绕着救死扶伤的众天使——主宰下，逐渐发展成为一种超自然的神权信仰。在基督教徒和穆斯林教徒中，仍然普遍地保留了这种神人同一的观念。传教士赖以反对孔子的事实是：孔子并不反对人们在内心深处保留一份对待神明的虔诚，因为，耶稣本人也教导说这个世界上到处充斥着神灵。不仅如此，他还通过维持魔鬼领地存在的迷信方式以提升他的个人权威。孔子预见到了古老的"上天"文化的发展趋势，他十分重视民众的信仰，也认识到了有神论的道德价值，但他急于剔除所有与之无关的不必要成分，因此，孔子断然拒绝使用"上帝"（Shang-ti）这个词语，而只肯使用哲学意义上的观念"天"——这个概念包含了我们在思考和讨论无限时空时的所有含义。

很不幸的是，有关祭拜的事宜，多数的中国民众却并没有遵从孔子的劝导。他们希望能得到所有神灵的眷顾，而道教、佛教和基督教刚好为民众提供了这方面的需求。道教神灵玉皇大帝作为天神受到了人们的普遍崇拜，但他并非传统的最高神灵。人们常常在每年的正月初九这天，怀着虔诚的敬仰之心，同时也以无知的想象，来为玉皇大帝庆祝生日，以表达他们对玉皇大帝的崇高敬意。但玉皇大帝就像耶稣基督一样，只不过是曾在地球上生活过、之后被归类到神仙行列的道教诸神祇之一。不管怎样，他既不是"上帝"，也不是"上天"，也不等同于儒教意义上的"天"。因此，对于玉皇大帝的崇拜，实际上是众多道家迷信的其中之一种。我们相信，日渐进步发展的科学，必定会将其慢慢地予以彻底根除。

按照儒家的观点，天是统治世界的所有法则的根源，更精确地说，天是弥漫于整个宇宙的统一整体的象征。法则只不过是人类特有的观念，事实上，如果没有人的思想，所谓的法则也将不复存在。自然法则不过是对一连串短暂自然现象的简单描述和生动概括。在儒家的观念中，神就是大自然本身，天赋予人类理性与智慧，因此，人的思想其实就是上天意志的间接反映。所谓的命运，其实是一连串事件的自然发生过程，它虽然不可避免，但肯定可以观察到，因为天是不会存有偏见的。人的知觉能够意识到某些自然过程所带来的影响，甚至能预见到它们发生的先后顺序及结果。儒家主张，人的思想是决定人类命运的主要因素之一，其后的问题就是，对人来说，如何维护自身的最高利益就超越了其他所有的问题。因此，儒家说，有时候，人是天的辅佐者。这么说并非是在亵渎神明，而是因为人意识到了人应尽的责任和人在宇宙中所处的合理位置。没有人能亲睹地球的自然演变历史和过程——我们只有当下供我们栖身的这颗星球。人们无法否认，人类的许多行为不仅推动了社会、思维乃至动物生命的进化，而且也给地球的外观带来了神奇的变化。人类智力创造的无数舰船打破了广阔海洋的寂寞，而通过机械和其他领域的科学发明，人类以自己的智力缩短了时空，毫无疑问的是，这一切都是塑造我们命运的组成因素。

上天没有用超自然的手段来干扰我们，但上天不仅赋予了人类理性，还赐予了人类高贵的品性；这一切使我们得以摆脱兽性。或许我们已经发现，凡是与上天行为不相宜的那些行为举止都已被彻底地摧毁了。而那些与上天意志一致的行为和思想方法，却引导人类走向繁荣与幸福。通过孜孜不倦的学习、深邃敏锐的眼光和不知疲倦的劳动，圣人洞悉了这一点。只要遵循以德治国所显示出的路径，平稳、安定与繁荣的社会生活自然就会相应而至，而一旦偏离了这一既定道路，我们就会坠入痛苦和绝望的深渊。因此，我们是走向幸福还是陷入灾难，取决于很多条件，上天不能也无法像个"解困之神"那样盘旋在我们的身边，随时随地地将我们从自己的烦恼中拯救出来。认识到这一重要事实之后，再面对祈祷时的无助，人们将会更加欣赏儒家的教诲和观点。

儒家是以默默的行动来崇拜上帝，而不是通过祈祷者的言辞。我们尝试按照我们的本性生活，我们认识到自己的职责，并努力履行我们的职责。当我们在践行自己所有职责的时候，实际上我们是在以行动崇拜上帝。上帝不需要我们的忠告！那些通过自私自利、装模作样、以我们与世俗统治者更加亲密的交谈方式与上帝对话的人，自以为这么做就可以影响无限的、精明的上帝，其行为是非常荒谬可笑的。

在很多事情上，儒家都显示出了对于自然的尊重。我们可以坚持真理，但不能以冷漠的态度对待别人的神明。上天崇拜作为人类的伟大理想，我们以皇帝的形式将其保留了下来。对上帝的祭拜或北京的祭天，并非是基督教意义上的崇拜，这只是一种宗教仪式，纯粹只是一个依照惯例进行的孝道展示，是对伟大理想的虔诚认可。典礼仪式主题的其中一个抽象特征，就是只有皇帝才可以天下万民牧师的身份举行宗教仪式。从通俗的意义上来说，我们所说的"上天"或"天"和基督教的猜想是一样的，即至高无上的主。如果这样的情况属实，新教徒在以他们自己的方式向上帝献殷勤的时候，似乎完全缺乏应有的尊敬，正如红衣主教纽曼所说：不允许以同样傲慢的态度对待尘世间的君主。中国人认识到了这个问题的严肃性，我们肯定有神秘的未解之谜。既然发现了这一点，我们就该明白，我们的人生目的在于使尘世间的生活充满生机与欢乐，让全人类与我们一样享有幸福的生活，而不是寄望于遥不可及的天国和来世。

因此，就儒家宣称仅有一个上帝这一点而言，儒家所奉行的一神论其实是相当务实的，除了承认理性、智慧和想象力能使我们从自然现象中感知上帝的存在之外，儒家并没有提出关于上帝行为举止及其特征的任何启示。

人类对于上帝的态度，应出自于真诚的敬畏之心。作为完整认识人类本性的一个必要步骤，儒家确实承认这种神秘性的存在。孔子对于他无法预见的事物，毅然采取了不可知论的态度，因而，儒家对上帝的人格逐步持有怀疑的态度，也就不足为奇了。从孟子所处的时代开始，"天"的概念就被圣人解读为理性，或事物的首要原理。最终，朱熹将神人统一的有神论的所有残余思想从儒家学说中剔除了出去，实事求是地说，我们必须承认这是孔子教诲的必然结果。最终，在日本甚至在中国，儒家都得到了现代科技哲学的支持与激励，而科学家们的思考，更是惊人地证实了古人的猜想。

对于人类来说，所谓的幸福是能与自然保持和谐一致的生活。当我们这样理解自然的时候，人类就不会再愚蠢地对看不见的东西产生莫名的恐惧。一种全新的希望将驱散因有害身心健康的内省而产生的悲观情绪，以一种平静的方式告别一切弥漫四处的无情命运，这本身就是人类想象力的一次胜利，不管发生什么情况，都要实实在在地将它化为追求幸福的决心。那么，儒家所追求的幸福是什么？幸福就是敞开心扉因而能正视现实，幸福就是参透人生因而能视死如归，幸福就是生活在人间却犹如置身天国、挣扎在喧嚣的尘世却能聆听到来自上苍的天籁之音！

如此一来，通过对基督教与儒家在世界起源问题上不同观点的比较，我们可以看出，现在每个有理性的人早已不认真对待，也几乎不再承认基于犹太传奇基础上的基督教赎罪教条。因此，基督教——至少是使徒保罗所诠释下的基督教，在不久的将来必须进行改革，否则，它将会变得毫无价值与意义。因此，当这个犹太神话被戳破之后，基督教会变得更接近类似于佛教或儒教。与此同时，可以确信的是，由圣人遗留下来的儒家伦理体系，将会毫发无伤地顺利通过现代思想大熔炉的考验，在得到彻底净化的同时，也将焕发出永不磨灭的光芒！

儒家的人性观[*]

> 尽其心者，知其性也；知其性，则知天矣。
>
> ——孟子

古希腊人在很久以前就已留下了许多关于人的阐述与讨论，他们总是将人的属性等同于其他由宇宙或造物主所产生的各种现象。毫无疑问，古希腊人意识中的这一微妙想法，是试图从表象深入到本质深处的一种探索与尝试，不管是在柏拉图的著作，还是在伊壁鸠鲁的残著中，都显示出他们的这一想法拥有正确的基础。但是，这些古老的假说并不理想，而且它们也完全无助于解释人性中的阴暗面——非人性——是宗教和文明中最令人绝望的地方。不管苏格拉底、柏拉图、亚里士多德、德谟克利特还是伊壁鸠鲁的个人观点如何，毫无疑问，他们都不曾怀疑过人类灵魂的神圣性。柏拉图在《蒂迈欧篇》中，就曾详细地描述过人与宇宙的关系。作为人性归纳调查的一个替代方法，我们发现通过希腊文化中久负盛名的形而上学的触觉和辩证技巧所整理出来的这一切，其实都是不切实际的或先验的猜测。作为一个事实，信仰在神的反复无常中所呈现出的关于人类起源和人性的理论，实际上缺乏真正的价值。

中国人一直坚持人性是需要培养的，否则它很容易变质退化，即回复到它的原始状态。在那种情形下，一个人并不会比野兽好多少。

儒家崇尚人性本善，也许更准确一点儿来说，孔子和孟子所提倡的是人性中潜在的善。虽然每个人的心中都有善的本性，但是，它能否在有限的时间内发展、进化到完美的程度抑或是扭曲变形，则完全依赖于社会的影响和个体的智力状态。

* 本文于 1904 年 9 月发表于《海峡华人杂志》第 8 卷第 3 期。

203

　　儒家奉行尊师的原则，从来不去怀疑或探索人类本性的起源，因而没有关于人神之间关系讨论的任何详细记录。但从儒家经典作家们的著作中可以很容易地看出，人被看作宇宙进化过程中自然产生的一种有机生物。孟子清楚地告诉我们：在他看来，如果一个人没有一颗善良的心，那他无异于一头野兽。

　　人与动物的根本不同之处，并非仅仅因为他有智力和会说话，而是因为他所体现出来的善良本性。这也是除了人类的合理性行为之外，维持人类社会团结与持续进步的根本保证。事实上，如果没有了人的善良本性，人类社会将不复存在。这也是儒家所坚持的一个关键要点：伴随着世代的推移，人的智慧将会得到持续进步与发展，而人类社会也会变得越来越美好。但人类本性的成长，如果我们可以那样说的话，完全依赖于人类自身的努力，而绝非依赖于任何神的影响或超世俗外力牵引的丝毫控制。

　　人作为有机世界里的一个典范而存在。人类意识到自己是整个有生命特征的众多存在物中唯一有自我意识的存在物，因而，人类的种族意识从一开始就被从不同方面和程度上高度体现了出来。亚里士多德将之归功于灵魂，按照亚里士多德的说法，它不仅渗入所有的自然界，甚至还是神的智慧的组成部分。

　　在论及人类起源的时候，中国古人没有为我们提供答案，我们对此并不感到奇怪。与之相反，不管是印度、迦太基、埃及还是欧洲，一直到中世纪为止，他们在人类起源问题上所给出的种种猜测，都被证明是既荒唐又错误的。犹太人依据他们的古代记载，设想了一种政教合一的形式：人是被作为愤怒的、万能的暴君——伊甸园的创造者所诅咒的退化天使而存在的。基督教则在古老的犹太神话基础上对之加以更详尽的发挥，以迷信的手法虚构了神对人类事务的无休止干预，并预言将在千禧年降临之际达到其干预的顶峰。很明显，犹太人和基督徒都认为人的本性因全能的神的诅咒而受到了玷污。在长达几个世纪的时间里，欧洲的禁欲主义者对人的身体表现出了极大的厌恶，认为它是污秽和不洁的，而这一观点一度还被虔诚的基督徒视为是无可置疑的神圣标志。

　　伊斯兰教义声称要对被高估的人类理性提供解决问题的方法并挑战人类哲学。毫无疑问，邪恶和苦难都是现实的存在，在这个世界上，不平等和非正义就像惩罚与奖励那样彼此背立而存，对许多人来说，似乎就像是在辨别未来生活中的希望。基于对这些良好愿望和美好时代到来的期盼，道学家们扬扬得意地声称，针对人性的弱点，应当满足人们向往美好的意愿并引导他们走向天堂。但是，这些迷信活动，又可以给人以怎样的安慰？毫无疑问的是，未来世界中的信仰，并不能解释我们眼前所面对的困难。同样的，它也不可能使整个世界最终走向善和理性。虽说基督教中有全部仁慈的理论和基督在十字架上以死赎罪的行为，但时至今日，基督教中的所有创造物在教徒们的喃喃祈祷声中显然都已过时了。人性作为一种自然现象与大自然同步进化发展，它每一次实质性的进步都是人类在大自然的影响下取得的。

在中世纪的时候，由于受基督教会教条主义的束缚，由希腊罗马思想家所开创的对人性的正确研究这一良好开端，被导向了毫无意义的形而上学猜想，其结果是简单而骇人的。对待罪犯恶魔般的残暴和宗教裁判所的恐怖行为都是这一虚伪哲学的产物。在中国，则因为绝大部分民众并没有将他们所接受的教育付诸实践而导致弊政和酷刑肆虐流行，但是，对中国人而言，理论和实践脱节这样的矛盾并不奇怪。同样的，对今日的欧洲国家而言，由耶稣亲自传授的宗教基本教义也被从根本上忽略了。

以社会的存在为前提，儒教首先表明了人有向善的可能性，然后据此确立了自己的公理：为了确保社会安全和绝大多数人的最大幸福，必须以道德准则为依据，而经验也已显示出了它的价值。孔子强调：并非所有的人都可能成为善人。孟子则声称无情的命运决定了每个人的必然行为，人必须学会去承担自己义不容辞的责任。

"人之初，性本善"，圣人或领袖必须通过榜样的表率作用并创造合适的环境，竭力灌输知识以熏陶人心。在家庭范围中，仁义的践行是很容易也是很自然的事情。大自然赋予了所有动物关爱其子女的强烈爱心和母爱本能，我们首先可以从低级动物中观察到雌性动物对幼崽的强烈保护意识，就算是我们家养的普通家禽，譬如，众所周知，处于孵化期的母鸡，其母爱本能是如此强烈，就算是把小鸭子们放到它的翅膀下，它也一样会去照看并养育它们的。在动物世界中，仅仅只有某些雄性动物会对幼崽显示出一些兴趣，因此，父爱可以被视为是人类所独有的一种特性，因为只有在人类社会中，我们才可以发现强烈的父爱的存在！在野蛮时代，父亲对子女的爱是很微弱的，后者主要因为母亲的关系才受到照顾。作为动物生存方式的延续，为生存而进行的种种可怕争斗，就如同破坏人类团结的强力分解剂。自私作为动物世界中起主导作用的自我保护本能，在野蛮时代的生活中仍在发挥着它强大的影响力，那时候，对女性的爱还无法从情欲之中区分出来，父亲对年幼子女的感觉是最微弱的。归功于遗传与变异这些优越特性的存在，相当一部分具有强烈父爱本能的人慢慢出现了，这种本能的父爱进化伴随着人类智力和情感的发展也醒目地表现出来。现代心理学家已经揭示出，父母对子女的关爱正是利他主义的最初原型，而这正是我们最好的宗教信仰的主旋律和赖以为荣的地方。然后，在这一最为重要的牢固基石上，儒教认为它是利他主义情怀的真正诞生园地，利他主义的伦理准则以父母的慈爱为基础，是人类所有属性中最具有人情味的地方，它竭力主张一个人最典型的责任就是以孝顺去回馈父母的关爱。

　　这样，可以假设人性由两部分组成：（1）人与动物所共有的兽性；（2）人类特有的大脑所产生的高尚品质：人性。儒教明确指出：人之所以为人，是因为人被赋予了后者的这些特性，如果没有了这些特性，那么作为个体的人也不过是一个人形的野兽。动物的本质属性在人的身上仍然会继续存在，诸如自私、胆怯、恐惧、情欲、食欲等。人类特有的属性则有仁爱、利他主义和同情心等，所有的这一切通过大脑的功能——记忆、智力和想象力等的相互作用而存在。在不同的状态下，某些动物——主要是家畜类——显示出了我们提到过的人类的明显特性。但在自然状态下，并没有一个明显的界限，而恰恰是兽类中存在着的这些人的特性，清楚地表明了人类最初的起源。我们人类今天之所以能傲然于世，完全是这些大脑功能演变的结果，人类大脑的进化并非神灵或超世俗力量所能解释的。

　　因此，我们认为人类是从低级动物逐渐进化而来的，他确实受到了很多不良品质的拖累，但是，在人类理性和智力的控制下，人类虽缓慢但却决然地摆脱了兽性，变得越来越具有人性。适应手段显示出了动物的本性，而调适措施则是通过理性和想象力来实现的，同时，在知识和智力的支持下，排斥某些动物的种族特性。人类的希望在于未来，完美的成年人的理想状态应该是处于持续的上升过程中，以使自己成为具有丰富知识的人，在改善人种的所有努力中，于各种不同的情况下，通过幸福的生活以维持人的基本素养是应当予以肯定的。在为了其他人的福利而付出劳动时，人在精神上会产生说不出的满足感，这才是圣人或人类先知所要体验的真正灵感。

　　从社会学的观点来看，隔代遗传（返祖现象）理论解释了人类所有邪恶品质的起源。人类的这些邪恶品质与人类初期生理状况方面呈现出的那些令人厌恶的行为有关，因而可以据此对其进行分类，几乎所有被我们看作邪恶和不道德的行为，都可以从人的生理学结构中找到其合理的解释，而只有明白了人类过去的全部历史是既生于心的这一前提，才能对之有充分的理解。邪恶的行为因违反了宗教道德教义而招致了几乎所有宗教道德体系的一致徒劳谴责，于是，为了更有效地抵制邪恶行为，从远古到今天，人类建立起了或多或少带有一些野蛮行径的各种刑事法典——在现有条件下，几乎没有哪一种法典是以德治国的产物。如今，在高度发展的人类社会中，自私自利毫无疑问是一个可怕的毒瘤，它在摧残文化和高尚品德果实的同时，也在扩大着那些原本微小、形形色色的恶行来源。但在野蛮人那里，出于生存斗争的强烈本能，自私被认为是激励勇敢行为的美德。譬如，在所有的国家和几乎所有的人类社会中，偷窃都是一种应予以惩罚的犯罪行为，然而，在有足够智力从事争斗的那些动物和野蛮人当中，偷窃行为——拿走不属于自己的东西——却是一种值得称赞的行为。野蛮人所实施的偷袭行为毫无疑问造成了他们的英雄，这些出于掠夺目的而发动的远征探险活动，那些自称是基督徒的人仍然在实施，而且自认为这是文明的行为。最近在非洲和远东地区发生的一系列事件最终证明了欧洲人在很多方面并没有摆脱他们的兽性。他们的贪婪和对战争的狂热，使欧洲国家暴露出了他们文明中拙劣的一面。按照基督教教义，谋杀是违背上帝懿旨的滔天大罪，然而，基督教国家仍然在以文明和宗教的名义发动无数的战争。从社会的角度来看，谋杀确实是非常错误的行为，因此才需要维持社会秩序的法律来惩罚它。但在自然界，谋杀是不可避免的，老虎如果没有人类社会学意义上的谋杀和掠夺这类犯罪行为它就无法生存。当个人或国家偶尔发脾气而犯了谋杀罪的时候，他们在现实上违反了人类社会的法律，如果社会有足够强大的力量维护法律的公正，那么违法者将会受到社会缔约者的惩罚；如果社会没有足够强大的力量去维护法律的尊严，那么，全能的上帝肯定也没有任何办法可以让谋杀者去接受正义的审判。因此，超越宗教的信徒坚持必须有来世以便解决现实世界中的这些分歧。

考虑到科学哲学太冷酷无情而不能令人满意，信徒坚信人死之后仍然是存在的。他们甚至怀疑，如果没有了梦想中的天堂，地球上的人是否还会努力提高自身的修养。关于未知的永恒世界是一个耐人寻味的谬论，甚至就连思想家，像巴尔弗先生也只能勉强说出："愿望和情感以永恒的神的名义去助长信仰。"不管这些话具有怎样的价值，毫无疑问的是，就算是基于这些错误想法基础上的感觉或冲动的激情并没有危及社会，也不应认为它比坚定的信念——经过深思熟虑和理性批判后的结果更为重要。

儒家所关注的人性是一种具有很大可塑性的材料，它能够发展出一个优雅文明的人所应具有的各种美德。为了人性能向好的方面发展，就需要对民众施加教育并为他们树立学习的楷模。虽然并非所有的人都可以变成圣人，但应该将人类的真实情感灌输给每一个人，以此去教化和训练他们，这是儒家提倡文化的最终目标。

人应该认真研究并勇敢地面对人性的弱点，但绝不可以通过残暴和仇视来克服它们。提升人类的品行有着极为重要的意义，而所有的惩罚都是可耻的暴行。统治者在着手实施比罪恶本身更严重的镇压之前，必须先设法找出一切邪恶的根源。在权威的研究真正揭开犯罪的真正原因之前，监狱和野蛮的惩罚仍将继续存在，而犯罪分子也仍会持续出现。

在欧洲，基督教所奉行的人性观，不仅阻碍了立法与教育的发展进程，而且在无知的民众中产生了一种病态的伪善，因而对立法和教育有着极坏的影响。直到大约半个世纪之前，科学之光才开始渗透到涉及整个刑罚学（监狱学）研究的这一片黑暗之中。今天，科学向我们所传授的关于犯罪的大量知识说明，基督教长期以来所实行的、仍在影响着我们的制裁方法，实际上是对犯罪实施复仇式的惩罚。最值得关注的是，孔子在他的时代就已清楚地看到了严厉惩罚是无济于事的，在孔子看来，严厉的惩罚只会使人变得更加虚伪，而且，它不仅让罪犯，也让执掌法律的人学会钻法律的空子。在这种情况下，羞耻之心——文明人身上最重要的品质——将会彻底丧失，在人与罪犯之间，除了恐惧害怕之外，其他一无所有，换句话说，人将会变得日益残忍。很不幸的是，因儒家饱受摧残而导致的儒家衰微，使得这一思想并没有在中国的实际立法中体现出来，迄今为止我们没有发现哪个统治者有足够的智慧肯给予这一思想以实际检验的机会。现代的欧洲人，甚至就连英国这样的国家，一般民众几乎都对这一思想毫无觉察，这似乎太危险了。令人惊讶的是，上述孔子的这一观点竟然与古代的绝大部分犯罪学是一致的，而且得到了现代科学的支持。

在对人性观进行了全面的考察之后，我们可以得出这样的结论：到目前为止，在所有已知关于人性进化演变的理论中，与基督教教义堕落的人性观比较起来，儒家的人性观显然更加接近于科学真理。人的本性仍然处于进化之中，并将变得越来越人性化，也就是说，我们可以认定人性中将会体现出越来越多的高尚品质，毕竟，人类会逐渐认识到真正人性意义上的那些高贵品质。

在所有反对自然主义哲学的各种形式中有一种常见的意见，那就是断言悲观主义是不可避免的，它会浇熄人的热情而使人变得沮丧。人类所有的最终奋斗目的是什么？超自然的宗教信仰者得意扬扬地问，死亡是否终结了一切？如果太阳消亡，地球无法维持生命，在人类灭亡之后，文明将会是一种怎样的嘲讽？毫无疑问，那些愚蠢到信仰不真实的东西以至于自身思想受其影响的人，在冥想这些问题的时候将会感到非常郁闷、沮丧。但对人类来说，继续遭受蒙蔽和愚弄真有好处吗？我们知道很多古人都能欣然面对死亡，孔子就是完美辞世的。无疑，上述种种消沉想法主要是受早期思想影响的结果。

不！我们应当把人性看作自然界最高尚、最高级的产物，给予它最大限度的希望。知识和理性使人意识到真正的人是什么，并在实践过程中感受到无法形容的喜悦。人一旦摆脱了自然界无所不在的力量，认识到自己在自然界中所处的位置，就会追求并履行他的神圣使命。如果人能彻底的理解自己，也就是说，人如果能领悟到自身智力和情感的内在运行机制，也就意味着他认识了人的本性。如此一来，人就不会再让源自动物的兽性，例如恐惧、贪婪和自私等去打破他沉思真理时的平静，这也就是孟子所说的，"知其性，则知天矣"——真正的儒家会在现实世界中寻求对人性的解释，也会通过合乎自然的手段竭力去除人性中固有的恶。与厌世主义者不同，儒家对人类充满了激情，即，如果说在过去的黑暗时代人类的表现并不比动物好多少，那么，未来则充满了荣耀和期待！就算地球永远消逝！在我们的生活里，除了苦难之外还有甜美，而在痛苦之中也并不缺乏乐趣，在悲哀之中还伴随着幸福！

人性将会一如既往地茁壮成长，当生命不再是必需，当死亡可能是最大的幸福并不可避免的时候，自私之心将会日渐消亡。我们之所以仍然对生命中的爱毫无察觉却对死亡充满了莫名的恐惧，在很大程度上是由于我们的无知和自负。而儒家的可贵之处就在于它告诫我们要清除自负、摆脱无知，然后，在理性与知识之光的照耀下，在真正明了人在宇宙中是如此的微不足道之后，人类一定可以发现使自己的命运与无所不在的宇宙意志相一致的途径，最终达到天人合一，并因此而获得精神上的慰藉。如此一来，儒家的人生目标就不是为了替原罪之人寻找一个快乐的天堂，而是在互信、互爱的基础上，为了全人类的共同进步而努力，为了彻底消除人内心深处无意识的反社会属性而搏斗，为了最终实现人类博大的兄弟情谊而奋斗。

儒家的伦理基础[*]

孝弟也者，其为仁之本与！

——《论语·学而》

仁慈，或爱，作为伦理规范的基础，有远见卓识的导师每时每刻都在维护着它。任何时候，只要有两个人同时出现，那么，就有产生爱的可能。而在一切事物中，人类只能通过缓慢的方法获取知识，这样，在爱的最广泛和其最高意义上，人类必须经受一番训练，才能使其自身适于履行作为人类的崇高职责。

在短暂的刺激和兴奋的作用下，人类可能会坦承去爱所有的人和所有的物。这种情绪化的宣泄，在很多方面和很多时候会一再反复出现，但是，人类这种热情的价值，在令人感到兴奋的事通常只会短暂出现这一事实面前，往往需要打上一个大大的折扣。事实上，仁慈作为一种美德，其成长必然是缓慢的：它随着知识的增加而成长，它随着实践的扩展而壮大。

"去爱所有的人"，或如经典著作中的另一种表述那样："让爱充满人间"，既是我们给予青少年的理想，也应该是我们培养年轻人的目标。关于这一点，现在是显而易见的：如果没有道德作为基础，要实现这一目标是不可能的。这就如同不考虑人的思想品德，却要求他们去爱所有的人。孔子并不赞成让人们毫无目的地四处散播爱，他也不鼓励他的弟子们盲目地去爱那些看不见的东西——那些超自然的、无法通过天然纽带与生命有机体连接起来的外在事物。由此一来，儒家将孝道看成是伦理道德的基础也就完全不会令人感到惊讶了。其后，儒家提出了实质上完全不同于基督

---

* 本文于 1904 年 12 月发表于《海峡华人杂志》第 8 卷第 4 期。

教的观点。在这两大体系中，"爱所有的人"都是至高无上的最高境界。只是，在基督教中，它是以耶稣的新诫命的形式出现的，而与之相反的是，我们发现，早在基督教纪元的五百年前，关于普世之爱这一责任，就已被儒家完整地阐释过了。除此之外，儒家强调，这种对全人类的爱只有经过后天的艰苦努力才能拥有，爱必须首先从爱父母开始，然后依次将爱施予亲戚、朋友，最终达于陌生人。基督教却明显地低估了爱人的困难程度：一开始就以耶稣的道德标准号召人们去爱普天之下所有的人！基督教过去两千多年的历史，是对这种爱的学说的一段令人悲伤的记忆：声名狼藉的传教士以浅薄的教诲方式做了那么多的坏事！从古至今，没有哪一种宗教比基督教不同教派之间的仇恨、纷争和杀戮更多！因此，基督教所谓的"彼此相爱"，实际上已经变成了嘲讽的另一个代名词。整个基督教世界在实践耶稣主要戒律时的最失败之处，恰好成了验证孔子远见卓识的宝贵证词：当孔子劝告人们去爱所有人的时候，与其说这是他的理想，毋宁说是将其当成了生活中的初始动机！

我们必须假定：父母会教给他们的孩子智慧、知识和正义，并尽可能地赋予他们全部的爱和关心。只有在这样的情况下，我们才有望看到年轻的一代成长为孝道的楷模。在以前的文章中，我们已经说过，为什么必须承认孝道是公认的人类特有的个性品质，现在必须再增加一点：如果没有适当的环境，就算是文明的最高典范——真正的儒家——也不会有所进步！在很早以前，儒家最伟大的导师就强调：严谨的教育对于每一个人来说都是必需的。通过教育，我们不仅能接受前人的经验教训，也能对全人类道德本质的发展进化有更好的理解。由于孝道是文化和文明的产物，因而，只有当父母对他们的孩子忠实地履行了自己的职责，而整个国家也恰如其分地行使了其职权之后，人们才能完整地意识到这一点。只有人类从各个方面都受到了这样充分的训练之后，才有望完整地领悟到什么是纯粹的爱。然而，即使是这样的人，这样的爱也只能从本能地指向父母的神圣感应中慢慢地产生出来。

如果我们的道德准则是具有实用价值的，那么，它们就一定要在大多数人都可以达到的程度之内。现在，虽然"爱你的父母"这一要求并不难于执行，但在具体实践当中，我们却发现，对许多人来说，要达到儒家的这一基本要求，几乎是一件不可能的事情。一切都取决于我们对于"爱"这个词的正确理解，而按照孔子的设想，只有极少数的人能自觉地意识到这一点。在现实生活当中，每个人都难免会或多或少地有缺点，而从不足中开始学习可说是一个基本的惯例。子女养成爱长辈的习惯作为爱的最初原型，是我们从中学习对他人职责的唯一方法。

儒家关于孝道的主张似乎并没有被普遍地予以理解，甚至就连那些在中国居住、生活了很多年的人都一样。如果仅仅只是使父母衣食无忧、生活过得舒适，而没有爱、没有尊重，也没有亲自陪护、照顾父母，这还不能称为孝。孔子努力使他的弟子们牢记母爱的重要性和父亲关怀的深刻性。儿子的职责就是将父母当初曾经施与他的爱原封不动地回报给父母，这是孝道中的核心思想。父母与孩子之间是互惠互利的关系，二者之间必须尽可能做到坦诚相待，并全力激发、推动我们所说的"爱"，如果让这一指导原则成为父母和子女之间的日常生活准则，那么，世界上的一切事物都会变得美好起来；让那些天性本来就彼此十分接近的人真正认识到圣人的教诲，他们将会成为世人的楷模。"爱"将根除人的自私和我们社会中现存的一切罪恶，这一点是不容置疑的。因此，我们强调：必须从孩子很小的时候就早早地开始爱的培养，并且，应当将其贯穿到人的一生之中。

孝子心中的爱必定是真诚的。譬如，他肯定不会满足于仅仅为年迈的父母聘请照看他们生活的工人（佣人），因为父母曾亲自爱护他、关心他、照料他，因而，他也必须在父母的晚年以同样的行动来回报他们曾施与自己的养育之恩。不要说冷酷无情的话语，甚至就连一个令人不满意的手势或动作都会破坏了父母与孩子之间的和谐关系。当然了，这种理想对于一般的道德规范来说是有些要求过高了，但这应成为人类最高的追求目标，而它正是儒家始自孝道、为博爱所制定的标准。

迄今为止，这一教义并不难于理解，而它的重要性将会逐渐得到世人的认可。孔子进一步敦促所有孝顺的孩子们，即使父母已经过世多年，也要在内心深处永远缅怀。对于每一个以这种方式培养出来的人来说，我们不是也时常感受到：我们挚爱的亲人遗留给我们的回忆，已成为从内心深处激发我们努力向上的永恒力量吗？让我们每时每刻都记住对父母的爱，父母的爱就像守护天使手中那缕照亮我们人生的烛光，让它常存于我们心中，使其成为评价我们内心世界和外在行为的标准，难道我们希望自己的父母看到或知道我们犯这样那样的错误吗？如果不想，那么，就该打消犯错的念头，并将之推广到所有的事情上去。如果这种爱是发自内心的话，它将足以激发我们的良知，使我们不会犯错。那些没有领会孔子这一精神的人反对这一点，并且反驳说：如果一个人的父母臭名昭著，那么是否还适用于这一条？其实这一点很容易回答，如果一个人生活在真正文明的国度里，他的教育并不完全仰仗于父母，因而，就算是他的父母很坏，他也可以通过其他的途径和方法学到所有正确行为的根本原则。尽管父母可能给予了不良的指导，但一个人无论怎样痛恨父母的不良行为，他都不应该仇视自己的父母。在这种情况下，孝子将会通过自己的正确行为方式和心灵的纯洁来体现他对父母的爱。

　　因此，这样的爱绝对不是让孝子替父母掩饰他们的缺点，引导父母从错误中走向正义才是他的责任。仁慈加上道德的劝告是他必须采用的方法，通过不间断的关心、照顾和坚定的意志，孝子必须守护自己的父母，永远不要让他们偏离了人生的正确道路，这是他作为一个孝子的责任。满足父母的合理要求，也应该成为孝子的乐趣，在儒家的权威教义指导下，孝子会自觉抵制任何带有邪恶意图的要求。能否拒绝执行不当命令被认为是检验孝道的试金石，儒家批评家们很早以前就引用了这样的事件作为实例：当心存不轨的父母给儿子发出了不当指令的时候，尽管作为孝子的儿子应该服从父母的要求，但儒家的孝道学说却使他很难执行这样不合理的命令。面对如此情况，《孝经》的作者曾子明确指出：孝子应该拒绝服从！既然知道这样的要求是不合理的，他就该明白，如果执行这样的命令，不光是在助纣为虐，实际上这种明知故犯的行为，也等同于助长父母犯错。孝子不会让父母陷入困境之中，因此他将阻止父母犯错，于是，抗拒父母不合理的命令就成为他的职责之所在。当然了，这种抗拒绝对不能以严苛、傲慢的态度来进行，他必须以和蔼的方式——通过爱，规劝犯错的父母重新回归正义。这不是一项简单的任务，但在中国和日本的历史中，这样杰出的事例却比比皆是。

　　也许，世界上没有哪个地方能比日本更好地将儒家的理想予以实践。在这个幸福的国家里，经典伦理在很早以前就成了文明的道德基础，在整个亚洲，我们没有发现哪个地方能像日本那样将先哲"喜欢孩子"① 这一训谕发挥得更好。对年轻人的培养，首先纯粹是基于道德的底线，按照

---

　　① 作者在文中注明"喜欢孩子"这一句来自《论语》第 5 章第 25 句，然而，在《论语》中却无法找到对应的句子，因而编者怀疑该注释可能有误。

"Rei"（即中文之"礼"字）的礼仪守则进行的个人行为规范的培养，使孝道这一天职得到了愉快的执行，并进而发展成具有普遍性的天性。儒家所坚持的正是这样的训练，就此而言，日本、中国、韩国甚至安南（即今之越南）那些没有受过教育的乡下人，可能就是活生生的美德、仁爱和正义的化身。

在儒家的经典著作中，我们读到："弟子入则孝，出则弟，谨而信，泛爱众，而亲仁。"（《论语·学而》）这样一来，年轻人就有望在家中学到忍耐克制这一了不起的经验教训，这将是关于真正利他主义情感的一次重要考验。以孝道为核心，人类同情心的胚芽就像水中的涟漪那样向各个方向扩张，在达到尽善尽美之前它不会受到任何限制，这其中包括为了美德和他人的幸福而甘愿奉献出自己的生命。的确，日本人以最高的礼节，将他们心目中的英雄战士习惯性地称为"武士"——亦将其视为博学多才的学者。现代的日本士兵按照武士道的原则行事，以他们的孝道、他们的忠心和他们视死如归的忠诚，显示出他们继承了他们前辈的荣耀。这些都是儒家教义的主旋律，这些高贵的品质，只有在孝道的基础上才能稳定地获取成长的营养。

儒家所教导的关于美德的五个元素就是：仁、义、礼、智和信。如果一个人要想成为完美的人，那么这五个方面就必须得到均衡的发展，而这些品质都可以在孝行中找到其根源。

与人类这些密不可分的品质相对应，儒家将主要的人际关系也划分为五种，用我们今天的话来说就是：（1）人与国家的关系——忠于国家或爱国，（2）父子关系——孝，（3）兄弟关系——悌，（4）夫妻关系——和谐，（5）与朋友和社会之间的交流。这样，当一个人依次完成了这些义务，我们就可以认定他已经尽了自己的职责。基督教批评者在赞赏儒家这些优秀品质的同时，却又痛惜于儒家缺少了第六种关系：人与上帝之间的联系！既然儒家不承认所有看不见和不了解的事物，那么，面对欧洲传教士的这种批评，我们就可以这样回答说：这第六种关系实际上是多余的，当一个人在履行上述职责的时候，他实际上也是在服侍上帝，毕竟，这正是上帝福音中的智慧精华之所在。

因此，我们希望我们充分完整的说明能成功地揭示出儒家伦理体系的根基。事情的开始的确是微不足道的，然而，就如同树木的成长过程那样，从一粒小小的种子开始，一步又一步，最终坚定不移地长成高大威严的橡树。儒家的伦理体系会一直扩展下去，直到全人类都能理解它。基于经验、理性和人内心深处永恒不变的品德，儒家既没有轻易向我们许下天堂乐园的诺言，也没有以永无休止的可怕地狱来威胁我们，但它却给予了我们真理之光，使我们在按照最高尚、最高贵意志行事的时候感受到快乐，当我们陷入思想上的分歧与人生中险境的时候，它会为我们提供一份难得的安宁。真的，爱足以支撑起世间的一切，而基于理性和知识基础上的希望，将永远不会抛弃我们！

儒家的孝道观[*]

夫孝始于事亲，中于事君，终于立身。

——《孝经》

我们曾经简明地勾画出了《孝经》在孔子伦理结构中所处的地位，现在我们可以来详细地考察儒家在培养孝子方面所扮演的角色。父母与子女之间是一种自然的关系，因此，中国的旧文人将之称为"天赐良缘"。儒家的杰出倡导者据此认为，任何情况下子女都应该竭力维护而不是去破坏这种关系，一方面劝告父母要尽心抚养孩子、给予他们无私的父爱和母爱，另一方面，又告诫子女要以发自内心的行动孝顺、奉养父母，使他们得以安享晚年，以此来报答父母的养育之恩。父母与子女必须共同面对生活中的种种挑战，才能真正实现同甘共苦。这种情况就恰如大榕树和它繁衍出来的众多气根，所有的这一切构成了一个完整的家庭，虽然其中的每一部分都具有一定程度的独立性，但主干（父母）和分支（子女）又紧密地联系在一起，这就是儒家伦理文化结构中将父母与子女联系在一起的纽带。

从如何保护好父母顺乎自然赐予的身体开始，《孝经》开宗明义指出了孝道的第一条准则："身体发肤，受之父母，不敢毁伤，孝之始也。"这是孔子向他的弟子——曾子所表达的观点。虽然这句话衍生出了一些荒唐的推论，但我们还是能很容易地理解这一教义的必然性和重要性。孝子既不能忽视自身的健康，也不能鲁莽地让自己的身体受到伤害。万一生病或受伤，首先，身为父母的一部分这会让父母感到心痛和担心；其次，这可能多少也会影响到他履行多方面的职责。个人的良好卫生习惯和体育锻

---

* 本文于 1905 年 3 月发表于《海峡华人杂志》第 9 卷第 1 期。

炼有利于保持健康的体魄，因此必须明确，保持身体健康应该得到应有的重视。在日本以及古代的中国，正常的身体护理包括了各种形式的体育锻炼，而且还成了教育中的一个普通科目。事实上，今日的中国人因曲解了圣人的教诲而使自己蒙受痛苦，我们没有理由忘记这一教训的价值。使体育锻炼重新成为孝道中的一部分是很容易做到也是很自然的事情，更何况我们还有最高的中国道德以及科学权威的支持。在"四书"中，曾经提及利用射箭和驾驭作为锻炼的形式，而在华佗——中国的希波克拉底①——已经失传著作的残稿中，我们将会发现一个令人惊叹的关于肌肉运动的方法，它既可以预防疾病又可以治愈某些痛苦的疾病。因此，应该授权父母为他们的孩子提供有关健康的基本常识，如此一来，保持自身健康和精力充沛就成为孝子的第一要职。由此我们可以马上推断出吸食鸦片和滥用含酒精的兴奋剂是被儒家所强烈禁止的。从前，酗酒在中国似乎是相当普遍的现象，中国的文学中充斥着大量名士纵酒狂欢的记录，但在儒家的强大力量压制下，这一恶习已逐渐被消灭了。至于鸦片，我们已注意到这一恶习马上就招致了儒家权威的谴责。毫无疑问，如果没有与英国之间的那场复杂战争并坚持林则徐的道路，那么中国就会像日本一样，从鸦片的泛滥中被解救出来。恶习的传播就像瘟疫的蔓延一样，在中国杜绝鸦片毒瘾的战争中，儒家之所以落得了相当的败绩，一方面与儒家的反应迟钝有关，另一方面也与中国社会的全面衰败有关。伴随着儒家的复兴，吸食鸦片的陋习将会迅速消失，而体育锻炼也将填充人们现时用于吸食鸦片的空间。

基于同样的理由，儒家倡导并坚守淳朴的生活，任何可能危及或伤害身体的行为都必须避免，当然，这并非如一般人所认为的那样，参军意味着不孝。许多中国人误解了这一教诲的真正含义，而受此错误认识的影响，中国对于战争知识和战争策略的研究都衰退了，在中国广为人知的一句话"好铁不打钉，好男不当兵"就是基于对这一教义错误理解而形成的。但是人们坚持认为：孝子不应出于毫无价值的理由而危害自身的健康，也不应轻率地拿自己的身体去冒险。在《孝经》②中，曾子明确表达

---

① 希波克拉底（约前460—前377），古希腊名医，欧洲医学奠基人，被西方尊为"医学之父"。

② 文中曾子所言实际上出自《礼记·祭仪》，作者说出自《孝经》，疑为记忆之误。

了他的看法："身也者，父母之遗体也。行父母之遗体，敢不敬乎？居处不庄，非孝也；事君不忠，非孝也；莅官不敬，非孝也；朋友不信，非孝也；战阵无勇，非孝也。五者不遂，灾及于亲。敢不敬乎？"没有哪句话比这一说法更有权威性，我们可以从中清楚看出，作为一个士兵是完全无损于一个孝子的品格的。另一方面，一个士兵的职责是：他不但应训练有素、勇敢无比，而且准备随时为国家献出自己宝贵的生命，在死亡和受辱之间，他宁死也不愿选择苟且偷生！仅仅从保护身体的角度，我们立刻就会明白，孝子在选择职业时应该注意的事项，除了商业行为之外，很明显的，还必须要使家人因此而感到开心，并且能受到大家的尊重。

从道德上讨论完了对身体的自我保护文化之后，现在我们转向孝子应尽的第二个责任，那就是给予父母的关心和照顾。曾子说："在赡养年迈的父母时，除了令他们身心愉悦，还应尽力配合并贯彻他们的想法，使其视觉和听觉都能得到享受，以虔诚之心供给父母所需，使他们安享舒适的生活。"（"孝子之事亲也，居则致其敬，养则致其乐"——《孝经》"纪孝行章第十"）至于将赡养父母简单地理解成为年迈的父母提供食物这样的想法是完全错误的，因为，正如孔子所说，就连动物都能做到这一点。（"今之孝者，是谓能养。至于犬马，皆能有养，不敬，何以别乎？"——《论语》"为政篇"）如果没有了爱和敬畏之心，那么子女对父母的所谓供养将会沦为笑柄。在记载古老风俗习惯的名著《礼记》中这样写道："作为一家之子，孝子们已经习惯于使父母的床褥始终保持着冬暖夏凉的状态；傍晚时分，父母的床铺是整洁的，而到了早晨，孝子们一定会等候在父母的床前，除了向父母问安，也同时询问他们有何需求。孝子们出门办事回来之后，他们会立刻到父母那儿进行汇报。当孝子们出远门游历的时候，他们会有一个固定的地点以便让父母可以随时很容易地找到他们。孝子们也应该尽可能地拥有一个固定的职业，绝对不可以在父母面前显示出老态。"（"凡为人子之礼，冬温而夏清，昏定而晨省，在丑夷不争……夫为人子者，出必告，反必面，所游必有常，所习必有业"——《礼记》"曲礼上"）这些古朴的观点看起来似乎既幼稚又迂腐，但实际上其中蕴涵着超越字面意思的深刻含义。一个人的所有付出应该与他所受到的关爱相当，即孝子在孝顺年迈的父母时所付出的努力应与他年幼无助时父母所给予他的关怀相当。这一孝道理论的倡导者坚信，无论在怎样的情况下，一个正常的人都会无条件地去爱护自己的孩子，反之亦然，儿子也会像对待自己的孩子一样去回报父母的关怀，这也是儒家学者们最喜欢谈论的一个话题。的确如此，文字永远也不足以清楚地描绘出父母对子女的强烈感情：孩子的一声啼哭可能就会让妈妈坐立不安！我们可以想象一下母亲在照顾婴儿时的巨大付出：在孩子生病的时候，有多少个无眠之夜！又有多少的忧虑和担忧！而孩子脸上所流露出的每一丝微笑，又会给母亲带来多少的惊喜！然后，伴随着孩子的日益成长，又要为他的教育付出怎样的苦心与努力！

在所有关于孝道的书中，孟母都被看作母爱的典范。孟母一次又一次地搬家，直至找到一个适合孩子成长的环境为止。她对儿子的无限关爱和艰辛付出，最终赢得了儿子对她的一片孝心和源源不绝的回报。孝子的模式都是相似的，孝子也因此能以愉悦的心情报答父母的养育之恩。就像孔子所问的那样："是否仅仅因为一个人能与父母分享家庭生活中的负担或当他有了食物和酒水的时候首先献给父母享用，就可以被认为是一个孝子呢？"（"有事弟子服其劳，有酒食，先生馔，曾是以为孝乎？"——《论语》"为政篇"）一个人的举止神情必须是发自内心的喜悦才能体现出真正的尊敬，万一父母生病了，孝子必定会请最好的医生，亲自照料父母，并且会停止参加一切宴饮娱乐活动。我们在历史上读过汉文帝的故事：汉文帝的母亲薄太后长期患病，在她卧病的三年中，汉文帝亲自照料她，为她准备汤药，并在亲口尝过后才放心地让母亲服用，汉文帝昼夜不停地照顾薄太后。在那期间，汉文帝从未上床好好地睡过觉，休息的时候也是衣不解带，就像战场上枕戈待旦的士兵，准备随时照料生病的母亲。汉文帝是中国历史上著名的二十四孝子之一。如今，这一大批历史人物被冠上了传奇的光环的确是一个事实，而这些故事与基督教福音中的那些奇迹具有同样重大的价值。

也许学习孝道的最好方法就是简要地叙述下面这孝子的故事。闵损①是孔子的弟子，他受到了继母的虐待。有一个冬天，闵损和他继母所生的两个弟弟一同跟随父亲驾车出门，他父亲发现他与闵损继母所生的两个儿子都穿得很暖和，而闵损却被冻得浑身发抖，原来是狠心的继母没有在他的棉衣里面加入棉衬。愤怒的父亲决定休掉这个坏心肠的女人。但闵损这

<hr>

① 闵损，字子骞，春秋时期鲁国人，孔门七十二贤人之一，以德行与颜渊并称。孔子曾赞扬他说："孝哉，闵子骞！"（《论语》"先进篇"）

个孝子却为后母求情——他爱后母只是因为她是父亲的妻子："对我来说，一个人挨冻总要比我们大家失去母亲更好啊！"（"母在一子寒，母去三子单"——《史记》"仲尼弟子列传"）这种宽宏大量的孝行最终感动了继母的心，并彻底改变了她的品行。

老莱子①，以孝闻名，他的双亲都活到了很大的年纪，他通过唱歌、跳舞和模仿来取悦父母，并且在自己年龄很大时都坚持这样做。

郯子②像老莱子一样，也生活在周朝。有一天他的父母异想天开，突然想要喝野鹿的奶，郯子没有畏缩，他披上鹿皮衣服进入深山，找到了一群野鹿并最终为父母取回了鹿奶。

江革③，在战乱中，为了保护母亲，背着母亲四处逃难。在那个时代，中国正处于内乱之中，国家四分五裂。江革是齐的学者和官员，有一次，他被抓进了监狱，但他拒绝背叛自己的国家，江革最终因其孝名远扬而被释放了。

黄香④，自幼丧母，而在母亲去世后，他开始服侍父亲的生活，炎热的夏天，他先用扇子把席子扇凉了才让父亲睡觉，寒冷的冬季，则先钻到被窝里温热了被子再让父亲休息。

王祥⑤，是东汉末年晋朝的一名官员。一个寒冷的冬天，他的继母想吃活鱼，这个孝子就躺在冰面上，用自己的体温融化了冰，为继母捞到了两条鲤鱼。

吴猛⑥，很爱他的父母，为了不让蚊子叮咬父母，他就让蚊子叮咬自己，这样，蚊子喝饱了血就不会再去叮咬父母。

关于郭巨⑦的孝顺故事可能比较难于理解。除了年迈的母亲之外，郭巨还有一大帮家人需要抚养。当他发现自己无力继续奉养母亲时，就和妻子商议，准备把尚在襁褓中的儿子埋掉，以便节省下食物供母亲享用。庆幸的是，当他挖坑准备埋掉孩子的时候，挖出了金子，这显然是对他孝心的回报。虽然郭巨的行为得到了广泛的颂扬，但必须指出的是，这样的行

---

① 春秋时期楚国隐士，著名道学家，中国古代二十四孝子之一。
② 春秋时期郯国国君，中国古代二十四孝子之一。
③ 东汉人，中国古代二十四孝子之一。
④ 东汉人，中国古代二十四孝子之一。
⑤ 晋代人，中国古代二十四孝子之一。
⑥ 晋代人，中国古代二十四孝子之一。
⑦ 晋代人，中国古代二十四孝子之一。

为不应成为为儒家教义辩护的理由，孝道不应导向对孩子的谋杀。这一事实表明：就连郭巨这样的犯罪行为都能在孝的名义下得到大家的宽恕，由此足可以看出孝这一美德所具有的强烈情感足以打动每一个人的心灵。

现实生活往往是不受理性指令的束缚和限制的，就像我们看到的，父母为了他们的孩子甘愿牺牲自己的生命，同样的，孩子也随时准备为父母或他们最爱的人献出自己的生命。譬如杨香①，当他父亲遭到老虎的攻击时，这个当时只有十四岁的勇敢少年，毅然挡在父亲和老虎之间，最终挽救了父亲的生命。

王裒②，呈现给我们的是这样一幅画面：他在暴风雨中独自跪伏在母亲的墓前。王裒的母亲生前非常害怕打雷的声音，在她去世后，每当下雨打雷时，王裒都会来到母亲的墓前，大声哭喊道："母亲不要害怕，裒儿在这里！"

崔山南③，是二十四孝典范中的唯一女子，她用自己的乳汁喂养年迈无牙的婆婆。

朱寿昌④，在他很小的时候，母亲被父亲抛弃了。他发誓等他长大成人后一定要找回自己的母亲，他做到了。为了寻找母亲，他辞掉了自己的官职。他的诚心付出最终得到了应有的回报，在骨肉失散五十年之后，他终于找回了自己的母亲。

虽然我们省略了其中一些更具传奇色彩的故事，但上述这些事例已经足够了，它们教给我们相同的道德规范，即为了父母的声誉，孝子应该以坚定不移的诚心予以坚持不懈的奉献。

此外，死亡不会拆散家庭，也不会割断将家人维系在一起的对于爱的承诺。这种精神上的持续交流和对逝者的永恒缅怀，是儒教最重要的一个特征。我们并不否认，出于愚昧无知，儒教中的确存在着迷信的成分。由于对人死之后的情况不甚明了，很多人都误入歧途陷入了佛教的胡思乱想，以至于在中国的佛教中出现了许多与儒家学说相混淆的概念。我们应该记住的一点是：关于人死之后的情形，我们现在所了解的情况依然和孔子所处的时代一样稀少，孔子拒绝表明自己的观点，而孔子的这一做法无

---

① 晋代人，中国古代二十四孝子之一。
② 魏代人，中国古代二十四孝子之一。
③ 唐代人，中国古代二十四孝子之一。
④ 宋代人，中国古代二十四孝子之一。

疑被证明是有道理的。

当被问及人死之后，灵魂是否继续存在的时候，孔子很明智地回避了这一问题。孔子苦于无法详细描述人的死亡过程，因而感到很难回答学生的问题。（"季路问事鬼神。子曰：'未能事人，焉能事鬼？''敢问死。'曰：'未知生，焉知死？'"——《论语》"先进篇"）

假如孔子说出"（人死之后并没有灵魂，所以）无须祭祀父母"那样的话，他担心子女会遗忘了逝去的父母。孔子知道自己无法清楚地向弟子们解释人死之后的情形，因此他只好说："祭如在。"（《论语》"八佾篇"）换句话说，通过对逝者的缅怀，使我们忘记亲人肉体的消亡，而让先人的形象长存于我们的心中。按照这样的教诲，孝子们应该祭祀逝去的先人。基于同样的原因，儒家社会通过谥封的方式彰显先人的功绩，其最好的例子或许是最近乃木将军和多哥海军上将通过日本天皇所发出的对逝者的哀悼活动。对逝者祭祀的目的是为了提醒孝子与逝去的父母之间的既有关系，并通过对这种关系的维系，使他明白当下他所承担的职责。不孝子的行为，除了谎言之外，还包括完全没有祭祀和追思，这一切都会让逝者蒙羞。儒家的祭拜礼仪只是一种简单的家庭纪念活动，只要一个人曾经有过父亲或母亲，那他就应当对他们保持永恒的爱心，这就是孔子关于祭祀的本意，但在孔子所处的那个时代，实际上他做的比说的更多。

儒家中还有一种比较难于理解的说法。孔子说："父在，观其志；父没，观其行；三年无改于父之道，可谓孝矣。"（《论语》"学而篇"）周的建立者文王就是一个最典型的例子：他通过沿用与父亲完全相同的方法和政策来延续父亲的伟大事业！这样做的目的是为了告诫年轻人不要因青年人的热情而轻易颠覆传统。特别是对那些"自以为是的年轻人"来说，更是要牢牢地记住贺拉斯①那句古老的箴言："在阿伽门农诞生之前的英雄，何止百千！"通过对儒家身体观的完整考察与研究，必然会得出这样的结论：迄今为止，尚没有人能超越孔子的想法。

与上述话题相关的一个问题是，对后世子孙的繁衍生息，应该予以足够的重视。在儒家的经典著作尤其是《孟子》中，养育后代对孝子而言是一个无可争议的问题。当孟子说："没有孩子是最大的不孝"（"不孝有三，无后为大"——《孟子》"离娄上"）时，他的目标所指当然是那些

---

① 又名霍瑞斯（Quintus Horatius Flaccus，前65—前8），古罗马诗人、批评家。

奉行独身主义的男女！考虑到儒家的理想目标是使整个民族能拥有强健的体魄并造就卓越的品德，也就可以理解为什么儒家要把种族的持续繁衍提升到如此醒目的位置了。人类智慧既然是变幻莫测的大自然的附属产物，那么人类维持与大自然的和谐统一（天人合一）就必然能获得最符合道德的效果。

当孝心得到了适当的培植，而爱亦发自内心，对死亡的恐惧自然就被克服了，至于坟墓，也不过是缅怀先人功绩的纪念碑。

保罗发现人死之后灵魂再现的欣喜若狂远不如孝子心中对亲人的思念更能引起人们的共鸣，而佛教的因果报应说教同样也不如前述孝道熏染下的那些孝子更具有感染力。一代人的行为会在另一代人的身上有所体现，因而，每一代人都会反映出前人的优点。人的创造力和情感会超越物质实体的限制，虔诚的孝子总是以平和的心态与世人相处，用满腹诚意为他最爱的人带去快乐，也以同样的方式为他的同胞谋求幸福。孝子的远大抱负是成为仁人君子，最终养成圣人所昭示的高尚美德。对这样的人来说，孝顺是一件很自然的事，对逝者的崇敬和爱不会随着时间的推移而有丝毫的减少，而人道主义的关怀也会充斥在他所有的行为中。

事实上，我们所说的孝顺是儒家的核心原则："如果将每个孝子的事迹都记录下来，那么，这些书会多到就连整个世界都无法装得下。"

儒家的祭拜仪式[*]

夫祭者，非物自外至也，自中出者，生于心也。

——《礼记》

除非我们能清楚地了解、区分中国现在盛行的迷信与儒家独特教义之间的不同，否则，我们永远不可能理解儒家观念中祭品和祭拜的本质之所在。古代的中国人就如和他们身处同一时代的希伯来人一样，深信自己是蒙受上帝垂爱的宠儿。对于上帝，孔子更喜欢说天性和天意，他宁愿坦承自己对未知事物的无知，也不肯对上帝作毫无意义的猜测，但孔子显然意识到了作为礼仪形式的崇拜对国家和个人的价值。宗教的价值并非通过人们以低俗迷信的祈祷奇迹降临的形式体现出来，而是通过崇拜者的行动。认为人类拥有来生和灵魂这些庸俗的概念，从孔子所处的时代流传至今，但这一现象绝非是中国人所独有的。

古代的中国人对于灵魂的特性曾作过很多猜测，他们几乎得出了跟希腊罗马哲学家一致的结论。当然，不同作者的观点意见是相互矛盾的，但从这些古老的论述中，远没有发现如中世纪时期基督教僧侣们在其著述中针对同样问题所产生的那么多荒谬错误。未受教育的中国人相信一个人拥有二元灵魂：一个是动物的灵魂称为魄，另一理性的灵魂或精神，则被称为神或魂。儒家关于灵魂的观点，与当前欧洲和其他地方的看法有明显的不同，灵魂被认为是一种"精神"，人们相信动物的灵魂（魄）依附于尸体，而理性的灵魂（神或魂）在人死之后就离开肉体回归九天——回到它原来的地方。中国的传统风俗习惯教导我们，在远古时代，中国人并不立刻将逝者的遗体予以埋葬，而是耐心地等待灵魂的回归。

---

* 本文于 1905 年 6 月发表于《海峡华人杂志》第 9 卷第 2 期。

自古以来，世界各地都存在着向死者供奉食物这样的做法，这主要是出于原始迷信的缘故：逝者的鬼魂要求他们的亲友向他们提供祭品。赫伯特·斯宾塞①已经揭示出了原始的部落种族如何将简单的祖先崇拜扩展到对英雄和诸神的献祭。然而，这儿不是讨论崇拜起源的地方，因此，我们必须予以严正声明：孔子在他那个时代就已发现，人们实际上是将上帝当作统治世界的一种类似人的伟大精神来崇拜的。就此而言也可以说，人们在祭拜逝者亡魂的同时，实际上也是在纪念全人类的精神。

圣人的立场是明确的：他并没有谴责祭拜，而是充分意识到了祭拜在伦理文化中的巨大价值，因而，他努力将新的含义注入那些旧的行为中。从其不可知论的角度出发，对于他无法证明其错误的事物，孔子从来就不随意予以批评。因此，当孔子建议祭拜父母的同时，他又急于解释他的意图，对孔子来说，祭拜并没有如传教士或普通老百姓所想象的那些含义，孔子认为，祭拜逝者的目的只是为了继续维护生者的利益。从先师关于灵魂的言论中，我们能判断出圣人对此的态度。然而，我们必须承认，圣人虽很少或几乎没有告诉我们关于灵魂的事，但他却说了好多易于理解的普通常识，以便使人能明白，灵魂作为人类臆想出来的东西，并非是喜欢祭品燃烧后味道的鬼或幽灵。在《礼记》的一个章节中，我们几乎可以套用孔子所说的话：灵魂不过是能量而已，当能量耗尽离开人体之后，被称为活的、有生命力的人也就面临死亡的结果了，肉体回归（被称为 kuei 归）大地，因此，回归大地的部分就被称为鬼（即 kuei 鬼）或尸体。

Kuei（鬼）这个词翻译成英语后可能有不同的含义，如妖精、鬼怪、死人或只是一具尸体的灵魂。玄学家似乎说过，人类只是宇宙的一个缩影，因此他是包含了宇宙特性的双重性代表，即阴、阳两种元素。中国中世纪时期的作家们把动物的灵魂看作消极、被动的元素或阴元素，这一点我们可以认为是现代科学的问题；理性的灵魂则对应着积极、主动的阳元素，它相当于能量。中国的理性灵魂三重特性理论，强烈地唤醒了我们的柏拉图式思索。动物的灵魂由七个部分组成，它们分别对应着具有特别功

---

① 赫伯特·斯宾塞（Herbert Spencer, 1820—1903），英国社会学家、哲学家，人所共知的"社会达尔文主义之父"，提出了一整套的学说，把进化理论"适者生存"应用在社会学上，尤其是教育及阶级斗争中。

能的各个内脏与器官。这样一种非常微妙的玄学概念分析，自然不能指望它可以满足所有时代发展的需求，但是，直到无可怀疑的科学知识建立起来之前，我们仍在徒劳无功地尝试探索灵魂问题之谜的解决。儒家哲学家并不像他们的基督教同行那样尝试对这些心理学现象作出解释——它构成了所谓的宗教体验的基本成分。无论如何，儒家绝不接受任何教条主义的束缚，孔子只是简单地告诉我们：灵魂是不可知的。接下来，我们的态度就很容易明白了：一个研究者不但不应有先入为主的观念，反而应以严谨的态度详细地考察每一个呈现在我们面前的命题！

基督教的维护者极力辩驳说：儒家教导人们说灵魂是不存在的！对此，也许我们可以予以这样的回答：其实，耶稣也并没有清楚明白地告诉我们灵魂是什么。基督徒只是反复地申明：灵魂是持续地存在于坟墓以外世界里的一种"精神"。实际上，《旧约全书》对于灵魂问题保持了缄默，而《新约全书》在提及灵魂这个问题时，则是以暧昧的态度愚弄世人。直到今天为止，孔子的不可知论都仍然经得起考验，因为我们这个时代全世界最伟大的科学家、思想家实际上都在告诉我们说：他们对于未来的世界和灵魂几乎是一无所知。

如果灵魂是一个未知数，那么，为什么还要浪费时间和精力去准备祭祀？玩世不恭的传教士因此批评说：孔子教导人们进行祖先崇拜，使他有怂恿欺诈或伪善之嫌。但是，孔子从来没有将祭祀或拜神看作向逝者的灵魂进行赎罪，他只是告诫人们，祭拜行为可以影响人类的行为。从真正儒家的立场来看，崇拜祖先的主要目的在于维持国人都能拥有崇高的道德标准。至于祭祀时所采用的具体形式和仪式，则必须根据不同的现实状况进行适当的改变与调整。儒家本身确曾在相当长的一段时间内犯下过拘泥于浅薄礼仪的错误，但只要是出于真正的虔诚之心，这一事实并不足以改变儒家的真实态度。

需要强调的一点是：在祭祖仪式中，儒家的真正教义并非如传教士通常所说的那样。设定祭祀的目的完全是为了生者的利益，而非死者。不管怎么说，对于死者来说，除了夸张的比喻之外，它并没有赋予逝者快乐。也许，通过一个大家都熟悉的例子，我们可以更清楚地说明这个道理：英雄崇拜只不过是祖先崇拜的延展，大多数国家的英烈祠为我们提供了一个关于崇拜的例证，而孔子不过是将这一做法赋予了每一个家庭。国家有它的英雄，他们被庄严地供奉在威斯敏斯特大教堂或类似的"名人堂"中；

而每一个家庭自然也都有它自己的始祖，假使每一个人都珍爱自己的家，这自然就会成为他产生美好回忆的源泉。至于祖先崇拜的正确构想是，每一个家庭都应有供奉自己祖先牌位的神龛。

但我们立刻就被告知：有些为人父母者并非好人，因此他们并不值得我们去纪念。传教士们经常援引这一点，并以之作为驳斥儒家的理由。而我们认为，这样的说法是很卑鄙的。我们孝敬父母，并享受因此而带来的乐趣，显然并非因为我们的父母都是圣人或英雄，我们之所以要孝敬他们，纯粹因为他们是我们的生身父母而已。祭祀的仪式维系着我们与过去的联系，它使我们以感恩之心重新唤醒我们对于过去的记忆。

出于上述原因，孝子必须亲自为适当的祭拜仪式做好一切准备！对待逝者的态度一定要做到心诚，让记忆将过去栩栩如生的美好时光重新展现在自己眼前。按照太阳在一年中运转的周期，对于某些特定的季节与场合，譬如在春分与秋分这样的节气里，要充满敬畏与真诚；而在每年父母的忌日或诞辰，也必须要举行祭拜仪式。当然，这并非关乎是否一定要将食品呈现于祖先的牌位跟前，实际上，这仅与古老的风俗习惯有关。儒家从来不会忘记祭祀，事实上，这么做的唯一目的只是为紧随其后的团聚盛宴增添一些庄严的气氛。

既然儒家立足于理性和知识的基础上，那它就必然随着科学的进步而发展。假如一个有学识的英国绅士能相信儒家的真理，那么，以此为基础，让我们来看一看儒家是如何奉行祖先崇拜仪式的。既然儒家认为历史有其发展性，它就必然要教导我们：每个人都必须记住自己国家的传统，正如他以敬畏之心保留对自己祖先的回忆。英国拥有辉煌的历史，在基督教文化的基础上，英国人在不知不觉中一直被灌输着儒家的思想，因为儒家思想乃是普世的真理。盎格鲁－撒克逊人只有在合乎儒家思想的原则上才能为其种族而感到自豪。一个信奉儒家的英国人，将会在尊重其传统英国人种的基础上培养他的孝道。爱、感恩和仁慈将会充实孝子的心，伴随着这些美德的成长，信奉儒家的英国人将会在每年中的固定时刻与兄弟姐妹们团聚在一起，这么做的目的并非仅仅只是为了野餐或度假，而是特意续写昔日的爱，以帮助彼此过上更加幸福、更加美好的生活。之后，每一个信奉儒家的英国人，都将会在其父母仍然健在的情况下，考虑其对父母应尽的义务与责任。如此一来，只要其儿女在世，寡妇就永远不需要一个人面对孤独的生活。当儒家的原则被予以全面执行之后，家庭将会重新获得团结的力量，在儒家的影响下，英国将不仅会是一个快乐的国家，更会是一个幸福的国家。是的，批评家坚称现在的英国已经是一个幸福的国家！但那不过是因为它在实践中借鉴了儒家很久以前所颁布的关于价值与真理的那些经验罢了。

因此，很明显的一点就是，孝道的实践方式在不同的国家必然有所不同。这是很自然的事情，譬如，在日本，就将我们的祖先崇拜与日本自己的民族宗教——所谓的神道教——结合在一起。其实，或多或少，这不过是日本儒家的化身。

美国人——作为欧洲人最年轻的后裔——正通过他们的盛大庙宇创造隶属于他们自己的"神道教"，尽管他们的基督教在不知不觉中快速采纳了诸多儒家学说的社会观点。具有讽刺意味的结果就是，对民族英雄或部落诸神的崇拜就与祖先崇拜密切地联系在了一起。在绝大部分国家中，祖先崇拜因为被圣人或其他一些神化的偶像崇拜取代而消失。祖先崇拜一度在全世界的野蛮人和文明民族当中非常盛行。尽管由于无知的流行导致在实践中很难区分，但也绝不能将在中国一直延续到今天的祖先崇拜与儒家的孝道崇拜混为一谈，后者是为了在生活中实现崇高伦理道德这一宏伟计划的一个重要组成部分，而前者，仅仅只是一个除了死亡之外人类对于未来无知的象征性符号。

儒家进行祭拜的基本原则是为了生动地回忆起与逝去父母相关的历史，这种回忆既是作为对美德的一种鼓励，同时也是为了给自己一个忏悔与自我调适的机会。正如我们已经指出的那样，儒家并没有告诉我们逝者的亡魂需要什么，因此，儒家并没有将祖先崇拜作为呵护逝者灵魂的一种手段。古代圣贤的祭拜仪式因具有伦理价值而受到称赞，它当然拥有结合不同社会利益的功用。在儒家的真实意识中，祖先崇拜的目的并非只是为了使孝子得到一时的赞美，而是通过提醒他不要遗忘了前人的成就，以敦促他作出更大的成就。如果一个人无意于炫耀自己祖先的光辉历史，那他也不需要为祖先所犯下的过错而感到羞耻。此外，绝不要忘记了，我们被强烈地要求记住自己的父母，并非因为他们是完美的圣人，而是因为我们永远也无法偿清他们对我们的养育之恩。儒家坚持，如果忘记了父母慷慨赐予的无私的关爱和数不尽的祝福，那将会给人的良知带来永久性的伤害，结果就是，不止道德的平静会受到干扰与破坏，更将会沦落为漂浮在陈规陋习之上的沙尘。

　　祖先崇拜的目的在于不时地提醒孝子，在处理诸多社会关系时一个人应尽的各种责任。这远不是儒家文化的终点，而只是建立共同道德操守的基础和方法。

　　然而，中国的广大民众并没有如我们刚才所断言的那样拥有相同的观点，经过长达数个世纪的密切接触，道教、佛教和儒教已经融为一体。首先规定仪式，其次则提供教义，就这样，儒家制定了道德操守的准则。至于说到现代中国人的祖先崇拜，我们绝不要错误地认为儒家支持现行的所有一切。至于在个体的儒教徒中呈现出不一致的现象，这与变幻莫测的基督教派别一再贬低实践道德的重要性相比，也不能说儒家的主张就完全失去了价值。然而我们却发现，即使是那些受过良好教育、明白事理的人，有时候也会竭力主张儒家"应取决于其结果"，尽管当你将相同的测试施加于基督教时，这些人将会感到大吃一惊。儒家并没有将"口唇上的信徒"看成"师傅"的弟子，因此，只有那些严格按照儒家的伦理原则生活的人，才是严格意义上的儒家信徒，而他们的数量出奇的少。这当中，祖先崇拜的问题完全不涉及迷信。虽然道教和佛教的迷信观念主导了人们的习惯行为，但在这提倡科学的时代，没有任何理由仍然任由它们持续存在下去。毫无疑问，随着知识的进步，这些都将会逐渐消失，最后，只留下儒家真理的核心，在黑暗中散发出耀眼的光芒。

　　按照圣人的看法，真正的孝道能唤起整个国家的感恩之心。人们把父母说成"有福的人"。《礼记》告诉我们："父母既没，慎行其身，不遗父母恶名，可谓能终矣。仁者，仁此者也；礼者，履此者也；义者，宜此者也；信者，信此者也；强者，强此者也。乐自顺此生，刑自反此作。"（《礼记》"祭仪篇"）

　　我们已充分地阐释了儒家思想，并清楚地证明了：无论民间流传的迷信活动是什么，都没必要吹毛求疵地要求儒家去为这些流行的观念负责。随着现代科学的传入，这些本土的迷信都将消失，儒家的祖先崇拜将仅保留简单的纪念仪式，正如孔子所预期的那样，与之相对应，则必然形成真实的、高尚的重视道德行为或爱国情操的英雄崇拜。

儒家的理想[*]

对于那些信奉儒家伦理信念并以之作为自己道德准则的人来说，什么才是他们人生的最高追求？目前试图概括儒家这一远大理想的各种描述与说明都是不尽完善的。简言之，儒家的首要目标可以说是要培养完美的人。当然，这里所说的完美，并非指超自然意义上的神灵在人世间的化身，而是说一个人在能力、体力、智力和道德等方面都达到了完美的程度。当这种理想中完美的人变得常见的时候，也就是儒家所期待的大同世界得以实现的时候：国家与国家之间不会再相互诋毁，而是在正确的动机和兼容并蓄的仁爱思想影响下，所有的国家都将为了共同的利益而进行合作。因此，我们要考虑三个方面：（1）有教养的高尚人士；（2）理想的国家；（3）大同世界。

现在，儒家只不过是把人看作自然的产物，除了将人置于所有的动物之上以外，实际上赋予了人几乎所有超自然的力量。人们习惯于说世俗事务受三种力量的互动所支配和影响：宇宙、人类和地球（天、地、人），因此，在经典中谈及圣人的时候，说他们具有"协助和助长天地转化的"本领。人类思想所产生的变化与自然界中所有事物的变化一样令人惊异，儒家将这三种力量视为三位一体，只不过说出了宇宙统一的真相——科学已经一步一步地揭示了这一真理。由已故理雅各博士所提出的亵渎神明的指责（很不幸，传教士们都盲从他的意见）是既不可信又非常荒谬可笑的。

也有人说，远东文化是建立在重视共产主义、公共利益的基础上，而在此问题上与之相反的是西方文化，西方文化在个人的独立和自由方面找

---

　*　本文于 1905 年 9 月发表于《海峡华人杂志》第 9 卷第 3 期，系林文庆于 1905 年 9 月 25 日在新加坡孔子诞辰 2456 年纪念会上所发表的演讲。

到了自己的理想，东西方文化之间的这些重大差异，恰好就取决于此。儒家将家庭视为国家或帝国的基本组成单位，在集体内部，共同的利益将大家牢固地团结在一起。儒家这么做的目的就在于形成社会，就如早期基督教试图通过耶稣之口制定某些严格的仪式来形成社会是一样的道理。每一个人都必须接受教育，以培养他们遵守家庭的行为准则，就是为了使种族得以长久地繁衍生息下去。事实上，训练一个人履行自己的家庭责任只不过是一个前奏序曲，因为这一切都是为了维护政府的权威所做的准备而已。就此意义而言，儒家思想可说是一种民主政治的道德准则，它以孝道作为伦理学与统治的基础，这明显地与自然法则相吻合。很不幸的是，国王实际上往往不是由最贤明的人来担任，因此，在中国，每一个王朝都不能幸免于最终灭亡的命运。当每一个国家都得到了良好的治理之后，理想主义者必须运用他们的才能以实现世界和平（大同世界）这一儒家的终极理想。当然了，这并非是说单个人的教育就能或应该被忽视，而是恰恰相反，儒家只是希望能够做到：每一个人都能受到完整的教育，并准备为了他人的利益而牺牲自己。这种为了他人利益而勇于自我牺牲的行为，在现在的中国，已被当成一项神圣的职责，这也是正确理解与中国人社会生活密切相关各种问题的关键。

从父权制时代开始，中国的哲学家们就已将动物的本能与人的情感进行了区分，那些高雅的情感与丰富的联想将一个有教养的绅士从愚昧无知的野蛮人中区别出来。儒家声称，教育在其最广泛的意义上对每一个人来说都是必需的，无论男女，如果没有了教育，只不过是一头会说话的动物！

《大学》对教育的原则进行了基本的概括。这本薄薄的小书忠告人们：应该将人类奋斗的终极目标时刻牢记在脑海当中！它强调，"止于至善"是唯一值得人类努力奋斗的最高理想。

真理之光必然反映着全人类的思想，这也就是所谓的"要以杰出的善行来衬托美德"①。一个有教养的人要想发现真理之光，他就必须首先学习与认识自然法则，考察所有的知识原理并理解人类的所有一切，不仅认识人类的过去，更应该把握人类的未来。只有经过了这些最基本的准备

---

① 英语中的"virtue"一词，其语义与中文中的"德"一词并不完全相当，因为这一中文术语含有主动认识并实践道德原则（道——信仰）的意思在内。（作者原注）

之后，一个人才有可能具备掌握科学真理的习性，从而发现真理并摒弃错误。达到这一境界之后，他将能领悟无所不在的天道意志，拥有良好的道德观念，并始终响应使命的召唤。到目前为止，我们只考虑到了智力的培养，从总体上来看，智力受到了应有的考虑与重视，获得广博的知识以便提升个人的自我修养，而其最终目标当然是惠及全世界。现在，我们必须继续考虑下一个阶段。

诚信出于自然本性的沉思，然后通过学者持续不断的自我反省进入更高级的境界。以曾子为例，他每天都要诘问自己：是否忠诚于自己的理想？是否忠诚于朋友、老师和上司？（曾子曰："吾日三省吾身，为人谋而不忠乎？与朋友交而不信乎？传不习乎?"——《论语》"学而篇"）他不仅严格要求自己不能欺骗自己，更将自己内心深处的所有动机都加以最严厉的审视与考验，这样，最后他所能获得的就唯有真正的尊严。

当一个人的心灵得到了进一步的净化和升华，那么，他获得更进一步发展的阶段也就到来了。"仁心"——正如儒家所强调的那样，能彻底改变一个人的性格，因为仁心确立之后，人的兽性就会得到抑制，而人的固执与偏见也自然会被静静地弃置于一旁，信誉与善行将会受到热切的呵护，更重要的是，人的恒心由于受始终不渝的奉献精神鼓舞而坚定不移地走向正义的归途！

个人进化的最后阶段表现在其内心深处和感觉上应具备上述的心理素质及其优良品行。作为善于学习和拥有学识的证据，他能精确地运用文字并准确地表达自己的思想，他的高尚可以透过优雅的举止自然地流露出来，以始终如一的谦恭与尊重昭示于人。他对真理的挚爱影响着他的全部行为，诚实守信和真挚的感情会习惯性地成为他的第二天性。弥漫在这些高尚品质之中，崇高的荣誉感自然就会盛行，而这表现在两个方面：（1）行为举止上的高贵；（2）心灵上朴实无华的尊严。

我们对儒家进行了完整的考察，从其最初的原始状态一直到今日的演变与进化——作为大自然产物的人，也就是说，从充满了兽性的人进化到完美的个体的人——完善的文化学意义上的人。

然而，优秀的品质绝非是用于炫耀个体自身的完美，因为，每一个人都只不过是全人类中的一个分子，就如同一整堵墙壁上的其中一块砖。父母责无旁贷地承担着精心培育子女后代的责任，这将有助于塑造个人的品行，从而使他或她首先了解自己在家庭中的作用、地位，进而推及社会，最终达于全世界。

到目前为止，我们已对作为文明完美产物的个体的人进行了论述，我们也已看到，儒家文化的最终目标是将全人类培养成为一种全新的创造物，最重要的，这是一种行为完全表里如一的新人类：拥有健全的知识、正确的感受和彬彬有礼的行为方式。现在，我们必须深入探讨并研究，个体本身其实并不仅仅是单个的人，他还是社会的一个组成单位，儒家将个人视为达到最终目的的手段，文明世界走向大同社会的最后存在物！就如同砖块被水泥黏合在一起成为墙壁，同样的，个体之间通过可信赖的感觉和一系列的精神活动进而团结组成社会，这种有助于将众人团结在一起的力量，我们可以将其视为社会动力学上的精神或道德力量。儒家强调五种社会力量的重要性，它们分别通过五个确定的路径影响并充分地引导社会的前进与发展，最终导致所有国家之间的和平。通过以下表格，将能更容易地显示出这一点：

社会力量	途径	结果
1. 仁 2. 义 3. 智 4. 礼 5. 信	（a）在家庭中 1. 孝心 2. 兄弟之情 3. 夫妻和睦 （b）在国家中 4. 忠或爱国主义 5. 友谊	（c）世界和平 以四海之内皆兄弟的信念实现所有国家之间的和睦共处

1. 仁，起于父子之情，是所有美德中专属于父母的一项美德，为所有道德原则之根基。在现实生活当中，对他人的恻隐之心也许就是对这一解释的最好例证。为社会大众的公共福利而勇于牺牲自我的社会公德心，可以让一个人以坚忍不拔的毅力和慷慨侠义的行动忍受人们对其行为上的误解。

2. 义，产生于尊重和敬畏之中，在男人身上表现为谦逊，在女人身上则体现为纯洁。随着年龄的增长，日益呈现出刚毅、自信与真实的勇气。孔子在解释"勇气"的时候是这样说的："勇者无惧。"（《论语》"子罕篇"）

3. 智，产生于体现自然法则的正确知识，它有助于人们安心于自己的宿命。与传教士们通常的信仰相反，儒家是一种充满了热情的精神性宗教，它正如奥古斯特·孔德①所希望的那样，在尽可能宽广的自然界里寻求至高无上的良知。但是，儒家并没有对人性的弱点视若无睹，因此，儒家强调承认知识的相关性的重要性，它支持世界是不可知的观点。儒家告诫人们，上帝的真正伟大思想其实都源自"文化人"的说教，从而使人类避免掉进迷信的陷阱。就此意义而言，也可以说只有充满了智慧的人才能真正见到上帝。但鉴于一般人的愚昧无知，在人类摆脱愚昧无知之前，孔子宁可保持沉默。

4. 礼，就儒家的意义上说，与新加坡的奥尔德姆主教所认定的那样显然完全不同。在这个问题上，奥尔德姆曾在一个基督徒的重要聚会上竭力讽刺孔子。礼貌并非单纯只是一种毫无意义的形式，它包括了真实的敬畏和真正的谦恭，它是内心真实的谦逊与外在正确感受的表现，对他人显示出敬重与服从正是这一伟大社会力量的明证。欧洲人经常说别人是"野蛮人"，因为他们很少尊重"土著人"的感受。

5. 信，只有在文明人那里才能找得到它自身的影子，因为它是与荣誉的感觉紧密联系在一起的。出于自身利益的考虑，探寻真理是人类的最高追求。因此，孔子希望每个文明人不止能真诚地对待自己，甚至于能真诚地面对生死，体面的死亡要远远地胜于遭受无端的侮辱，日本的武士道可以说就是这一精神的具体体现。

在群体社会生活中，一个高尚的人确实应该需要有几分乌托邦主义的理想情怀。在这样的社会中，家庭将得到良好的治理，其后，在孝道基础上而产生的手足之情、夫妻和睦、合乎礼仪的家庭行为方式、精心的儿童教育以及睦邻之道等，都将顺次一一展开。

在这样的国家中，所有的家庭都将接受这一原则的指导，当然，这一指导原则相应地也会受到政府的关注。在这样的国家里，统治者关爱其臣民并热衷于国民的教育，人民效忠于统治者。如此一来，幸福将会支配一切。

当所有国家开明到足以辨别正义呼声的程度，那时候，孔子的梦想将会成真：大同社会将所有的国家团结在一起！

因此，儒家教导我们，每一个人都有四重责任：（1）对自己负责；（2）对家庭负责；（3）对国家负责；（4）对全人类负责。如果一个人践

---

① 奥古斯特·孔德（1798—1857），法国著名哲学家，社会学、实证主义的创始人。

行了这些责任，那么，也可以说他实际上是顺从了上帝的意志。儒家为文明所做的这一切努力，中国和远东的历史已经为之提供了最雄辩的证明。儒家不同于其他宗教：（1）它没有出于维护其学说的狭隘目的而断言超自然制裁措施的存在；（2）它告诫每个国家要保留其古老的传统信仰，并以之作为避免国家衰落的最好解药。因此，在韩国、日本和安南（即今之越南——译者注），儒家得以与这些国家中的其他宗教并立而生存。日本的神道教不过是天皇的祖先崇拜与儒家结合的结果，而武士道只不过是儒家在旭日之国（指日本——译者注）这一异国土壤中繁荣兴盛的结果。

　　总而言之，儒家的理想与世界上最伟大的宗教之间不仅差别不大，而且恰恰相反，对于每一个受过教育的欧洲人乃至全世界的人来说，它都是可以被接受的宗教之一。现代科学上的发现，并没有破坏它任何的教义，世界的进步将能适时地加速其广泛的传播，因为，毫无疑问，它不但是世界上最古老的宗教，也是人类最成功的宗教。

儒家的兄弟观[*]

> 兄弟是男人身体上最为重要的那一排肋骨。
>
> ——塞尼加[①]

兄弟友爱、手足之情在儒家伦理中占有突出的地位。在儒家的经典著作中，它被当作孝道的一个重要组成部分进行了详细的论述。我们已经指出：如果孝子想方设法满足父母的愿望，而不是只考虑自己的需求，那么，珍视兄弟之情就会成为孝道的必然结果。父亲自然会疼爱自己的儿子，儒家只不过试图利用人的自然情感作为培养利他主义意识的一股道德力量。既然孝道要求儿子热爱父亲所喜欢的一切，那么，作为孝道的首要结果，兄弟之间互敬互爱就是必然的了。

众所周知，兄弟之间经常会吵架。通常，造成兄弟间不和的根本原因是自私和孝道的缺失。兄弟之间怨恨的产生，往往起因于愚蠢地听信了身边那些无知女人的唠叨抱怨以及几乎所有男人都带有的缺少深思熟虑的暴躁脾气——在这一点上，他们反而对朋友给予了太高的期望。

所有的宗教都要求兄弟们要彼此相爱，但唯独儒家，指出了为什么兄弟之间应该这样做的原因，并提供了持久地维持兄间情感的原动力。

对于那些不熟悉公有制家庭的人来说，允许长兄享有特权似乎是一件很奇怪的事情。但当家庭作为一个有机单位逐渐成长扩大的时候，拥有一个德高望重的一家之主就很有必要了。儒家给予长兄优先特权的目的，只是为了确保家庭的稳定与团结。如果没有一个其地位和权威性都毋庸置疑

---

[*] 本文于 1905 年 12 月发表于《海峡华人杂志》第 9 卷第 4 期。

[①] 卢修斯·塞尼加（Lucius Annaeus Seneca，前 4？—65），罗马政治家、哲学家、作家。曾长期担任罗马暴君尼禄的老师，被称为尼禄的"思想家和公开的专家"，后被控密谋策划反对尼禄而被迫自杀身亡。

的领袖来领导，要组织大家进行哪怕短时间的合作恐怕都是不可能的。在一个家庭之中，年长的大哥对幼小的兄弟们来说，是处于代替父母的地位（长兄如父），因而，长兄越是能指出兄弟们的缺点，就越能显示出他对父母的尊敬，就像普通士兵不断地向他的上级敬礼一样。

在孝道之中，长兄和幼小兄弟们之间是互敬互爱的。在父亲过早去世之后，长兄要负起教养幼小兄弟们的责任，反过来，幼小的兄弟们也必须像对待父亲那样来对待他们的长兄。

有些传教士作家在评论儒家的这一教义时，不怀好意地将其看成罪恶之源。对于欧洲人来说，儒家的难于理解之处是作为奋斗目标的理想。以一个普通欧洲人的观点来看，自幼年接受洗礼加入教会之后，无论如何他都应该去履行其宗教责任，而诸如儒家强加于兄弟之间的应尽责任，反而被认为是令人厌恶和不可容忍的。但只要把伦理行为看作最高的行为艺术，我们就必须承认，为了行使仁慈、宽容、谦逊和真诚这些神圣的天赋，唯有从兄弟之间的亲密联系中才能发现最好的实践机会。俗话说："行善始于家中"，就清楚地表明了就算是在欧洲，这一点也没有被忽视。而自私自利——个体的私欲之爱——通常会成为利他主义思想释放过程中的障碍。儒家主张，手足之情的反复演练为那些美德的最终落实提供了最为切实有效的方法，虽然几乎所有的文明人都会赞同这一点，但似乎很少有人在日常生活中能实践这一点。

出于管理家庭的目的，年长的家庭成员应当被授予处理所有事物的充分权力是绝对必要的。被委托给个体的那种权力毫无疑问有被滥用的可能，但如果在原则问题上有任何严肃认真的反对意见，就可以合乎逻辑地推论出，我们必须反对给予国王、总统和那些通常享有特权的人以特权。集权化与权利的相关性对于团体组织来说是必需的，一定程度的让步也必须得到允许，无论如何，为了实现共同的目标，一定数量的人要团结在一起。儒家现在不仅坚持灌输这些美德，而且在现实生活当中更是一本正经地努力推行这些美德。如果连彼此间拥有众多共同利益并因之而联系在一起的兄弟姐妹，都不能达到宗教所要求的伦理规范标准，那么，我们又怎么能寄希望于纯粹的陌生人之间会彼此显示出宽容和善意？对于智力低下的人来说，没有什么空洞的说教能比生动的寓言更容易让他懂得：肥沃的土壤比贫瘠的土地能带来更多的收益！如果一个农夫希望有好的收成，那他就必须在耕耘过的土地上播种，这样，幼苗才能吸收足够的营养成分而苗壮成长。性格的培养如同种子的播种：完美的高尚人士是种子，而文化就是园艺，社会关系是环境，个体的人就是我们所渴望的美德赖以繁荣兴旺的土壤。至于家庭，让我们再重复一遍，就是呵护幼苗初次伸展细小根须赖以成长的苗圃！就是保护刚刚萌芽的细小蓓蕾赖以生存的遮阳棚！将父母与孩子维系在一起的固有亲情，为新生的利他主义情感提供了第一抔营养！这一切将会在兄弟友爱盛行的地方得到苗壮成长。假如提供了必要的条件——肥沃的土壤、兄弟般的情谊——人类的美德将会开始成长，正像树木在强度和高度方面得到充分发展，根系深入肥沃的土壤、枝叶伸展向广阔的天空，同样的，人类的品质在其宏观和细化方面也会得到进一步的发展，而它也就更加牢固地被固定在情感的基础上。一旦这样的习性有了根基，它就会继续生长、扩张，直至超越家庭，进而及于国家和全世界。

自私自利可能是人类最根深蒂固的恶习，不管以任何方式克服它，都是一场胜利，而且还能为即将到来的进一步的胜利铺平道路。在家庭生活的各种联系中，兄弟间的持续交流促使他们同心协力地分享、分担家庭中的一切。一个人通常会有充足的理由去为自身的劣根性进行辩护，而学习如何与别人分享生活中的美好经历，特别是养成自我牺牲的习惯，不仅需要勇气，而且需要有利的社会环境。儒家认为，兄弟友爱为克服自私自利提供了最适宜的介质。在家庭中学会克服一切形式的自私自利，其后，利他主义的行为肯定就会被逐渐养成且日益壮大，直至它在全世界得到普及。自私自利被彻底根除之后，阻碍人性中优良品德全面发展的所有障碍都将被清理干净。然而，当一个人非常年轻、仍处在人性发展的可塑阶段时，如果没有得到应有的关怀，可以这么说，当人处于动物状态时，自私自利会自然地成为掌控个人意识的全部力量，那么，在以后的发展中，它可能永远都不会被完全清除掉，至少大部分的情况是如此。

古典教义中兄弟情谊的诱人和强大之处在于它的简单易行：既没有神秘的教条也没有玄妙的仪式，全部学说可以简单地归结为一句话，随时随地都可以叫家中幼小的孩子加以练习。人的本性已经替我们做了部分工作，友谊经常会产生出爱慕和同情，当自己的同伴被人威胁或被人殴打时，小孩子会本能地大声呼救。人的同情心最初只是爱的强烈表达，没有爱的地方，自然也不会有同情心。因此，儒家正确地将兄弟友爱、手足之情与对父母的孝心并列作为自己的道德基础。其后，当小孩长大成人之后，同情心就很容易被扩展开来。实际上并没有多少障碍能阻止一切善于思考的人承认：同情心在人的成长过程中有着巨大的影响力！随着教育的逐步完善与发展，伦理道德所需也会逐渐变成大家的每日所需，因而它应该受到及早的热切关注！我们赋予兄弟姐妹间的友善态度显然具有重大的意义与价值。对于儒家制度下的家庭概念，最合适的表达方式可以像《新约》中的这段文字："一个家庭中的所有成员，都应该赞成共同拥有一切，应该分享他们的财产及一切所有，并在他们中间按照他们的各自所需分配财物。"（《使徒行传》第二章）我们知道，当最早的基督徒开始着手组织"教会"的时候，他们就是按照儒家兄弟相爱的观念，彼此以兄弟姐妹相待的，但他们的"教会"组织最后却瓦解了，因为他们在聚会的时候，经常过分地沉溺于荒淫无度的奢华宴饮——所谓的爱筵或欲望的盛宴——以至于因随之而来的伤风败俗行为和丑行而被教皇所禁止。儒家向其支持者逐渐地灌输崇敬的精神，因而，儒家的聚会从来没有像某些古代基督教派那样因为放荡的铺张浪费行为而蒙羞。在《使徒行传》的英文授权版中所规定的朴素生活方式——那令人惊叹无比的共产主义，在今日绝大部分中国家庭的现实生活中仍然可以看到其影子：圣人那令人不可思议的影响力在家庭中发挥了崇高的影响。每个相处良好的家庭就是一个严密的组织单位，在家庭中，全体兄弟"共同拥有一切东西"。为数众多的儒家生活记录提供了最好的例子：历史上的英雄为了大多数人的利益勇于牺牲自我！

在康熙大帝的"圣谕"中，兄弟友爱与孝道一并被看作人类行为的基础。中国历史上充满了兄弟间谦恭友爱的事例，这可以用《礼记》中的一句话来简要概述："如果厌恶上司对待你的某种行为，就不要用这种行为去对待你的下属；如果厌恶下属对待你的某种行为，就不要用这种行为去对待你的上司。"（"所恶于上，毋以使下；所恶于下，毋以事上。"作者说上述话语出自《礼记》，应系作者误记，因上述话语实际上出自《大学》——译者注）这是万古不变的行为准则，事实上，它也是无与伦比的金科玉律。

为了让那些对中国传统有兴趣的人更容易理解，在此，我们从古代那些因孝行而名垂千古的先贤故事中简要引用其中兄弟相亲的最著名例子，需要指出的一点是：女人（母亲）作为崇拜的对象之一，在这些故事中亦被频繁地提及。

汉明帝以极为重视兄弟间的亲情而闻名。汉明帝的弟弟东平王经常到朝廷觐见，而每当他离开的时候，汉明帝总是感到很伤心。有一次，他给东平王写了一封信，告诉东平王他的离去总是让自己感到十分郁闷，并问东平王做什么事情能让他感到最开心？东平王言简意赅地回信说："做善事！"汉明帝听后非常高兴，于是，他让皇室成员中所有年龄五岁以上的孩子都佩戴印上"为善最乐"的随身护符。

唐明皇在他的权力范围内，与他的四个兄弟分享所有的尊严与快乐。当他的一个弟弟生病时，唐明皇按照医生所开的药方亲自为他煎药，这时，一阵风突然吹来，煎药的火苗烧着了唐明皇的胡须，左右侍从急呼惊救，唐明皇却平静地说：如果他弟弟的病因喝了药而能痊愈，那么，就算是烧掉了全部的胡须，又算得了什么呢？（"但使王饮此药而愈，须何足惜？"）他一视同仁地对待所有的兄弟，兄弟们因此而过着极为和睦的生活。

司马温公（司马光）是兄弟友爱的典范，他悉心照顾年事已高的哥哥的事迹让人称赞不已。司马光侍奉兄长就如同事奉父亲一样尽心尽力，就连年老兄长吃饭、穿衣这样的生活细节，他都要亲自过问。

晋朝的时候爆发了一场大瘟疫，有一个叫庾衮的人，因在瘟疫流行时勇于照顾因染病而濒于死亡边缘的哥哥而闻名。庾衮的父母已经在这场瘟疫中失去了两个孩子，因而决定带领其他孩子到别的地方暂住以躲避瘟疫。然而，庾衮却不愿离开，他除了夜以继日地照顾卧病在床的哥哥，还辗转于逝者的棺木间如常地进行哀悼仪式。就这样，庾衮照料生病的哥哥，持续了一百多天直到哥哥痊愈。当他的父母再度归来之后，他们欣喜地发现，忠实于兄弟友爱的庾衮依靠自己的力量逃过了这场瘟疫所带来的浩劫。

东汉时期的马援非常敬重他的大哥，当他大哥去世后，马援为其守孝一年，从不离开哥哥的墓地，而且他对守寡的嫂嫂极为敬重。

历史曾经记载卫成公①兄弟友爱的故事。按照当时封建制度的规定，卫成公有向皇帝推荐自己的一个儿子继承爵位的特权。然而，卫成公没有推荐自己的儿子，而是请求皇帝让他哥哥的儿子来继承，以此表达自己对

---

① 作者原文中人名为"Duke Cheng of Wei"，因译者手头资料所限，一时无法准确查出其所对应的人名，暂且将其译为卫成公，置此存疑。

过世哥哥永恒的友爱。皇帝认为他的无私行为对于提升国家的风俗习惯是一个很好的榜样。

　　宋朝的时候有一个叫赵彦霄的人，因其兄弟友爱的品德而闻名。赵彦霄有一个哥哥，在父母过世后，他们在一起共同生活了十二年。赵彦霄的哥哥是个挥霍无度的赌徒，因此，不久以后，大半的家产就被他败坏掉了。彦霄屡次劝他，他都不听，于是，赵彦霄提出分家产。五年之后，哥哥不仅败光了自己所有的钱财，而且还欠下了一屁股的债。新年前夕，彦霄邀请嫂嫂到他的家中，并告诉她：当初他提出分家产的根本用意是为了能从挥霍无度的哥哥手中保住一半的家产。他说："现在，我们起码还剩下一半的家产，您和哥哥无须为今后的生活而担心。"然后，他慷慨大方地将他所拥有的全部财物都交付给哥哥管理，并将他与哥哥当初划分家产时所立的契据当场付之一炬。哥哥被彦霄的慷慨大方所深深感动，因而拒绝接受他的好意。然而，无法否认的是，正是弟弟彦霄出于兄弟友爱的所作所为，使他哥哥得以忏悔并洗心革面重新做人。

　　日本的应神天皇有三个儿子，其中，他最喜欢二儿子 Waka-Iratsu-ko，因此，后者被应神天皇选中作为自己的皇位继承人。然而，Waka-Iratsu-ko 却不想取代他哥哥。出于自我牺牲的最高道德原则，Waka-Iratsu-ko 不得不切腹自杀，以便他哥哥能成为皇位的继承人。通过这种谦让的方式，Waka-Iratsu-ko 为他哥哥顺利继承皇位铺平了道路，而他哥哥，原本也很乐于服从父皇的命令，准备将本应属于自己的皇位禅让给弟弟。

　　我们无须在此举出更多同样的例子，因为任何一个真正奉行孝道的人很可能同时也是一个好兄长或好弟弟。显而易见，在家庭中，深受儒家教义熏陶的兄弟们通过相互忍让以克服细小的分歧，最终实现和睦共处。首先在兄弟间培养出真正的仁慈和善行，才能进而确立起高尚品德，最终让爱充溢全人类。

儒家社会中妇女的身份地位*

女人，你的名字是弱者！

——莎士比亚

在中国社会中，没有比应给予妇女怎样的社会地位这一话题更能引发大家的激烈争辩。那些沉湎于"《圣经》是导致妇女社会地位得以提升的原因"幻觉的传教士们，高声断言孔子本人应该为中国女性数百年来一直遭受"男尊女卑"的社会地位负全部的责任。但毫无偏见的历史学者马上就该明白，造成中国妇女社会地位被逐渐贬低的原因有很多；如果此事真的跟与圣人名义相连的伦理文化有关的话，那么，这种联系也是非常间接的。

在史前时期，中国妇女就像她们的日本同伴一样，享有相对独立的生活，并能对其夫君施加不小的影响。根据传统，中华民族是曾受过女性恩惠的，因为女性的很多伟大贡献让中国文明为之感到自豪。譬如，蚕的养殖和所有与丝织业相关的一切就是古代一位后妃最珍贵的传家宝。

在孔子那个时代，中国妇女通常都受到良好的教育，作为一个社会群体，比起同时代的其他国家，她们在各方面都受到了很好的训练。当然，我们的意思并不是说她们拥有很多知识；我们所强调的是，她们所受到的教育足以使她们成为好妻子，并能照料好家庭和培养好孩子。当我们对不同社会群体的教育进行比较时，有一点是我们一定要铭记于心的，那就是：在民族文化的习俗中，教育的根本目的是什么？在古代的中国，没有人会异想天开到要去培养一个"才女"，"才女"这两个字似乎注定了就

* 本文于 1906 年 12 月发表于《海峡华人杂志》第 10 卷第 4 期。本译文经 Dr. Ng En Tzu, Mary（吴恩慈博士，新加坡国立大学英语语言交流中心高级讲师）审校。

243

是单身者的代名词，而一提到"才女"这两个字，几乎马上就令人联想到了西方谚语中，在愤怒的公牛眼前上下舞动的那面红旗——"一个令人气得抓狂的东西"。

古人为女性提供教育的目的，主要在于培养女性的优良品格并充分发挥其母性的本能，以使每一个女性不仅能成为贤妻，更要努力成为良母。教育的目的从来就不是期望女性应该篡夺男性的职能，因此，自然也就不可能教育她们去同男性展开竞争。

就我们所知，相比于《旧约》与《新约》中的妇女形象而言，女性在儒家社会中的地位不仅令人满意得多，甚至也优于同一历史发展时期不同文化形态下任何国家中的女性形象。甚至就连希腊人都未能发现令国家强大的真正秘密之所在，虽然他们在形而上学、哲学和科学方面获得了空前的成功！希腊人的这一失败，毫无疑问最终导致了希腊的堕落和帝国的毁灭。《旧约》对女人的看法是粗鲁野蛮的；对一个明智的男人来说，如果他试图证明：《旧约》中的上帝曾为可怜的夏娃和她的不幸后裔做过设想，那是十分荒谬可笑的。《圣经》告诉我们：上帝用亚当一根多余的肋骨做成了夏娃，而她显然就是邪恶或愚蠢的化身，因为很快就因她强烈的好奇心或幻觉而使她丈夫和自己卷入了一场可怕的、好像是预先安排好了的灾难。其结果就是根本不可能的"人的堕落"的传奇。从犹太人关于第一个女人的历史中，我们看到，她既无助于传播上帝的荣耀，也无助于女性道德的提升，我们也更不能说《旧约》能激发我们以敬仰之心仔细聆听希伯来人先祖们——那些所谓靠近上帝之心的人——就女人这一话题所发表的见解。从摩西到耶利米都没有以任何形式说过有助于提升妇女地位或解放妇女的话语。我们可以很自信地说，在儒家的教义中，对待女性的每一个方面都显得更加人性化、更加合理。比起上帝的朋友——希伯来人对待女人的野蛮规则而言，儒家与当今欧洲对待女性的态度更接近一致。

在《圣经》所记载的犹太人习俗中——据说是已受到了万能上帝的赞许——似乎并没有给予妇女过多的考虑。在上帝的旨意下，妇女地位的急剧衰落是相当惊人的，譬如，强迫一个寡妇嫁给她已故丈夫的弟弟，这一侮辱女性的行为就足以证明以上所言属实。在犹太人统治的时代，耶和华从来没有考虑过女性所应享有的特殊需求，譬如，当今文明时代所有高度文明化国家依据法律所赋予女性的一切权利。妇女在她们全能的上帝和所谓"保护者"的默许下，或者是被无情地杀害，或者是为希伯来人强行掠走被迫为他人妻妾甚至被卖身为奴。到了基督时代，我们发现基督教的创建者也没有对妇女在家里及社会中的地位给出一个明确的诠释，基督的宽厚仁慈之心自然能使他轻易宽恕那些不幸堕落的女人，但他却没有在这方面给他的追随者们留下权威性的说明，这导致后来的基督教徒，譬如在现代英国，人们几乎都是以冷酷无情的蔑视态度来对待那些可怜的堕落女人。基督这一暧昧的教义导致了可怕的后果！神父们宣称说：女人是不洁之物！其结果就是，男人们为了在教堂中侍奉，就不得不像逃避魔鬼一样避开女人。从圣保罗、基督教神父、罗马教堂以及《圣经》支持者以往所犯错误中将妇女解放出来，其实已缓慢、乏味地持续了数个世纪之久，而显然不应将之归功于基督教自身。上述这些对基督教的粗略描述显然是不够的，但鉴于那些一再试图贬低儒家的基督教徒不断声称：仅仅依靠基督教自身就能够达到提升中国妇女的道德水准和妇女社会解放这样的说法，显然还是很有必要的。在中国社会中，儒家认定妇女是家庭的女主人这一主张，完全无损于女性的社会地位和形象。按照儒家的观点，儒家社会中的女性不会比圣保罗所有严厉约束下的女性更加自卑！事实上，在中国这样的儒家社会中，一个母亲所受到的尊重是任何基督教妇女所不能够享有的，因为教会坚持认为女性是不洁之物。

根据儒家的理论，妇女的工作领域恰好是对于男人工作的补充。只有从女性自身的天赋条件来看，与男性相比，女人才显示出一定的劣势。儒家将传宗接代这一母性特征视为女人最重要的天职，这样一来，就于无意之中在生物科学真理的基础上建立了它的最根本原则；也就是说，种族的繁衍对于维持物种的连续性或物种的保存是必需的。因此，我们可以明白：儒家对于女性的定位是无懈可击的。当然，它也使我们理解女人因培养孝子付出了种种牺牲而理应分享孝子所带来的所有荣耀（母凭子贵）。在中国漫长的历史中，妇女有权分享属于父母的所有特权是从来没有受到质疑的。所以，在儒家那里，从来就没有视女人为一种低等生物的假想，尽管在中国社会中，就如所有的社会一样，在严峻的生存斗争中，为环境所迫，妇女实际上总是扮演着次要的角色。

我们必须牢记，中国的风俗习惯随着地域的不同而有所不同，并非每个地方都完全遵循儒家的教诲。许多地方的风俗习惯很可能与儒家所宣扬的教义背道而驰。有些风俗习惯是如此的古老，我们当然不应苛求儒家去为这些陈规陋习负责任，但我们坚信在那些推行儒家思想的地方，妇女的身份地位获得了明显的改善。但一个无可争辩的事实是，古代的经典中都是严厉地要求将男女两性分开的，而后世一些厌恶女人的解释者，受佛教禁欲主义的影响，提出女人应当从男人的世界里彻底退出。

一些传教士严厉地抨击孔子，因为他曾说过：女人就像下人一样很难满足她们的要求，因而难于相处（"唯女子与小人难养也。近之则不逊，远之则怨"——《论语》"阳货篇"）。其实，这位圣人只是在告诫他的学生，在与异性相处时要小心而已。我们实在难于想象：这些基督教批评者们，为何要对这样一句显然十分理智的评语大加挞伐？或许仅仅是因为他们在别的方面难以找到孔子的毛病吧？全世界的历史不都已证实了孔子的观点吗？每个国家的社会历史都充满了"女子难悦"的例证，而孔子的这一忠告，在当今的英国，更是天天都在上演中。

在中国，导致妇女社会地位低下的原因有很多。首先，我们必须提到一个极端的观点：出于保护女性的贞操而将两性分开。但我们必须记住一点：孔子生活在大约公元前500年，在孔子看来，禁止女性与除了丈夫之外男子滥交，可以使国家避免出现大量的私生子。就这个方面而言，儒家的中国很可能比很多基督教国家更加幸福快乐，这些国家的道德品行可以从其惊人的私生子出生率上得到判断。当传教士们油嘴滑舌地谈论儒家制度下妇女地位的退化时，我们想大胆地质问他们，他们敢不敢拿中国任一个城镇的私生子出生率去与英国那些声名狼藉的城市进行比较？

当然，对基督教批评家所诟病的纳妾制度，孔子采取了宽容的态度的确是一个不争的事实。但请基督徒们不要忘记，就算是耶稣本人也并没有鼓吹过一夫一妻的教义。仅仅《新约》要求主教只可以有一个妻子。那么，我们马上就可以据此得出结论：除了主教之外，其他的人可以拥有多个妻子！无论如何，按照耶稣的要求，犹太法律必须予以不折不扣地执行，直到他带着天国的荣光从云端归来为止。基督徒深信，犹太教律是上帝亲自制定或口述的，而犹太教律无疑允许一个男人在他能力所及的范围内拥有尽可能多的妻子。古代犹太人先知，这些能与上帝交流的人是拥有妻妾的，而对于一夫多妻，《圣经》中亦未有任何谴责之词，恰恰相反，一个人拥有大量妻妾，反而会被犹太人视为蒙受神恩的标志。无论如何，《圣经》告诉我们，所罗门拥有一千个妻妾，而所罗门是一个得到了万能上帝高度眷顾的智者。因此，令人难于理解的是：为什么这些犹太先知无益的作为没有受到谴责，反而有人要对孔子吹毛求疵？就算他没有公然宣扬一夫一妻制，但他本人却实践了一夫一妻制。

如果《马太福音》中涉及阉人的那一章不是伪造或者被篡改的，那么，我们就有了很好的证据。早期的传道者从耶稣那里获知，婚姻是令人烦恼的一件事情，正如使徒保罗所指出的那样："与其欲火攻心，倒不如结婚为妙。"如果现在我们仍然对婚姻持有这种观点的话，马上就被认为是对妇女的不公及侮辱。尽管教会将婚姻视为一种神圣的宗教仪式，但它在扑灭基督徒的滥交恶习方面却明显地失败了。在本文的范围内，讨论暗娼的问题是不可能的，但是，任何一个社会学系的学生都知道，不管是东方还是西方都承认，日本和中国的高级妓女作为一个特殊的阶层，并没有被贬低到像那些因遭受社会暴政的无情打击而沦为社会最底层的不幸人群，而是在不经意间（正如莱基教授所指出的那样）被当成了无数家庭幸福与纯洁的守护天使。自然，考虑到卖淫会破坏家庭乃至国家的根本利益，儒家是坚决反对卖淫的，但在某种情况下，卖淫又是不可避免的，适当地控制卖淫行为并给予这些社会恶习的受害者以人道主义的关怀，肯定要比以虚伪、鄙视的态度竭力镇压那些可怜的卖淫者更好。在东方社会中，妓女活跃在类似于古希腊的那种氛围中，我们知道，古希腊的高级妓女成为当时一些最贤明者的合伙人，而这些周旋在多才多艺的交际花身边的异教徒希腊人，在智力和道德方面与那些宣称奉行基督教信仰的堕落后人相比要强得多。在现代的中国，在儒家官员的默许下，"交际花"可说遍布于几乎所有的大城市中。儒家并非试图掩饰现实的伪君子，所以优秀的传教士认为他们有相对宽松的道德观。作为务实主义者，儒家宁愿像古希腊人那样允许"交际花"这一社会阶层不受干扰地存在，以确保在家庭圈子中能彻底摆脱纵欲过度的恐慌。而不愿像欧美那些最开明的基督教国家中，让离婚法庭成为腐蚀家庭生活的罪魁祸首。

儒家已经为妇女做了这么多：它赞扬母性的神圣，教导男性要把女性视为家庭的女主人和保护、宠爱的对象。它当然不会给予女性那些很容易被滥用的所谓自由。在欧洲、特别是在美国，某些高级社交圈子里的放荡者——其近来的行为正日益引起我们的关注——恰恰证实了儒家的智慧：它在很早以前就已经预见了两性之间自由滥交这一不可避免的后果！我们必须时刻牢记：对女性行为所施加的种种限制，其实都是出于维护家庭利益的目，也是为了维护女性自身的利益。随着科学知识和经验的增加，中国妇女将会获得比此前更多的行动自由。就算是今日的中国妇女也并没有像印度妇女那样被禁锢在闺房之中。对女性的禁锢完全是一种东方的习俗，而它毫无疑问是基于长期经验的结果。当我们拿印度或中国的文明生活去与欧洲的现代生活进行比较时，就如同在拿一个婴儿去与以高寿闻名的玛士撒拉①进行比较。谁敢说五千年后的东方女性观就不能在伦敦、柏林和纽约流行？如果说最近所揭露出来的部分美国上层富裕人士荒淫无度的真相，显示了社会堕落的迹象，那么，这将会成为一个大胆的预言：谁敢否认，就算是在美国，闺房制度在遥远的将来仍有存在的必然性？无论如何，中国社会没有被欧美家庭众多不幸的社会肿瘤感染已经至少有两千年了。

儒家所认可的纳妾制度从常识上来看，肯定要比基督教将所有情妇所生的孩子都视作非婚生子女（私生子）而予以谴责的习惯要更加人性也更加合理。应该强迫一个男人去供养他应为之负责任的所有孩子的生活。但是，严格来说，儒家只在一些十分明确的情况下才认可妾存在的合法性：最重要的目的当然是得到一个男丁以延续家族的香火！而妻子的同意也是必需的！妾所生孩子的地位与妻子所生孩子的地位是平等的。除非是娼妓所生这一情况，否则就没有私生子这回事。我们不认为儒家社会中的妇女比基督教文明中的妇女社会地位更低。被传教士深信不疑且一再予以引用的那些残酷事例，实际上是毫无意义的。类似虐待女人的行为在整个信奉基督教的国家中实在是很平常的。事实上，在儒家社会中，的确有男女之间的区分。当我们说一位女性是妇女的时候，并非是对其不敬，同样的，就其本性而言宣称妇女的天职是养育孩子的时候，也并没有侮辱的成分在其中，因为，从自然的角度来看，家庭和托儿所是最适于妇女工作的场所。儒家认为强调妇女有尽其母性职责的义务并非是在降低女性的身份，恰恰相反，儒家坚持认为：失去了性别特征的女人才是文明和人类的敌人！从最近因出生率下降而引发很多基督教国家当局的忧虑这一事实来看，儒家是正确的。儒家提供了一种文明和人道的方法，弱化了人类为生存而进行的严峻斗争。它伟大的礼仪法则将自我克制和相互尊重施加于所有的人，妇女被灌输应将家庭视为她们快乐与幸福的源泉，而事实上，在

---

①　此处原文为 Methusela，疑为 Methuselah 之误，即玛士撒拉，他是以诺之子，《圣经》中的长寿者，据传活了 969 岁。

料理家庭事务和抚养孩子的过程中，妇女的确找到了她们人生中最大的幸福。儒家所设想的家庭体系将人类所面对的人口快速增长的恐惧转变成了共同行动和团结的因素。就这样，儒家为人类互助的充分实施做好了准备——相互合作——这一人类对抗严峻生存考验的另一自然法则。很多年前，人口学家马尔萨斯发现了人口的骇人增长，而在基督徒中引发了恐惧和担忧，但儒家却能做到坦然面对之。在基督教国家，如美国、澳大利亚和欧洲的白人男女中，因接受了马尔萨斯的人口理论，为减少人口而实施的一系列措施已预示了对家庭本能的弱化，而按照儒家学说，保护这种家庭本能应是社会的最主要目标。无论如何，儒家始终都不能理解：为什么男人屈尊顺从女人就是一种优秀文化的必要标志？也许正是由于这一分歧导致一般普通的传教士猜想儒家社会中的女性没有基督教社会中的女性那样开心幸福。这种猜想是相当错误的。如果这还需要证明，那么，我们只要看一看中国的慈禧太后就可以了，如果女人真的遭受鄙视，中华民族又怎么能够容忍让一个女人成为国家的最高主宰？

儒家对这一事件的未来看法将会是怎样的呢？毫无疑问，当女子教育在中国得到复兴，就如它在当前的快速发展那样，一夫一妻制将会在儒家社会中成为共同的法则。随着妇女才能和智力的改善与提高，两性之间的自由社交活动必然会出现，但它会以健康的自我约束与克制，来有效地阻止西方社会中可悲的过分荒淫行为。儒家并不承认基督教妇女占据道德制高点这一说法：或许在智力方面后者远高于她们谦逊的中国姐妹，但不管是作为忠诚的妻子还是富有献身精神的母亲，儒家妇女都不会稍逊于她们的基督教姐妹。儒家的妻子可能没有西方基督教妇女身上所散发出来的令人着迷的智力上的魅力：当基督教妻子在客厅中热情款待她丈夫的朋友时，儒家的妻子可能正躲在深闺内宅中安心于自己的女红，但她对丈夫的无私献身和对孩子的无限热爱，谁又能说儒家妇女的表现比不上她的基督教姐妹？儒家妇女对自己身为母亲的职责无疑感到绝对的自豪，她也绝不愿意将自己的母爱职能转让给他人，正如她不会自愿放弃丈夫的爱抚！最重要的是，儒家妇女是否真的在各方面都要比西方那些歇斯底里、神经质的女人更不幸吗？我们已充分说明，为了提高女性的社会地位，儒家已经做了很多，包括提升女性在家庭中作为母亲的尊严，给予她任何父亲所可能期望从儿子身上得到的最高荣誉，等等。杰出的儒生对他们母亲的爱护是最受人喜爱的故事。借鉴于西方的经验，儒家无须担心如不引进外来的信仰，未来的中国妇女就无法获得精神上和道德上的进步与发展；正如日本的妇女，没有基督教也一样获得了快速的进步。同样的，儒家妇女将会从无知的束缚中被解放出来，并通过对过往荣誉的美好回忆，与丈夫共同分享家庭的天伦之乐。儒家妇女境况的改善是毋庸置疑的，家庭的纯洁将不受影响地得以完整保存，而曾给一些地方带来极大破坏的社会恶习将不复存在。正直的儒生绝不会以轻谩的语气去取笑一个女人，而弱者拥有强者保护与关怀的权利，实际上也是儒家有别于其他道德体系的一条戒律。儒家给予了女人所有的自由，但是，儒家不会给予女人破坏家庭的自由，当然了，尽管拥有让儒家妇女引以为傲的严厉贞操观，偶尔还是会有个别女性情不自禁地流露出人类的本能。为什么不把这种可能将家庭命运置于危险境地的自由给予女人？其实这仅仅只是基于一个生理学上的理由，如果有些人认为儒家将道德原则建立在生物学数据上是错误的话，那么，我建议他们去读一下人类历史的有关课程。

在两千多年的时间里，儒家文明的团结与持久是孔子智慧令人信服的有力证据。即使不是全部，至少当大部分原本处于同一时期的文明在经历了巨大变化——要么消亡、要么解体之后，唯有以家庭组织为主的儒家文明，在遭受了至少两次野蛮的游牧部落侵袭和无数次政治革命之后，从剧烈的社会大变革中安然幸存了下来。而除了家庭制度之外，几乎所有的旧事物都在这些社会剧变中被颠覆或破坏殆尽。在儒家语义下，妇女是家庭牢不可破的基础，母亲以孝来激励儿子——这是儒家文化的奇葩！西方人完全不了解中国的妇女状况，借助于戴有西方宗教文化色彩有色眼镜传媒的歪曲报道，传教士们只看到了其中的阴暗面。是的，儒家文化中的妇女不仅勇敢、高尚、仁慈，而且绝对地忠实于家庭，儒家的妇女是最文明的女性，因为她能通过学习各种才艺来克服内心的情欲，她也通过缠绵无休的温柔贤惠和历久不衰的献身精神来左右男人——她自己的主人。

儒家的婚姻观[*]

法律并没有使一个男人必然地成为丈夫，但如果一个男人致力于使自己成为丈夫，那么，他在妻子面前，就自然地获得了作为丈夫的权力。

——胡克《教会政体法则》①

就儒家来说，没有什么比简单明了地规范夫妻间关系的法律能更好地说明儒家创始人的务实性及其远见卓识。中国人的行为准则里有一个基本的规定：夫妻间应该互谅互让，即除了和睦共处之外，在已婚夫妻间，不但要相互尊重，更要相互忍让。对于这一点，在儒家著作中表述得很明白：妻子这一角色被尽可能地赋予了荣耀与敬意，妻子绝不仅仅只是满足丈夫情欲的女仆！的确，妻子是男人的家庭主妇，她不只要主导家中的一切，还要亲力亲为抚养自己的孩子。实际上，除了儒家的经典作家们将女性的工作范围限定在家庭内这一点之外，现代欧洲最强有力的女权捍卫者，从一开始就没有超越儒家思想中妻子的尊严。

妇女被认为拥有自身独有的天然特性：生性温柔。由于受生理特性的制约，女性在生存竞争中所起的作用受到了严重的限制。虽然孔子本人很少提及女人，但从他的教义中可以很容易地推断出，孔子并不赞成让女人在事业和职业上与男人展开竞争，为了维持社会的和谐，她们对男人的事业最好是敬而远之。毫无疑问，孔子赞同到了某一年龄阶段之后，男女两性之间应该分开，简言之，在进入青春期之后，男孩和女孩之间绝不能再

* 本文于 1907 年 3 月发表于《海峡华人杂志》第 11 卷第 1 期。

① 理查德·胡克（Richard Hooker, 1554—1600），16 世纪英国神学家，《教会政体法则》（*Of the Lawes of Ecclesiastical Politie*，出版于 1594 年）是其代表作之一。

有过分亲密的行为。儒家认为，坦率地承认人性的弱点正是优秀文化的标志。历史上曾经有一个阶段，男女随意杂居生活在一起，而这一时期被所有正统的思想家视为是人类史上最黑暗的时期。

轻蔑地指责和诋毁儒家有歧视女人的倾向是很容易的，但是，儒家至少能坚持一点，它坚持认为，就算是兄弟姐妹之间，在日常行为举止方面也应彼此恪守礼仪，绝对不可以随便碰触对方的身体，如果这一严谨的行为规则能在兄妹间得到严格的执行，那么，这样的结果似乎并不会让人感到荒谬：一个男人不应与另一个女人拥有比自己亲生姐妹更为密切的关系！一种肤浅的观点认为：人性足以能使人意识到威胁男女间最纯真交往的所有危险、圈套和陷阱，尤其是在对性事懵懂初识、情窦初开之时这一最危险的时刻！而事实上，没有哪个男子能抵御激发他情欲的诱惑，也没有哪个女子能长久地抗拒异性对她持续不已、令其春心大动的热烈追求（"哪个男子不钟情？哪个少女不怀春？"——歌德）。对于这样的男女，尤其是当他们彼此为满足于一时的欲望冲动而寻找借口之时，什么法律、人性或神圣，都变成多余的了。这些叙述听起来似乎理由都非常充足，然而世界历史却以其固有的真理向我们提供了最好的说明。我们应该叹服于儒家的坦诚与直率：不惜任何代价阻止那些有可能导致家庭毁灭的乱交！毕竟，这样的结果不是我们想要的：鼓励年轻男女坠入爱河，但他们却并没有因此而找到幸福——漫长的不幸婚姻往往都是一见钟情的后果！这是因为爱情是盲目的，这是因为儒家认可一种比情欲冲动更为高级的伦理道德准则——一个人对于家庭的伦理道德责任，它能恰如其分地调控两性之间的交往。从儒家的观点来看，让情爱不受控制地随意膨胀、泛滥，与养育一个人长大但却不为他提供相应的教育是极为相似的。一个男人如果没有接受过教育和训练，从某种意义上而言他只不过是一头禽兽，他会本能地服从自己的生理需求：就像一个野蛮人，当他感到饥饿时他会去狩猎，同样，为了满足自己的情欲，他会以武力掠夺女人为妻。而文化教养却要赋予一个男人以责任。既然一个男人不可以有偷窃、谋杀等种种错误行为，那么，为什么要允许他去紧紧地握住一位陌生的、年轻女士的手？难道那样温柔的举止意味着比言语更多的含义？更能激起女人心中神秘的震颤，以至于使她忘记了自己的最大利益而毁了自己的生活？儒家主张，与窃取女人的感情相比，男人在窃取女人的贞洁方面不应享有更多的特权。这根本就不是一个让男人名誉扫地和使女人蒙羞的问题，原因很简单，对家庭和国家而言，这是一个更高层次上的社会政治问题。

有人争辩说，如果没有女人作为伴侣，那么，社会生活就会缺少了很多魅力。对此，儒家的回答是，与其危害比起来，这样的好处并不值得追求。儒家认为，在家庭中预防不幸事件的出现是很重要的，无论如何都应小心防范任何不幸事件的发生。从中国历史上来看，我们至少得承认：当男女混居在一起的时候，有些男人总是会想方设法利用女人易于感情用事的弱点，如果我们能正确地解读欧洲的历史，我们就会发现，在这方面，欧洲历史与中国历史是完全一致的。

现在让我们从一般叙述转到对夫妻间具体关系的讨论上。我们发现，儒家在要求妻子与丈夫和睦相处的同时，也要求丈夫体贴妻子。夫妻间应互谅互让，双方同心协力为了家庭的福利一起共同努力。儒家的家庭观念并非仅仅满足于为彼此相爱的两个人提供一种伴侣关系，而是要组建一个新的家庭，不管个人喜欢与否，都必须要服从于整体利益的需要。在儒家的意识中，一个男人结婚的目的并非仅仅出于满足自己情欲的需要，而是出于种族繁衍和履行家庭使命的要求。正是出于这个原因，男人所爱的女人是否能成为他的妻子这一点并不重要。实际上，一个男人很可能从来就没有看见过他要迎娶的女人。毫无疑问，这种做法会带有缺点和不便之处，但经验却显示，最长久的爱情往往都是这种婚姻的结果，因为，夫妻间之所以能做到相敬如宾，正是基于超越纯粹动物式肉欲之上的爱情。通常，如果一个欧洲的年轻男子爱上一个女人，那是因为她有着漂亮的脸蛋或迷人的眼睛等，但是，儒家宁愿使爱情立足于永恒的基础之上，而不是很容易衰老的容貌。中国历史中包含了大量夫妻相濡以沫的记载，而诸如此类的事例，即使是基督徒，都很可能会引以为豪。

婚姻由父母或监护人或长辈做出安排，一个人的所有基本素质都必须加以周全的考虑，譬如家庭历史、教育、社会地位以及一对年轻夫妇的一般外貌长相等，都要由双方亲友予以细致的考察。人们相信，通过这种方法所确立起来的婚姻要远比一见钟情式的速效婚姻更为成功。事实上，性爱被认为是不可取的，儒家将其看成人性中的危险因素。在这方面，福音书中的基督教教义与儒家思想是一致的：向圣徒灌输禁欲生活而不是设立独身的僧侣神职人员，就如早期基督教以及罗马天主教徒所坚持的那样。自古以来——事实上，在孔子所处时代很久以前，儒家就已经确立了自己的婚姻观：一方面确保人性能以自然的方式持续发展，而另一方面又要适当地抑制激情。如此一来，中国的社会历史与其他国家比起来，也许会缺少一点儿的浪漫。但事实上，不管有多少法律的约束，仍会有足够的浪漫，因为情欲的力量是非常强大的，尚不至于被儒家或基督教教义窒息而死。然而，毫无疑问的是，儒家在很大程度上成功地控制了它，因此，男女之间的性行为完全从属于两性间更高级的关系。在儒家看来，一个女人与一个男人的关系可以是女儿、妻子、母亲的身份，或者是作为亲属甚至另一男人的妻子等，如此一来，就不会给情欲的泛滥以任何的机会。儒家教育说：男人或女人应将性的交媾视作一项自然的机能，就像对待身体的其他机能一样，应维持其严密的隐私状态。尽管对两性关系施以控制，但没有迹象表明中国人为此而有所损失，我们相信，恰恰相反，应该是收获良多。

当然了，儒家并不认为女人应该像印度富家女那样被隔离在闺房之中，只是反对不加选择地将女人介绍给陌生人，也不允许女人与男人自由组合。在家人的朋友中，男女之间的会面还是被允许的，尽管出于羞怯，未婚的女孩宁可不在男人面前出现。因为中国妇女从小就受到训练的原因，要做到这一点根本就不难，反而是要让婚后的中国妇女走出来参与公共活动存有一定的难度，就像让一个英国女孩适应与世隔绝的闺房生活同样的困难。其实这纯粹只是一个教育问题，尽管中国人的社会生活是单调乏味的，但毫无疑问的是，它有免除不时影响欧洲家庭幸福的危险的优势。

在这一点上，简单地叙述一下有关离婚的法律是必要的。按照我们现代人的理解，儒家的法律确实是有点儿过于严厉了，但是，必须记住的一点是，这样的法律是为了维护家庭和家族的利益而制定的。儒家认为，只要任何情形或状态有可能危及家庭的幸福，从而对社会不利的时候，就应该对之进行检查。如果一个妻子被证明并不适合一个家庭，譬如与公婆吵架，因多嘴长舌而搅得全家不得安宁，或者未能履行她的主要职责——不能生育儿子，那么，这时就需要丈夫考虑：他是应该要这样的妻子而使家庭败落，还是休掉妻子（与妻子离婚）以维护家庭的延续与完整？不管怎样，如果妻子患上了某些不治之症，如麻风病，假如对她养病有利，也可以选择与她离婚。但对中国人来说，我们不得不多说一句，事实上离婚是非常罕见的，除非是通奸行为，法律对之是极为严厉的。在这种情况下，丈夫甚至可以将与人通奸的妻子杀死，如果他同时也将与其妻子有染

的那个男人一并杀掉的话。单独将妻子杀死则是谋杀行为，这在一定程度
上有效地保护了女人。在中国人的生活中，离婚扮演着无关紧要的角色，
如果让一个人通过他的体验来判断的话，他甚至可能会说离婚的法律根本
就不存在，但毫无疑问离婚法律是存在的，儒家也赞成这一点。然而，认
为现代儒家必须固守传统经典这一想法却是错误的，在儒家那里，没有什
么事情是永恒不变的，关于离婚的法律当然也会随着时代的发展而改变。
当中国的一般法律获得进一步修订之后，离婚法律也必然会变得更加符合
现代的司法理念。

儒家的交友之道[*]

以文会友，以友辅仁。

——《论语》

古罗马诗人奥维德[①]说：朋友是神圣和高贵的名词。在儒家的著作中，"朋友"这个词被应用于严格规定的有限范围内。按照古代字典《说文解字》的解释，"友"（或英文中的"friend"）这个象形文字是由两只紧紧握在一起的手组成的——象征着两颗紧紧团结的心，因而，友，意味着一生一世和我们在一起的人；而那些仅仅与我们一起学习、工作的人则称之为"伙伴"或"朋"（中国古代有"同门为朋、同志为友"的说法——译者注）——"朋"这个字在《说文解字》的象形文字中是一只展翅飞翔的凤凰，因为根据古老的传说：这种鸟儿神奇的地方就在于当她飞行的时候，后面总会有成千上万的鸟儿跟随在其后面。（"凤飞，群鸟从之以万数，故以朋党字"——《说文解字》"鸟部"）在经典著作中，"友"和"朋"这两个字都曾出现过。从伦理道德的观点来看，它们的区别是非常重要的，对此我们必须牢记于心。美国作家爱默生[②]混淆了二者的区别，这导致他在阐释友情的时候呈现出了一副令人伤心的画面。尽管在提及真正的朋友时，除了崇高的话语之外爱默生并没有多说什么。一想到不管是犹太人、非犹太人还是基督徒或异教徒，不管是雅利安还是中国的圣人，这些道德先哲在"友情"这一问题上的看法是完全一致的，就会让人感到愉快。

---

[*] 本文于 1907 年 6 月发表于《海峡华人杂志》第 11 卷第 2 期。本译文经 Dr Ng En Tzu, Mary（吴恩慈博士，新加坡国立大学英语语言交流中心高级讲师）审校。

[①] 奥维德（Ovidius, Publius Naso, 前 43—18），古罗马最具影响力的诗人之一。

[②] 爱默生（Ralph Waldo Emerson, 1803—1882），美国评论家、哲学家、诗人。

　　所有真正的朋友都被一种共同的爱联系在一起。难于言表的怜悯与同情可以克服经常在生活中出现的负担和考验等一切的困难。厚道、体贴的朋友就像愈合伤口的天然万金油，能治愈无情世界不断给我们带来的种种创伤。有谁没有体会过忠实朋友那如高塔一样的力量？好朋友的真诚是自私的解药。友情正是从家人亲情走向纯粹利他主义的桥梁，而利他主义是全人类的伟大理想。作为孝道的第一个成果，友情是仁爱的真正来源——也是成就所有公民道德的主要推动力。

　　友情也能给予我们生活中最纯净的乐趣。如果没有了友情，这个世界将会变得枯燥又单调，人类社会的生活状况也并不会比群居动物好多少。朋友的忠贞给予我们力量，朋友的批评开阔我们的视野，扩充我们的同情心。就算是最严重的灾难降临到我们身上，生活的重担也会因朋友的鼓励而明显减轻。友情能将家庭的幸福向外扩大、延伸，就像是盘旋在空中、脉脉注视着我们的天使，将平凡的世界变成了欢愉的天堂，在那里，每一个忧伤都能找到化解的合适解药，每一种享乐也因融入圣洁而得到有效的遏制。简言之，这就是圣人要我们为自己创造的世界，而这样的恩赐也确在我们能力所及的范围内：如果我们决心只选择那些品德优秀的人成为我们的朋友。

　　儒家从一开始就强调友谊观念。因为朋友不仅被认为是快乐的源泉，更被认为是提升我们同伴美德的道德工具。因此，顺理成章，当两三个人有机会聚集到一块儿时，他们就有机会讨论怎样才能促进他们自身以及公众的利益。这样每一个朋友群体实际上就变成了一个个的道德活动的中心。如此一来，选择朋友就成为一件非常重要的事情。和那些不良分子走在一起是危险的，所以在选择朋友时，必须保持高度的谨慎与警觉性。在流传很广的儒家著作《孔子家语》中有这样的说法：与优秀的人交朋友，就如同居住在一间布满新鲜兰花的房子里，芬芳四溢的花香浸润、熏陶着屋子之内所有的一切（时间长了，就闻不到花的香气）；反之，与坏人来往，就如同身居鱼市，一开始还能感到臭鱼的气味刺鼻难闻，但时间长了，对臭鱼的气味就会不再那么反感，因为暴露在鱼市中太久了，人的感觉器官就会逐渐被麻痹并适应这种气味，臭味因而逐渐消失。同样的，坏人的影响也是如此，他会淡化我们的道德意识，以至于使我们轻易原谅了那些本该受到谴责的行为（"与善人居，如入芝兰之室，久而不闻其香，即与之化矣。与不善人居，如入鲍鱼之肆，久而不闻其臭，亦与之化

矣"——《孔子家语》卷四)

　　与一个道德败坏的人过于亲近，除了会受其影响而堕落之外，不会得到任何好的结果。一个虚伪朋友的卑鄙行为给我们带来的创伤，要远比肉体上的伤害更大：布鲁图斯①的"利剑"以如此神奇的速度麻痹了恺撒②一向果敢的心！朋友的背叛行为要远比经济上的损失、身体上的痛楚和精神上的折磨更加令人难以忍受。一旦想到我们相信了一个不该信任的人，而他正以冷漠无情来回报我们善心的时候，我们就会立刻陷入屈辱与痛苦的深渊，而且，这样的人极有可能变成一个危险的敌人，而真正的朋友在任何情况下都是不会变成敌人的。如果因特殊理由而造成不可避免的分离，一个讲原则的人会选择坚守公义而不是心存忌恨，儒家从来不会忘记对老朋友应尽的义务和责任，这也就是"义"字的本意。

　　在我们决定谁可以成为我们的朋友之前，我们必须与不同类型及情况的人交往。我们不仅需要密切的观察，也必须牢记我们的道德信念。当我们面临许多压力的时候，自然会朝向阻力最小的方向前进，这一道德原则的真实性与实体世界中完全一样。除非我们真正了解了一个人，否则绝不能让他影响到我们。我们可以通过观察一个人的行为表情、生活习性及其主张，逐渐揭开笼罩在其身上的迷雾，对其品性进行分析与研究。但是，当我们在进行选择的时候，所依据的标准及其指导原则又是什么呢？

　　所有的伦理学家都坚持善行或德行是选择朋友时的必要条件。希腊的苏格拉底③、亚里士多德④、爱比克泰德⑤以及罗马的西塞罗⑥、塞内卡⑦、马库斯⑧和奥勒留⑨等人对于友谊的看法几乎是完全一致的。犹太教把虔

---

　　① 布鲁图斯（Marcus Junius Brutus，前85—前42），罗马贵族政治家、将军，深得独裁者恺撒的信任，恺撒甚至将他视为自己的儿子，但他却是刺杀恺撒的主谋。当恺撒遇刺并看到手握匕首扑向自己的布鲁图斯时，他放弃了抵抗，而恺撒的最后遗言就是对布鲁图斯说的："我的孩子，也有你吗？"

　　② 盖乌斯·尤利乌斯·恺撒（Gaius Iulius Caesar，前102—前44），或称恺撒大帝，罗马共和国末期杰出的军事统帅、政治家。

　　③ 苏格拉底（前469—前399），古希腊哲学家、教育家。

　　④ 亚里士多德（前384—前322），古希腊哲学家、科学家，雅典逍遥学派创始人。

　　⑤ 爱比克泰德（约55—约135），古希腊斯多噶学派哲学家，早年生活于罗马，后被驱逐到希腊。

　　⑥ 西塞罗（前106—前43），古罗马政治家、哲学家、演说家、法学家、教育家。

　　⑦ 塞内卡（前4—65），斯多噶派哲学家、古罗马最重要的悲剧作家。

　　⑧ 马库斯（35—100），古罗马最有成就的教育家、雄辩家。

　　⑨ 奥勒留（121—180），罗马皇帝、哲学家。

诚地敬畏上帝的人看成完美的人，基督徒和穆罕默德的信徒同样也将宗教当作检验人的标准。而儒家认同古希腊和古罗马的观点，将道德品性当作唯一的标准，只将孝顺、贤明、品德高尚的人当作自己永远的朋友。诸子百家的思想中几乎都包含了这样的理念，至于老子那看起来似是而非的观点，我们必须以辩证的方法来解读。

从儒家的观点来看，交友的一个必备前提是要先知道对方是否是个孝子，看起来这似乎是一件无关紧要的事情，但实际上这是最重要的一点。一个人在家庭中的表现可以更真实地反映出他的价值观：他对待父母是否亲切？对待兄弟姐妹是否真诚？对待下人是否宽容？孝道本身是没有意义的，除非一个人在现实生活当中实践了它；因此，我们只有考察了一个人的行为之后，才能知道他是否已经尽了自己的责任。明白了这一点以后，我们就可以进一步分析一个人的品行：（1）检查他的行为；（2）找出他做事的主观动机；（3）辨别使他开心的事情。通过这种方法，我们一定可以发现一个人的真实人生。当一个人面对这样有计划、有系统的考验时，他怎么可能掩饰自己的真实情感呢？他所说的每一句话都将与他的实际行动进行比照，支配他行动的理性也可以为我们的研究提供新的提示。就连一个人的面部表情都可能流露出他内心的真实情感。孟子认为人的眼睛与人的内心世界之间存在着某种难于理解的联系（眼睛是心灵的窗户），当一个诚实的人讲真心话的时候，会从他的眼睛中闪现出由内而外的真实情感，使人满面春光，而不诚实的眼睛缺少亮光（"存乎人者，莫良于眸子。眸子不能掩其恶。胸中正，则眸子瞭焉；胸中不正，则眸子眊焉。听其言也，观其眸子，人焉廋哉？"——《孟子》"离娄上"）。好的行为当然有好结果，但我们不能仅仅由此就得出结论，根据孟子的意思，一个人的行为还必须为良好的动机所驱动。这是否缘于一个不可避免的境况？还是可以用其他的方式来解释？有人能从中获得个人利益吗？这一系列问题都有助于我们判定一个人的品质。也许我们会认可既成的事实，但我们仍然要谴责潜在的不良动机。只有洞察一个人的内心喜好，才能知道他真实的道德价值。一个人出于某些个人利益的考虑或仅仅为了赢得公众廉价的掌声也可能做出惊天动地的事情，而这个人的内心深处很可能对自己的所作所为感到十分憎恶，因此，如果我们能知道他内心的真实感受，才会对他作出正确的评价。具体的事例可以更清楚地说明这一问题——譬如，我们渴望知道某个基督徒是否是一个真正仁慈的人？有一件事是可以肯定的，那就是他通常会定期到教堂去。那么，我们就必须找出他这么做的真实目的是什么。譬如，他是出于无意识中的责任感而真心地参与宗教活动，还是因为他想得到精神上的安慰，抑或是他仅仅已习惯于他的宗教仪式——如果是这样的话，我们将向他送上我们对他的敬意。反之，如果我们发现，一个人到教堂去只是为了与他的女友约会，或者为了让他的手下雇员信任他，而实际上他并不喜欢教堂里的《圣经》宣读，那么，我们就可以认定他是一个卑鄙无耻、不值得交往的家伙。

现在我们可以体会到孔子关于交友的这一严格要求——"无友不如己者"（《论语》"学而篇"和"子罕篇"）。这一深谋远虑的观点听起来有些自私，一旦联想到友谊的最终理念，我们就会意识到这其实只是给那些没有太多人生经验的年轻人的一个必要的忠告。在儒家思想体系中，朋友具有多重含义：他可以是导师、领路人，也可以是思想家。这样一来，就没有任何理由说这结论是傲慢自大或见利忘义的。因此，儒学家自然也不该自责。当我们看到别人的过错时，必须竭力纠正自己的错误。儒家告诫我们不要诽谤别人，当然也就更不可以恶意对待别人了。任何类型的形式主义都是与儒家的良好习惯相抵触的。孔子教导我们，即使是一个品性不端的人也有可能给我们提供教训，也就是说，我们可以从他那里学会避免犯同样的错误（"见贤思齐焉，见不贤而内自省也。"——《论语》"里仁篇"）。这一点与斯巴达人的做法很类似。斯巴达人习惯于让他们的孩子去看酗酒的奴隶，以向他们逐渐灌输饮酒所带来的种种罪恶的可怕之处。从儒家的观点来看，鉴于人生的最主要目标是为了国家利益而去发挥我们的聪明才智，因此，为了实现这一最终的共同理想，朋友之间应该同心协力互相鼓励。那些自身状况良好，而且有能力的人必须主动帮助那些比自己不幸的人。如此一来，邪恶的人能被逐渐感化，穷困的生活也能因此而少一些艰辛。一言以蔽之，只要能努力做到这一点，人们的生活就必定会变得更加绚丽多彩，而实现这一切的唯一保证，就是依赖于团结在一起、有情有义之人心灵上的贯通。

当一个人在寻找和自己相当的人做朋友时，他必须首先了解自己。他必须率先在日常生活中通过领会圣人的教诲逐渐养成优良的品质；这是建立友谊的第一步。如要选择善良的人来做我们的朋友，我们自身也必须具有一定的资格。我们在选择朋友时会挑三拣四，那些比我们品德更优秀的人又何尝不会如此呢？

　　友谊的世界里不应有任何一丁点儿的自私。美德的巩固与人类福祉的提升必须成为人类团结的明确目标，这就是儒家关于友谊的思想。美德就是给予德美者的最好奖赏，而善行则是送给行善者的最高祝福。在这一点上，儒家思想与斯多噶哲学是完全一致的。犹太教徒期望能得到上帝的眷顾，而穆斯林教徒则渴望能进入融合了尘世欢愉和心灵安宁的天堂，基督徒期待着来生的回报。儒家却不相信有来生，这就必须让现世的生活更有意义和价值，因为，当下的生活就是我们的天堂。人作为理性的存在物，必须充分意识到自己的远大志向，他的最大乐趣就是行善。因此，他交朋友的目的是为了传播人类的善行，是为了减轻无情的命运强加于尘世间所有存在物身上的种种磨难与痛苦。

　　对待朋友必须怀有敬意而且要厚道。基于诚信基础上朋友的言词有特别的含义：真诚的朋友一定是坦诚的，不应让任何肮脏的东西玷污了这种交往。个人利益必须服从于公众的利益。慷慨、宽容和同情都是必不可少的。忠诚的朋友会毫不犹豫地指出对方的缺点和错误，而社会上肆意流行的虚伪和陈规陋习也必须弃置一边，那不肯宽恕并敢于指出我们的错误行为、耐心引导我们走向正义的人才是我们最好的朋友。另一方面，儒家又为批评设定了一个界限：如果我们发现我们的劝教未受到足够的重视，我们的努力付出被恣意嘲弄，而不管我们做出了怎样的努力，愚蠢的人仍然固执己见，那么这种恣意妄为的人实际上已放弃了友谊。对于这种不注重道德修养的人来说，在他彻底改正自己的错误之前，不应该再把他看成朋友。除此之外，在不损坏公众安全和福利的前提下，我们一定要保护和捍卫我们的朋友。

　　朋友之间不应该随意地承诺。有些诺言通常是很难实现的，一旦无法履行诺言，则必然会带来失望。真诚是朋友间的最高美德，就像孝心导致手足之情一样，真诚会逐渐变成通行于人世间的诚信。只要我们能真诚地对待我们所爱的人，真诚地对待我们的朋友，我们就能够真诚地面对全世界的人。自我克制也是必要的，互相谦让也是必需的。如果连我们自己都不想去做的事情，就不该要求或期望别人去做（"己所不欲，勿施于人"——《论语》"颜渊篇"及"卫灵公篇"）。个人的偏见、歧视和个性并不妨碍，也无须撇在一边，因为对于特立独行的真正朋友来说，并不难找出彼此间的默契。

　　对身处逆境的人来说，朋友确实是一个安慰；真的，灾难是考验朋友的试金石。"真金不怕火炼",真正的朋友就像黄金一样能经受住烈火般的严酷考验而不会改变。正所谓"患难见真情"。寄生虫会主动放弃垂死的人而寻找新的受害者,就像跳蚤离开死去的老鼠到处传播瘟疫!那些寄生虫式的人物通过阿谀奉承周旋于挥金如土的有钱人中间,这些人类社会中的害虫充满了危险,而随之而来的都是无尽的麻烦和苦恼。争风吃醋引发妒忌与仇视,阿谀奉承欺骗了所有的人也必然招致怨恨。为了寻求支持而丧失原则,这些不道德的行为不仅扼杀了友谊,也玷污了友谊神圣的名字。因此,以孝道为基石的仁爱是延续友谊的真正基础——它使各式各样的人变得高尚起来,在暴风骤雨般的斗争中,它是永不枯竭的力量源泉!

一旦发现有值得交往的人,我们就应张开双臂把他当作我们的朋友来拥抱,自此以后他就是我们的兄弟,而通过他,我们可以进一步意识到所有的人都是我们的同胞兄弟。

"没人行走的路很快就会杂草丛生"是东方的一个谚语,这一谚语揭示了朋友之间交流的必要性,长期的疏离会使朋友之间的关系变得冷淡。朋友间通过感情交流和书信往来保持联络是很重要的。跟朋友一起共进晚餐不仅是消磨时光的好方法,更是朋友间联络感情的重要方式。一直以来,友谊总是与美食联系在一起的。

宴饮对于情投意合的好朋友间的精神交流自然大有益处,尽管其中也隐藏着危险,它也有可能引入一些有害的想法。但正如欧阳修数百年前所写下的那样:朋友之所以要凑在一块儿喝酒,显然并不是因为他们喜欢酒的美味,而是为了大家开心!儒家认为,在任何情况下都应竭力避免将朋友的畅饮变成无节制的纵酒。在对待所有的事情上,朋友之间相互保持尊重是最基本的前提,而最要好的朋友彼此间也必须维持一种恰当、得体的礼仪。朋友之间的任何亲近行为都不应引起相互的藐视。

这样一来,家庭通过友谊的桥梁获得了进一步的拓展而使其外延变得更大了。也是所有儒家学者最强烈的一个愿望:总有一天,世界会变成一个大家庭!只有当所有的国家、民族都能认识到最高的道德应建立于孝道的基础上,这一最终目标才有可能实现。而纵然将最高道理喊破了天,这也是毫无用处的,除非将它们置于现实生活中接受实践的检验。正是依靠友爱,全世界正在慢慢地靠近它既定的目标,友爱更能实现人类的这一伟大事业,并胜过所有传教士努力的总和。在促使法国、日本和美国与英国的友好合作方面,爱德华国王要比基督教特使们做得更好。国际友谊只有置不同的宗教于不顾，才有可能实现。对绝大多数人来说，超自然的宗教信仰意味着盲从和偏见，它导致了国家民族之间的相互怨恨，因为宗教领袖们所宣扬的是连他们自己也无法理解的东西。与此恰恰相反，儒家只讨论自己所知道的事情，并欢迎所有对人有益的事。因此我们感到很欣慰，在欧洲，为了促进人类社会的发展，通过爱德华国王的聪明才智，儒家的友谊学说正在替代令人无法忍受、相互矛盾的孤立主义政策。

从儒家观点看世界大战（节译）[*]

序　言^①

　　现在呈现在读者面前的这些文章，都是作者在繁忙的工作之余，受社会上各个社团组织之邀而作的演讲报告。由于有些文章是作者在演讲过后根据自己的记忆整理而成的，因此，现在收在书中的有些文章，可能与当时的演讲情形不是完全吻合。同时，由于作者没有足够的闲暇时间来重新撰写这些文章，因而，内容上的重叠和个别的瑕疵恐怕就是在所难免的了。作者汇集这些演讲报告成书的主要目的，就在于坦率地提醒大家，生活在这个喧嚣嘈杂和动荡不安的乱世时代，我们应该多多关注与人类休戚相关的传统文化和"永恒真理"。"和平主义者"在某些领域里的成功，显示了人类的确需要一种明智的政治理论，以与现代人的生命观相协调一致。本书作为对东方古老格言的英译本，可能会起到传递某些普世价值观与永恒真理的作用，而这些真理，因为大家对它们太过熟悉，有时候反而忽略了它们的存在。

　　作者在本书的有关章节中，认为大英帝国应该在遵循正义、自由原

---

　　* 《从儒家观点看世界大战》（*The Great War from the Confucian Point of View*）一书，系林文庆在第一次世界大战期间（1914—1917）所发表的一系列演讲报告的结集，原书由新加坡 Straits Albion Press 于 1917 年出版。译者以为，该书第一章和第二章集中体现了林文庆对于儒学的理解和主张，对于全面了解和认识林文庆的儒学思想有着极为重要的作用，特节译了该书中的这两章，以供有兴趣的研究者参考。

　　① 这是斯德尔为该书所作的序言。作为一个与林文庆同时代的西方人士，斯德尔对林氏著述的解读与评介可谓平实、公允，而这对于后人正确的认识、理解林文庆和他的儒学思想显然大有帮助，故此亦将该序言全文译出，以供研究者借鉴。

则——这也是协约国和平条款的基础——的同时，将多元种族的各族人民团结在一起，并在此基础上培育国民对祖国和国王陛下的忠诚。我们必须找到一种在帝国内部解决种族问题的令人满意的方法，而这唯有通过笃实地将大英帝国的民主箴言施行于每一个有需要的社会团体来实现。这样的改变，无论是对于当地的实际情况，还是社会现实环境，都是非常必要的。虽然彼此相互容忍，并作出适当的自我牺牲是必要的，但我们必须从大战所带来的痛苦和磨难的阴影中走出来。如果我们在大英帝国所及的领域内无法意识到这一点，那么，追求民族独立和个性自由的理想——最勇敢的帝国英雄儿女与最伟大的民主主义者曾为之作出了巨大牺牲的这些追求，最终将会付诸东流！

林文庆博士的独特之处在于其文化上的二元性。我很少遇见过像林博士那样接受过良好教育、谦恭有礼、视野宽广的欧洲人，而在纯粹的亚洲人当中，我从来也没有遇见过一位像他那样完美的人。林博士的高尚品德一直温暖着我的心：他为自己是一个亚洲人而感到自豪，正如同我以自己是欧洲人为荣。他为自己引以为傲的古老民族进行的深入研究，以及他为之作出的热切辩护，甚至远远地超越了我为自己民族所能作出的努力。无论是谁，也不管用如何夸张的文字来对林文庆博士所从事的这项伟大研究工作进行说明，实际上都没有超出他通过对中国古老经典的研究及其诠释而为中国所作出的贡献。因为他接受过东西方文化的教育并吸纳了东西方文化的经验，这势必使他的思想变得丰富起来，而这恰恰显示出了世界上最伟大、最完美的思想是完全可以紧密结合在一起的。在过去的九年中，我曾经多次和林文庆博士共同分享和讨论文学和哲学方面的有关问题，我时常被一种全新的、散发着智慧光芒的思想所震撼！尽管这些堪称十分珍贵的思想就来自东方古老的经典之中，但它们所表达的主题看起来却是那么的现代化。对欧洲人来说，认识、了解这些古老的东方文化是十分有益的。欧洲人一直想当然地以为，智慧的太阳是从西方升起，然后缓慢地移向东方的；然而无可否认的事实却是：它升起于东方，并且，当西方还陷于一片黑暗之中的时候，它就已经跃上了其最高峰，并在那里散发出耀眼的光芒了！日落之后的余晖可能已经降临，然而，那只是黎明前的黑暗，来自东方的曙光即将再次破晓到来，它将再次展露出那一如既往的辉煌！

我很荣幸地受邀为这些演讲报告和文章写下一些介绍性的文字。林文庆博士以生动的笔触，非常清晰地描绘出了世界大战的真相，尤其特别的是，他结合曾经吸引了成千上万中国知识分子追寻梦想的古老古典，翔实地记录了我们众多忠诚的臣民和外来侨民，在大英帝国公正无私的法律保护下，持续享受的繁荣昌盛生活。的确，他所付出的努力，对欧洲人而言，那是无论谁都无法做到的，因为几乎没有一个欧洲人能拥有像他那样丰富的知识，更没有一个欧洲人能像他那样确切地明白和了解亚洲人内心深处的真实感受。那些不管是对东方还是西方的读者来说，都令人惊愕无比的古老思想，为人们指出了做人的基本责任和道义原则。总起来看，无论是对一个弱小的民族而言，还是对全人类来说，这些古老的思想，都足以为他们提供丰富的精神食粮，而这也正是协约国为之奋斗的基石。被德国粗暴地践踏并亵渎了的这些神圣原则，恰恰是与中华文明相吻合的，作为现存最古老的文明，在这场正义与强权的较量中，它理当与相对年轻的西方民主并肩作战。

不管是作为本书内容的演讲者，还是作为海峡殖民地立法议员之一的民众代议士，林文庆博士都以他自身的行动和影响，在华人社群中加深和拓展了人们对帝国的忠心。我们有足够的事实来证明这一点：自1914年以来，社会各个阶层的华人，都为在当地发起和设立的各种战争基金做出了极为慷慨大方的捐献。

在他的人格魅力感染和热诚努力之下，林文庆博士已经在他所隶属的伟大族群之中，成功地发起了政治、社会改革运动，并且，他成为改革运动理所当然的领导者。在所有公众关心的公共事务中，尽管政治家特有的谨慎小心或多或少地降低了他的改革热忱，但毫无疑问的是，他仍然是这些运动的倡导者和鼓吹者。本书系列文章中的最后一篇《民族与帝国》，可以说充分体现了作者丰富而睿智的思想。就内心来讲，这也是我最迫切地想要推荐给所有生活在英国的和平统治下的各个族群去认真阅读的一部分。今日，帝国的男儿们正在为自由而流血牺牲；明天，我们将以实际行动来证明我们完全明白这一点：这不是基于任何狭隘的种族意识，而是我们充分地相信，这是维系庞大、错综复杂的大英帝国未来稳定和内部和谐的基础。困难是在所难免的，而我们要以征服它为荣！偏见是很难消除的，而它在个人身上所显现出的生命力，显然要比在一个种族的身上更加顽强——众所周知，整体总是要比最聪明的个体更具有智慧。对英属殖民地政府来说，如果我们准备接纳来自异族的合作者，譬如本书的作者，那么，在面对和解决一些似是而非的难题时，他们必将能给予我们极大的帮助。虽然他们是不同于我们的另一个族群，但从长远来看，他们的参与显然要比我们孤军奋战更有意义。

世界大战已经证明，大英帝国不需要依赖武力来维持它内部的稳定。帝国稳固不是依靠征服的铁链，而是依靠忠诚的丝线串联、团结在一起。我们的任务就是勇敢地进一步弘扬这种精神，哪怕只是前进一点点，也好过拖它的后腿。这种精神在全体国民和有责任感的各个种族中的健康发展，是为我们的国旗增添更多荣耀的基础。

A. W. Still（斯德尔）
1918 年 2 月于新加坡

第一章 儒家对于世界大战的看法

为了能更清楚地阐明儒家的观点，在此有必要首先了解儒家学说的真实含义以及它对于战争的基本态度，然后才有可能去评论儒家对于这场国家之间战争的看法。

一 概述

尽管中国的经典著作早已被翻译成了几乎所有的欧洲语言，然而，这样的说法还是比较稳妥的：儒教的基本教义只有在哲学家及其弟子这个小小的学术圈子内，才能被人们所理解。绝大部分受过教育的欧洲人都或多或少地知道一些以孔子为代表的、充满了智慧的儒家思想，但是，除了在一些特定的场所，整个的欧洲思想界还普遍地缺乏对儒家思想的完整了解。对于儒教到底是什么这样的问题，诸多妄言其缺点的不太友善的批评，掩盖了它作为宗教、伦理学、哲学及政治学体系的内在品质。类似于《圣经》的中国经典著作，并不适于从中挑选出一些固定的教条来给初学者当作课本使用，因为它们就像《圣经》那样，只是呈献出了一堆令人迷惑不解的原始材料。

孔子学说是一种宗教

欧洲的评论家老是试图证明儒家学说仅仅只是一种哲学而并非是一种宗教。这样的观念源自 18 世纪由天主教徒所发起的一场辩论，因为有一段时间，传教士们一度获得了中国朝廷的好感，他们成功地吸引了儒家信徒加入教堂信徒的行列之中。探究这场臭名昭著的争论是完全没有必要的，关于这一点，中国的历史记载得十分清楚。中国的传统是将儒学的传授与最古老的民族宗教联系在一起，这是一种以崇拜自然为目的的高级宗教。当然，我们也不能不承认，作为自然的精神支配者——上帝（天帝）这一概念，很难与古代希伯来人在《旧约全书》中所使用的上帝这个概念区分开来。古代的中国人相信，天道具有决定和支配人道的力量，然而，对这一真理的揭示，并不是依靠神秘的天启，而是依靠预言家和圣人的直觉与推理依次得来的。

儒家的一神论

在中国的经典中，几乎看不到神学的影子。关于上帝的表达方式都是格言化了的，信奉上帝从来就不需要争论，而天道的存在也从来不用质疑。无神论是不可思议的，与信仰天国里全能的、乐善好施的上帝相对应的，是相信人类本性中存在着固有的仁爱之心。人类的进化是一个不言而喻的预设，它带来了社会的进步和智力上的启蒙，它确保正义在人类事务中占有稳固的优势地位。利他主义思想既是关于真理的标准，也是人类与兽类分道扬镳的界限。对神圣的智慧的绝对信仰催生了崇高的乐观主义精神，并引导每一个儒学思想家沉醉于追求未来大同社会的梦幻之中。这就像犹太人或基督徒期待着救世主的降临是一样的。这些最基本的思想都诞生于孔子之前，它们是古人在伦理—政治学领域里智慧的结晶，而这一点要归功于周王朝（前1122—前255）的奠基者们。

军备的必要性

自古以来，中国人就憎恶罪恶的战争，认为战争是上天对行为不义之国的天谴，战争被提升到了上帝行为的高度。然而，从中国历史中演绎出来的历史教训，并不同意将上帝等同于庞大军队这样的庸俗观念，因为中国人坚定地相信，从长远来看，正义必胜！周王朝的出现是反叛前王朝（商朝）暴政和压迫的结果。在社会的重建过程中，军备的需要占有特别突出的地位。周朝之后，分成五个等级爵位的封建制度被建立起来，而他们的军队装备都是与他们在封建王朝内的显赫地位相对应的。原始共产主义被成功地实施开来，每个家庭都被要求以服兵役为条件来换取分配到一定的土地。封建王朝依靠由每个氏族公社为单位进行耕作的公共领地的税收来维持。尽管孔子曾经称赞过这种高效率的家长制和它给社会带来的种种好处，然而，在孔子于公元前551年诞生之前的很长一段时间里，自相残杀的战争、野蛮人的互相侵犯已经给这样的统治方式和封建贵族的身份地位带来了很大的改变。

孔子所处的年代是中国礼崩乐坏的时代。可以这么说，中国文化起源于周王朝第一代统治者所建立起来的各种各样的社会和政治制度。周公在他那部著名的《周礼》中，详细地叙述了民政、军事等各个不同部门的职能。尽管男人为了个人的荣誉和国家的安全而战获得了充分的肯定，但据历史记载，孔子还是谴责让没有接受过战争训练的人去前线打仗这样的做法。这实际上指出了对男性实施强制性军事训练的重要性，一旦外敌入侵，危急时刻就可随时应征入伍保家卫国。

在《竹书纪年》①中，就记载了尧帝建立的第一支常备军。尧帝于公元前 2145 年即位。据说，在尧帝统治时期，就已将野生动物应用于战争中了。

在《战国策》②中，有一个关于军备的不完整记载，它以乐观的态度描述了周王朝在军事上的成就。注释者们争辩说，这一记载实际上指出了军备作为和平最好保证的重要性。在同一经典中，人民揭竿而起反对暴君的权利得到了维护，众人毫无异议的看法——人民的呼声——被认为是正义的声音（Vox Dei）。上层统治者的倒行逆施会给国家带来灾难：出于同情它所爱护的臣民，上天会派复仇之神去惩罚那些作恶多端的人。这些古老的经典都强调了一种信念，即上天委派统治者作为他的代理人看顾他在人间的一切，一旦统治者的行为给人民带来痛苦和灾难，上天就会惩罚他们。武王——一位实质上巩固了周王朝统治的勇敢国王，就称自己是"上天的代言人"。

孔子的观点

当我们仔细地检视孔子的观点时，我们会惊奇地发现，在这些古老的思想中，竟然散发着出乎我们意料的现代精神。当有人问孔子怎样治理国家时，孔子回答说，治理国家包括三个方面：第一，统治者的首要责任是确保有充足的粮食供应国民；第二，军备充足；第三，统治者必须取得老百姓的充分信任。（《论语·颜渊》：子贡问政。子曰："足食，足兵，民信之矣。"）孔子意在强调这样一个事实：如果不具备最后这一条件，即统治者如果不能取信于民，是无法统治下去的。孔子也认为，在战争期间，如果国民认同一个好人作为他们的统治者，那么他们必将乐意同心协

---

① 《竹书纪年》相传为战国时魏国史官所作，该书原无名题，后世以其所记史事属于编年体，故称之为《纪年》，又因原书为竹简，故亦称其为《竹书》。后世一般称其为《竹书纪年》，亦称《汲冢纪年》、《汲冢古文》或《汲冢书》。《竹书纪年》记载了自夏至战国时期的历史。因其所记与传统正史记载多有不同，故对研究先秦史有很高的史料价值。

② 作者原文中所使用的书名是 Cannon of History，译者查阅各种有关资料，始终未能获知该书的准确译名。只好根据书中有关内容及译者自己的理解，暂且将之译为《战国策》。置此存疑，并期盼方家明证之。

力保卫国家。基钦纳勋爵用了十八个月的时间，对南非布尔人的所作所为，已经从反面向世人证明了这一点。① 孔子虽然重视军事训练，但他本人却并没有对用兵打仗提出过任何具体的建议。就像柏拉图在《理想国》中为苏格拉底的逻辑所作的辩护一样，孔子并不是一个受过正规军事训练的职业军人，他没有实际的作战经验，但是他却坚持强调，让一群没有受过训练的乌合之众上战场是一种犯罪行为：因为这无异于"教导众人去自杀！"（《论语·子路》："以不教民战，是谓弃之。"）

按照儒家的伦理原则，君子不时会受到各种考验，而他们通常都会以坚韧不拔的毅力去接受这些考验，以他们的勇气、英雄气概来显示对正义事业的绝对忠诚。在乱世，就如同目前欧洲的局势那样，按照孔子的说法，君子宁死也不会做出有损名誉的事，或者说，君子绝对不会以出卖真理和正义来换得苟且偷生。（《论语·卫灵公》："志士仁人，无求生以害仁，有杀身以成仁。"）这不禁让我们想起了孔子的另一句名言：懦弱会阻碍一个人去从事正义的事业。因此，在教育的过程中，必须贯彻这样的原则：道德行为在任何情况下都是一个人无可逃避的责任。

在《论语》中，孔子告诉我们，什么样的人可被看成他那个时代里具有完善人格的人：面对财利诱惑的时候要想到正义的要求，遇到危险时要能够为之献出生命，长久处于穷困之中也不会忘记了早前自己许下的诺言。（《论语·宪问》："见利思义，见危授命，久要不忘平生之言，亦可以为成人矣。"）两千多年前的这些语录本身就足以表明，一个儒家信徒必然会强烈地谴责和憎恶德国对待比利时和其他国家的态度，后者已经在目前的这场战争中忍受折磨很久了。

孔子并非是不抵抗主义教条的信徒。在对待作恶者的态度上，他更像是一个古罗马的斯多噶派学者：他相信严厉惩罚的作用，他不断地为正义行为进行辩护。尽管孔子不知疲惫地歌颂与赞美和平，但他也将人类的历史教训告诉大家：残暴的统治者必须受到惩罚，为了维护文明者的利益，

---

① 在 1899 年 10 月至 1902 年 5 月，英国与由南非布尔人建立的德兰士瓦共和国和奥兰治自由邦（均在今南非境内）之间爆发了第二次布尔战争。英军南非远征军的最高指挥官基钦纳勋爵（Lord Herbert Kitchener）为了早日结束战争，从 1901 年 3 月开始，下令采取碉堡战术、焦土政策和设置严酷苛刻的集中营来对付布尔人的游击队，集中营的高死亡率虽然严重动摇了布尔军人的士气，但同时也招致了欧洲各国对英国日益激烈的抨击和指责，使英国人的形象在全世界面前一落千丈。有关资料参见 http：//baike. baidu. com/view/231139. htm 及中国外交部网站http：//www. fmprc. gov. cn/chn/wjb/zzjg/fzs/gjlb/1610/1610x0/default. htm。

每一个国家都有责任让作恶多端者去忏悔并接受正义的审判。

孟子

准确地讲，在儒家学说中，孟子被称为亚圣，他是一位伟大的、民主思想的积极倡导者。孟子是孔子的孙子（子思）的学生。孟子所处的时代，社会普遍地陷入了失去法律控制的无政府混乱状态，征伐四出。孟子除了对当时盛行的好战思想进行了强有力的批判，也对专制主义展开了前所未有的谴责。孟子说："仁者无敌。"孟子认为，整个封建时代的战争都是非正义的（《孟子·尽心下》："春秋无义战。"），因为交战者的目的都是为了掠夺对方的财物。孟子用措辞严厉的语言猛烈地抨击了侵略战争。现代欧洲的政治和外交家们所谓时髦的说法"军事探险"，从孟子的观点来看，则毫无疑问统统是掠夺和谋杀。孟子提醒我们：孔子曾经谴责一个帮助暴君获取权力和财富的学生。孟子说，那些以暴力和屠杀方式获取战利品和土地的人，其罪行即使是处以极刑都不足为过。

那些鼓吹实施军国主义和结成攻防联盟的人，孟子斥之为"民贼"。（《孟子·告子下》："今之事君者皆曰：'我能为君辟土地，充府库。'今之所谓良臣，古之所谓民贼也。"）因为他们误导并鼓励统治者，使他们相信物质财富、强大的军事力量是统治者应该追求的成功目标。他们忘记了正义和仁爱才是构成人类未来生存的真正基础和正确途径。孟子的这些话，听起来几乎就是大战前欧洲预言家们曾经说过的那些话的翻版。孟子在同暴君们进行政治辩论时，并没有使用模棱两可的模糊言辞，而是直言不讳地明确指出他们所犯下的严重错误。

既然战争是游荡于文明世界里的一个不可避免的梦魇，那么，孔子和孟子就不得不利用它的某些功能以维护道德。孟子明白无误地指出，利用军事征服不肯顺从的国家，显然是对人类整体利益的一种纠正方法。

君子风度与仁爱

孔子要求，一个人在任何情况下，甚至在战争期间，都应该坚持保有一颗仁爱之心。孔子本身在自己的日常生活中始终坚持遵守这一要求：尽管他热衷于捕猎，但他只肯用鱼钩钓鱼却从不使用渔网捕鱼，他只向飞翔中的鸟儿射击，却不肯射杀已经栖息的鸟儿。（《论语·述而篇》："子钓而不纲，弋不射宿。"）孔子极力希望的是，一个君子无论何时何地都不要忘记了他的风度。我们从中国历史中可以推断出，最伟大的战士不是因为他杀人如麻，而是因为他对待敌手的宽宏大量和君子风度而闻名。

战争时机的正确选择

儒教对待战争的一般看法，正如《司马法》[①]中所说的那样："古人以仁爱为根本，以正义的方法处理国家大事，这就叫做政治。若政治达不到目的时，就要使用权势，而权势总是出于战争……因此，如果杀戮能给人类带来和平，那么杀戮是正当的；如果进攻别的国家，其出发点是出于爱护它的民众，那么进攻是可以的。如果战争足以埋葬国民的仇恨并化解被抑制的情绪，那么，战争也是正当的。因此，君主应该因行仁爱而为民众所亲近；因坚持正义而为民众所喜爱；以智慧为民众所倚重；以勇敢为民众所效法；以诚实为民众所信任。这样，对内就能得到民众的爱戴，借以守土卫国；对外就能具有威慑力量，借以战胜敌人。作战的原则是：不应违背农时……国家虽然很强大，但好战必定灭亡；天下虽然太平，但如果忘掉战备，则必定会陷入危险的境地。"（《司马法·仁本第一》："古者，以仁为本，以义治之之谓正。正不获意则权。权出于战，不出于中人。是故杀人安人，杀之可也；攻其国，爱其民，攻之可也；以战止战，虽战可也。故仁见亲，义见说，智见恃，勇见方，信见信。内得爱焉，所以守也；外得威焉，所以战也。战道：不违时，不历民病，所以爱吾民也；不加丧，不因凶，所以爱夫其民也；冬夏不兴师，所以兼爱其民也。故国虽大，好战必亡；天下虽安，忘战必危。"）

统治者利用武力压迫人民的做法源自封建时代，这是孔子政治学说最显著的一个特征。统治者应以维护民众的安逸和快乐生活为主，不应热衷于追求独裁统治和寄生虫式的生活。统治者应忠诚地履行自己的职责，以对上帝负责的态度担负起人民的领导者和守护者的重任，如果忽视了这些，数不清的间接惩罚将会以自然灾害的形式接踵而至，譬如干旱、洪水、饥荒、瘟疫等。在所有的国家中，战争都被认为是对统治者或其国民所犯罪孽而施加的一种诅咒，然而，从中国圣人的教诲中可以推断出，世

---

① 《司马法》是中国古代的重要兵书之一，大约成书于战国初期，流传至今已有两千多年，亡佚很多，现仅残存五篇，记载了从殷商到战国时期的一些作战原则和方法，对后人研究那个时期的军事思想，提供了重要的资料。

上所有的统治者都应该乐于维护一个公正的政府，而惩罚任何一个压迫其国民和违反了正义、公正与人性的统治者，则是政府的职责。这样，儒家的政治学说就有别于军事远征式的、公言宣称惩罚邪恶统治者或人民的侵略战争，后者如英国对缅甸国王锡袍的惩罚式远征。[①] 儒家谴责用作扩张手段的军国主义，并极其厌恶所有粗暴干涉国民日常生活的行为。

大同社会的梦想

与这一主题密切相关的儒家的另一伟大原则，是承认人类具有统一性。教化的目标是在文明的交融中包含人类所有的一切，保证所有的好政府都能享有应得的祝福。儒家从伦理、政治和宗教这三个密切相关的方面，要求一个人首先弄明白自己在家庭中的职责，通过家庭教育，进而清楚明了自己在国家中所肩负的重任，引导国家的统治者理解他对文明和人类应尽的责任。在广泛宣传这一美好、宏伟的理想时，和平是不可缺少的条件。人不应只为个人而活着，作为人类社会中的一员，他必须为全人类而生活。在《礼记》中，儒家向往的太平盛世被称为大同社会，那是一个举世和平的时代，在那里，仁爱取代了法律和道德。到那时，进行战争的目的，只是为了维护公正和正义者的利益。

儒家在其另一部经典著作《大学》中，已经预言了联邦国家将作为文明传播的结果而出现。中国古代历史所提供的丰富资料显示，通过密谋和结盟的方式所达致的权力平衡是多么的枉费心机。由这些失败的人为安排而产生的冲突通常比一般的战争更糟糕，因为由此往往会产生长期的仇视。不管是古代还是现代的结盟，都是以失败收场，因为他们都心照不宣地将武力作为实现结盟的基础和最后手段：为了达到目的，一味地向强权者展示自己的有利条件，而罔顾公正和正义的呼声。令人奇怪的是，从古老时代就已诞生并一再于政治中呈现出来的这种不满，就其内容而言和我们自己所处时代的情况并没有什么不同。公元前546年，中国古代的政治家们策划了一次诸侯国间的裁军会议，会议可说是很成功，然而，就像今日我们所看到的海牙会议那样，却没有人准备认真执行这项裁军的任务。

---

① 19世纪末，英国为了与法国竞争，决心吞并上缅甸。1885年11月，英国借故向缅甸出兵，侵入当时的缅甸首都曼德勒，并俘虏了缅王锡袍（Theebaw）。1886年元旦，英国宣布将上缅甸并入英属印度，由此实现了对缅甸的全部占领。

尽管儒家不再尝试去相信这种过于理想化的安排，但他们仍以热切的目光、时常抱持着积极入世的态度。儒家告诫说，为了维护神圣的文明和人类的进步，每个国家都应拥有一支高效且时刻处于备战状态的军队，统治者也要随时利用好他手中的军队。当然，理想的状态是，为了维护全人类的和平事业，应充分利用人的潜在能量，而这也正是儒家理想主义者和犹太教、基督教的原始开创者所共有的特征。颜回——这个儒家庙堂中的圣·约翰（耶稣最喜爱的十二门徒之一），就表达了这样的愿望：希望自己服务的统治者，能将人类思想转化成促进社会进步和维护家庭和谐生活的艺术，从而使尚武精神和争强好胜之心，最终成为维护人类整体利益的超凡壮举。伟大的统治者和独裁者秦始皇——他广征劳役修建了万里长城——在他取得最后的胜利后，就把大部分的兵器熔化并铸成了鼎和雕像。

正义之战

简言之，战争就它本身而言已是一场梦魇，但是，世上有一种更大的罪恶是懦弱地驯服于邪恶和默默地屈从于残暴的武力。作为抵御敌人进攻的有效方法，提前进行备战是必要的，服兵役也是每个人不可逃避的责任，为家庭、国君和国家作出牺牲是一个君子的最高职责。然而，对于军事力量的掌控及其使用，应由具有能力惩罚作恶多端者的国家来掌握，而且是出于维护人类文明的目的。虽然任何政府都没有压制其他国家国民的权利，但出于人道和正义的原因，邻国却有干涉他国的权力，当然，这绝不应成为国家自我扩张的借口。

通过上述对儒家基本原则的简单总结，我们可以从中了解儒家对世界大战的一般看法，而这正是德国给世人带来痛苦的地方。

第二章　文明是什么？

接下来需要考虑的问题，是看一看儒家的文化、文明观是怎样的，关于这一点，需要将之与对德国的批判一一联系起来进行。

我们已经看到，儒家是以完全入世的态度来理解人类社会的，它并没有尝试以神的约束力来支撑它的伦理教条。然而，儒家有两个了不起的前提条件：其一，人类是一个统一的整体；其二，正义的法则具有普遍的有效性。在利他主义的基础上，儒家建构了其完整的伦理学、哲学和政治学体系。全世界都处于精神性的上天的支配之下，不同国家的统治者必须把维护和发展人类的整体利益，当作其个人和每个国家集团的最后奋斗目标。调节国际间交往的法则应该建立在与圣人所向往的道德理想相一致的基础上，国家之间肆无忌惮的侵略行径和土匪强盗的犯罪行为完全一样，并没有任何不同。

因此，文明是个统一的整体，它包含所有的国家，同时也要求每个人的诚心奉献。为了认清人类社会道德秩序的看法，伦理教育的普及是很有必要的。为了实现这一诱人的目标，儒家反复地向人们灌输孝心、爱国主义、忠心、诚实、勇气和仁慈等概念。

就像基督教一样，爱世上所有的人也是儒家提倡的最高教义，二者的区别之处在于：基督教所实行的是无差别的利他主义和不抵抗主义，儒家则坚持认为，反对不公正并惩罚作恶者是每个人的天赋权利和责任。没有任何权威可以拿宗教当借口来为他那邪恶、暴虐的行为作出辩护，不管是皇帝、总统还是神父，只要犯了过错就必须接受惩罚，正义必须得到维护。儒家教义这种毫不妥协的态度已经在历史上制造出了无数的殉道者。当然了，在世风日下的年代，也有人颂扬罪犯，并美化他们主子的邪恶行径，但是，儒家始终坚持认为，使用武力应具有正当、善意的理由，同时，应把人类的精神放置到最高点。

事实上，从人类历史上来看，文明就是不同种族之间彼此冲突和互相融合的结果。它就像是一条川流不息的大河，而其奔腾的能量和流动的趋势却是由社会生活中的多种动力因素决定的，它的持续多变就如万花筒中所呈现出来的那些变化无穷的图形，尽管那些图形看起来是无穷无尽的，然而我们知道，其基本的成分却是一样的。尽管德国人是那么地憎恶英国，但世界上还没有哪一个国家的人民像德国人那样崇拜莎士比亚，迄今为止，还没有一个德国人会想到要去"攻击"（"strafing"）这位不朽的仁慈诗人，因为，莎士比亚的作品完美地诠释了人类的天性。在儒家和基督教中都可以大量地发现这样的基本事实。早在18世纪，德国就已经制定了文明的法规，从康德的范畴演进到黑格尔的唯心主义，国家和战争的防御被当作道德的代言者被一步步地神化了。全世界都被大师们那些既具有哲学的深度和宽度而又玄奥无比的问题给迷惑住了，卡莱尔、罗斯金、霍尔丹这些人大行其道并广受欢迎，人们忘记了康德及其门徒们真正赖以生存的伟大基础：那些由中国、印度、罗马和希腊的哲学家们以及卢梭和法国百科全书编纂者们所阐释的思想。事实上，康德的《论永久和平》很可能是最容易通过最正统的儒家考验的一篇论文，尽管康德颂扬了战争的道德价值（《判断力批判》英译本，1911年版，第112页）。在古老的德国哲学中，最令人赞赏的一点是强调和承认了宇宙中普遍存在着道德秩序，而这一点很容易促使人类的行为与极端主义的理想相一致。很不幸的是，对德国而言，科学的教化导致很多思想家倾向于那些明显地是由自然界的调查研究派生出来的观念。毫无疑问，叔本华和尼采这两个拥有天才头脑的疯狂投机家，已经引导现代德国走向了所谓的德国文明（文化沙文主义），并为之提供了所需的原材料，而波哈迪（Bernhardi）、冯·德·戈尔茨（Von Der Goltz）等人更是将它的影响发挥到了极致。凯塞皇帝（Kaiser）被公认为是现代军国主义之父，也是强权伦理和大日耳曼帝国的奠基者，在他为教育界人士所做的报告中，凯塞·威廉已明白无误地说出了他的远大理想：他一视同仁地对待"体力、智力和宗教训练与纪律"，历史教学的目的是为了鲜明地显示出"祖国的伟大成就"，决斗在中学和大学里受到了鼓励，以至于政府向德国的莘莘学子提供了刚毅的学位供他们申请，而当他们走向世界的时候，这是十分必要的。学校成了为德国精神献身者的招募基地。

凯塞承认，他母亲那"理想化了的光辉形象——她的每个想法都充满了艺术"，已经导致他"在严格限定的范围内，认定人生是美好的、发展的艺术，而这一点可以从人类追求美好与和谐的意识中发现"。他也指出了德国人所独有的伟大理想："劳工阶层沉湎于追求美的程度，有可能日渐超出了他们的日常思维。"而迄今为止，驳斥这种沙文主义观点的言论并不多见。

　　然而，另一股势力正在德国稳步上升，当凯塞和他的外交官们信誓旦旦地向英国诉说着帝国和平意愿的时候，波哈迪控制世界的计划——泛日耳曼联盟的登峰造极之作——在英国还被认为是一个激进的沙文主义者不负责任的吹牛大话。只有当世界大战爆发后，人们才真正意识到德意志民族已经在暗地里地信奉了作为军国主义一部分的冯·崔茨克（Treitsche）的伪哲学，并同时接受了其宗教信仰——对武力的崇拜。崔茨克的国家专制主义思想是从马基雅维里那儿偷来的，而后者是为极端的专制统治进行辩护的，他对国家强权理论的认同使得腓特烈·威廉四世（Frederick William IV）的军国主义拥有了道义上的基础，从而导致了肆无忌惮地对外侵略。一味地进行“和平”宣传不仅是愚蠢的，也是违反了道义的，恐惧是“纯洁的”德国军国主义强加到落后民族头上的一项罪名，德国文明的倡导者如是说道：“试图采用欧洲的同样标准去研判欧洲在非洲或东方所采取的政策，这样的历史学家注定了是个愚蠢的人，而他之所以失败，是因为他没有办法去激起我们当地人的恐惧之心！”（德·保利迪克，Die Politik）如此一来，很明显的结果就是，德国人不会再为自己士兵那灭绝人性的暴行感到震惊，因为他们已经被灌输：“对敌方平民使用恐怖手段的行为”是战争中完全正常的一件事情。对德国而言，按照波哈迪的说法，仅只有两个选择——要么做世界的统治者，要么就是被毁灭——除此之外别无选择！

　　从儒家的立场来看，任何一个国家都没有权力凌驾于人类的普遍法则或道德律令之上，就如同一个人不能声称他独立于所有追随他的臣民之上。国家只是人类社会文明秩序中的一个单位，它必须安于自己的国土，服从人类伦理的要求并接受文明道德的约束，个人的生活也不应只是为他自身，儒家主张，每一个人都是为了家庭、国家和民族，乃至是为了全人类的利益而活；同样地，一个国家也不可以对其邻国（及其国民）的命运漠不关心，它应具有铲除邪恶势力的责任，而为了人类的文化和整体利益考量，它也必须培育和发扬应有的美德。虽然儒家赞同那些试图强制改善落后民族、国家状况的行动，以便让所有的国家在友好平等的基础上及时地获得改进和得到文化上启蒙，但是在儒家的自由原则中，却并不包含任何形式的种族歧视，这是儒家的理想，也是世界上所有的伟大宗教——伊斯兰教和基督教——的共同理想。但儒家所设想的是，这个理想总有一天将会被人们自然而然地意识到，而且为了全人类的利益，也只有通过所有民族不屈不挠的共同努力才能实现这一理想。

因此，毫无疑问的是，与波哈迪及其学派所主张的完全相反，弱小的国家也享有生存和发展的权力。列强应该协助并引导这些弱小国家发展，而不是通过掠夺来迫使他们屈从于奴役制度。在儒家看来，没有哪种犯罪行为要比灭门或亡国更为严重，坚持国家的独立性与完整性是儒家政治中的首要原则。儒家始终坚信这一点，虽然由军国主义所主宰的历史现状并非如此，但儒家仍然坚信有一股道德的力量在影响着人类的命运并将最终主宰人间的正义。人事之间除了短暂的变化之外，还有永恒不变的正义法则，因此，人类的灵魂有时候会为我们目前的智力水平尚无法解释的力量所引导。就像飞机的出现是在挑战地球的万有引力那样，人类的行为似乎也是在违反社会和文明的法则，而仔细审视之后我们将会发现，这一点完全与真理相吻合，因此，我们应该对于正义必胜抱有绝对的信心。儒家平静地看待国家的兴衰成败，深知生命的出现绝不会都是毫无意义的，暴风雨过后，灿烂辉煌的未来正在等待着我们。

按照儒家的观点，文明的前进步伐虽然是缓慢的，但追求正义、仁爱、真理的神圣理想一定能在人类社会中实现，人们所憧憬的天国，迟早会降临在人世间！

第三部分　附录

附 录 一

随林校长南渡所得的感想[*]

曾郭棠

一 引言

主席！诸位教授！诸位同学！今天是本校第一次总理纪念周。詹秘书要鄙人乘这机会向诸位报告这一次跟林校长南渡募捐的经过。当时觉得所有的情形，已经向学校当局报告过了；要请詹先生代鄙人向诸位报告一下好了。可是詹先生不肯答应，硬要鄙人再向诸位报告。所以也就答应了。

在还没有正式报告之前，请让我先做下列两点的表示：

（一）这一回要随林校长出发南渡的时候，承本校全体教职员及诸师友饯送并下船送行，心里觉得非常的感激。

（二）本校法律学会开欢送会时，刚碰着鄙人因事回家去，及到新嘉坡（文中出现新嘉坡、新加坡、星加坡等不同写法，皆原文如此——编者注）回来，才在邮局收到通知书。因之未能赴会道谢，万分的抱歉，这是要请法律学会诸位同学原谅的！

那么今天我要向诸位报告的题目就是"随林校长南渡所得的感想"，因为时间的关系，不能够做很详细的陈述。好得林校长及傅先生快要回校了，将来诸位还可以听到更详细的报告。那么，今天就先将下列四点说明一下，当做我个人的感想，不能算做正式的报告。

---

* 曾郭棠和傅文楷于 1934 年 12 月跟随林文庆前往南洋为厦大募捐，因厦大开学等原因而先行返回学校。回厦大后，曾郭棠于 1935 年 2 月 25 日上午，在厦大全体师生举办的该学期第一次"总理纪念周"上发表了上述演讲。本文发表于 1935 年《厦大周刊》总第 363 期。

这四点是甚么呢？第一，是募捐的情形及捐得的数目；第二，是林校长在星洲的地位及其为本校奋斗牺牲的精神；第三，是陈校董维持厦集两校的苦心及其个人的近况；第四，同学与母校的关系及今后应负的使命。

现在就按照上述的节目，分开说明如下，如有不对的地方，完全由我个人负责。

二　募捐的情形及捐得的数目

第一点，我们先报告募捐的情形及捐得的数目。关于这方面，我们可分为（一）募捐的地点、（二）募捐的方法、（三）捐得的数目三项来说。

（一）募捐的地点：所包括的范围，只有英属马来半岛。原定的地点，如荷属美属等各地，因为商情不好，陈校董主张慢点进行，所以暂时不去。

（二）募捐的方法，那是这样的：第一由林校长和陈校董决定募捐的地点及拟向募捐的芳名一览表；第二用林校长名义函请在新嘉坡负有盛誉而且热心桑梓教育的五位先生，做我们学校的募捐员，合我们三位，一共八个人，组成了一个"厦门大学新嘉坡募捐团"。这五位的大名，就是蔡嘉种、郑古悦、侯西反、颜世芳、周宪瑞诸先生，并请蔡嘉种先生为募捐团的主任。第三由全体团员，每天自早上九时或十时起，至下午六时停止，向侨胞沿门叩户地募捐。这几位先生人面很熟，而且非常的热心，加以林校长及陈校董在新嘉坡的名望，所以募捐的结果，能有这样的数目。第四利用宴会的时候报告我们厦大办理的概括及此次募捐的目的，加以当地报馆热烈的鼓吹和帮忙（尤以《南洋商报》鼓吹和帮忙的力量更大），使侨胞鼓起了不少的同情。第五有的因为感于陈校董及林校长为厦大奋斗牺牲的精神，自动捐款给厦门大学的，亦有其人。最可值得我们感动的，就是有位李忠石先生，于听到陈校董和林校长演讲以后，竟把他的棺材本一千块钱全数自动地捐了出来！此外还有几位无名氏自动捐款给厦门大学的。这是在新嘉坡募捐的大概情形。

（三）募捐所得的数目：在新加坡方面约捐得十三万元。马六甲约两万多。按照我们的预算，可以捐得二十余万元。可是据最近消息，连吉隆坡和槟榔屿等处，总共已捐得国币三十多万元了。在新加坡捐得最多的是一位无名氏二万块钱，至少的是一百块钱。

至于鄙人这一次先行回校的原因，也得在此地附带说明一下。因为林校长对我说："这里（指新加坡——编者注）侨胞的领袖提议，厦门大学和南洋最有关系，应当留得一位教员在此地参观参观中国人所办的中小学，并调查调查几个南洋比较重要的问题，做厦大办理的一种参考。"结果要我负责办理这桩事，所以我到了马六甲以后就回到新嘉坡来。事体办完了，得到林校长的答应，就得先期赶回学校来上课了。

以上是这一回募捐的经过概况。

三　林校长在星洲的地位及其为厦大奋斗牺牲的精神

我们这一回跟林校长到南洋去，从各方面的观察证明，知道林校长以前在星洲的地位是很高尚的。他曾经做过新加坡的议员；他曾经做过各种重要社会团体的领袖。所以这一回到那里去，不但备受侨胞热烈的欢迎，就是新加坡的总督和重要官吏也没有一个不对他表示相当的敬意的。例如这一回我们到那里去，当要着手募捐的时候，有人告诉校长说，照此地的法律，要募捐非先得到总督的批准是不行的。林校长听了这句话，便自己一个人去看那里的总督。不到半点钟这个难关便立刻解决了。结果不但在三州府募捐可以不成问题，就是要到四州府去募捐，因为得到总督的介绍信，也就可以很顺利地进行了。又如当林校长到了马来岛各地的时候，各界侨胞都争先设宴为林校长洗尘，所以每天除开早上吃自己的饭以外，中午和晚上都差不多大受人家宴请的。最有趣的，便是听到那里的同学和友人告诉我："这里从前有一种很流行的说法：'新加坡共有两驾半马车的资格，总督占了一驾，林文庆博士占了一驾，还有半驾是××人的。'"这样可以见我们林校长当时在星洲的地位了。怪不得这一回到那边去，受了各界热烈的欢迎哩！还有，当在十四年前林校长在星加坡的时候，同时接到国内两方电报，促其回国；一为孙中山先生在广州来电，召其回国赞襄外交；一为陈校董在厦来电，请其回厦担任厦大校长。当时林校长打了一封电报给孙中山先生请其代为决定，后来得到中山先生的复电，赞成他到厦门大学来做校长，他便放弃其在星洲优越的地位，来从事于此清苦的教育工作了。说到他的医术，听说在新加坡算是第一人。他所创办的药房名叫九思堂，现在在新加坡招牌还是顶红的。他从前有产业颇多，因为委托不得其人，捐（疑为"损"字排版之误——编者注）失最巨。这是他到了厦门大学以后在物质上直接间接所受的牺牲。说到他这一回到南洋替本校募捐的精神，那更是可以使我们钦佩不置的了！他每天都是在五时左右起卧，九点多钟出发工作，一直到晚上一二点钟才得睡觉。每天都要沿门叩户募捐，说了不少的话，跑了不少的路。有人常常劝他说："林校长，你年纪这样高了，天天这样辛苦，明天早上应当休息半天，下午再工作吧！"他回答说："我老的可以不要，看看他们少年的要不要休息？"每天中午或晚上要停止工作的时候，他常常这样问："今天一共捐了多少了？"把数目告诉他，他便很高兴的这样说："假如天天能够捐得这样的数目，就是天天这样跑，我们也是非常愿意做的！"有时碰到不大明白的人，劝募最难，所费的力量也最大，他甚至向他们这样说："我求你，请你帮助厦大，为祖国培养建设的人才！"他们才很受感动的答应了募捐的数目！

我们想想看！林校长年纪这样高了，为甚么要牺牲他在星洲那么高的地位，那样多的材产？！这一回更要亲身跑到了南洋去奔波，去受苦？！我们对他老人家这样为厦大奋斗牺牲的精神，应当要怎样地对他表示敬意啊？！

四　陈校董维持厦集两校的苦心及其个人的近况

关于这个问题，我们可分为下列三点来说：

1. 陈校董兴办厦集两校的宗旨：陈校董嘉庚先生一生服膺社会主义并且绝对相信教育可以救乡救国。所以不顾一切为社会、教育而牺牲。对于这一点，我们听他在怡和轩宴席上的演讲辞，便可很彻底的明了。他说："席间李主席（指李振承先生）谓鄙人为教育义务牺牲，不遗资为子孙计，此语鄙人坦白承认，鄙人所以抱此见解者，盖鉴于凡人积资，不外三种用途：视其人生观以决定其趋向。（1）（疑应为"一"字，原文如此——编者注）为社会牺牲；一为子孙谋幸福；其一则两而兼之。鄙人抱第一项主义，故对集美学校兴办十七年，捐款四百余万元；厦大兴办十三年，捐款三百多万元，两条总计七百余万元。若依华人银行利息九厘计算，总计当在二千万元以上。因此款之牺牲，数年来又受不景气之捐

（疑为"损"字排版之误——编者注）失，至有今日之破产。然鄙人自初时则抱定牺牲之宗旨，决心不计失败。现虽赤手空拳，犹愿继续奋斗，以尽天职。"又说：救乡救国"治本办法，惟有扩充教育，培养人才"。这是他唯一的理想，也就是他所以创办厦集两校的宗旨。

2. 陈校董维持厦集两校的苦心及其现状：据同学余君新华告诉我："陈校董当陈嘉庚公司还没有收盘的时候，他每天很早就要到制造厂来。无论那一天，我们总可以看到他穿上很朴素的西装，身上带了一条手巾。一到了制造厂，脱去外衣，一刻不停地在工厂里跑来跑去的巡视和监督。那一条手巾的功用很大：下雨的时候做雨伞；有太阳的时候遮太阳；流汗的时候做面巾，揩揩汗。他在制造厂里的办公室更简单。除了桌椅茶壶和茶杯以外，一无长物。直至下午一时许才回家用午膳，下午二时又到总公司办事，一直到下午五六点钟的时候，才到怡和轩俱乐部去休息一下。天天的生活就是这样的简单的，他的衣食住行全不讲究，所有的钱，念念不忘的，只有想发展厦大和集美两校！"这是说他公司还未收盘的生活。及到大前年生意收盘以后，他维持厦集两校的苦心，更是令人可歌可泣的了！有一天我们到了峇株巴辖去，看到他的旧伙计对我们说："东家真是可敬可怜呢！最近因为生意稍为不能得利，常常接到他的来信说：'我陈嘉庚的生命是寄托在厦集两校，如果我们生意不能得利，两校经费发生竭蹶，而至停办，到了那个时候，便是我陈嘉庚宣布死刑的日子了！'"我们听到这种话，大大的受了感激，不禁掉下了几点钦敬的眼泪！

当我们到了新嘉坡的第二天吧，我们同林校长去看看陈校董，顺便将本校毕业同学会托鄙人带送的中堂一幅呈给他，他很诚恳地说："你们太破费了，用这样好的东西送给我！"沉默了一下，又接着说："我根本上也没有地方好挂呢！"后来从各方面打听的结果，才知道他原来有两座住家的洋楼，因为大前年生意收盘，卖来寄给厦集两校做经费，所以也就没有地方可挂了。他现在所住的，还是他儿子的屋子呢。

他的年纪今年已经六十三岁了，精神还很好，身体也很健康。他的面孔和他挂在本校的相片完全差得很多。他有中山式的头发，还有两撇的胡子，人极诚恳，不大说话；可是他的演讲很有条理而很流利，材料也很充实。他平日不喜酬酢，听说到吾庐俱乐部去参加宴会，还算是破题儿第一次呢。在怡和轩俱乐部宴会的时候，到的人很多，大家在那里谈谈笑笑，可是我们惟有看到他独自一个儿躺在沙发上，或者两手向前抱着站在一边，一言不发地若有所思的样子。他同林校长说话时，态度很诚恳。当我们第一次同林校长去看他的时候，他便对林校长这样说："从前厦大用的都是我们自己的钱，人家尚且还有闲话；现在向人家募得的钱，那就可要更加的小心啦！"说了再说，重复两三遍。当校长报告他省府每月补助费自前年七月份起停止的话，他说："是的啊！政府也是很穷的！那也是没有什么办法的啊！"当林校长告诉他教育部每月七千五百块钱的补助费，大部份是指定用在特殊的设备上的消息，他说："只恨我们目前经费稍为困难一点，假如将来我们经费充裕的时候，我们除将政府指定用在设备上的补助费用在设备上以外，还要把我们自己的钱，多多的扩充各种科学上的设备，才得赶上时代的潮流，也才对得住政府的补助呢！"他的性格，大概由上面所引的说话，可以表现出来。

五 同学与母校的关系及今后应负的使命

我们同学，与母校关系至深，一天在厦大念书，便和厦大发生了关系，尤其在本校毕业的同学，一生一世更和厦大脱不了关系。厦大发达，同学在外面也体面，而且容易求得出路。反过来说，同学或毕业生，个个人是母校的招牌或广告。假如同学的学问好，人格好，人家便说厦大办得好。如有一个不好，人家便很容易的误会我们学校办得不好，甚至个个同学都要受到影响。所以照个人的意见，认为我们今后惟一的使命，便是要体谅陈校董和林校长为厦大奋斗牺牲的精神，痛自勉勖！对于体育，学问和人格方面要深深地下了一番苦工夫。个个人心目中应当以实现陈校董及林校长所冀望的救乡救国的责任各自勉奋，才不至于辜负了他们两位老人家一片的苦心啦！完啦。

附　录　二

南行募捐之经过[*]

傅文楷

主席，诸位同事，诸位同学，兄弟被学校委派跟林校长到南洋去募捐，费了两个月的时间分三批的回来，曾郭棠先生是第一次回来的，而且将在南洋募捐的情形向诸位报告过，我们这次去募捐，林校长和兄弟都是第一趟，其中当然是辛苦，募捐的情形，本来是差不多，不过兄弟觉得还有几点要向诸位报告：

第一，到星加坡（即新加坡——编者注）的第二天，我们就去见陈嘉庚校董，问他关于我们这次出来募捐有什么意见，那时候他觉得很失望，这是因为：一来他熟悉南洋的情形，他认为在将届旧历年关的时候，大家一定没有余资来捐助我们；二来南洋受不景气的影响，就能回复，也须待诸他日，因此我们决定去荷属、英属、仰光等处去募捐的计划，于无形中打断，荷属及仰光都决定不去，能去募捐的范围，非常之小，据陈校董云："我们顶多得募到十万元。"但林校长并不因此而灰心，他认为募捐一事，无论如何须努力进行，不管结果多少。到第三天的那天，我们就去造访星地各主要机关，请求他们帮忙，哪晓得星地情形复杂，想各团体替我们帮忙，殊非易事，幸得星地私人力量的帮助，因此我们就在星加坡组织一个厦大募捐委员会，里面委员，皆为星加坡有名望的人，并决定我们的募捐方法：（一）有钱否；（二）愿意否；（三）钱虽多但可否捐来。依着这种计划，经过几天的奔走，幸稍获成功。我记得有一次，我们到家产值得四五百万元的老头子家里去募捐，那个老头子的眼睛，业已失明，

---

[*] 傅文楷继曾郭棠之后返回厦大，就募捐情况向厦大师生作了报告。本文发表于 1935 年《厦大周刊》总第 365/366（合刊）期。

但我们一进去还没有坐下，他就知道我们是为募捐而来，噜噜嗦嗦的讲他的经济情形是如何困难，弄得校长不敢开口而跑！讲到这一点，我们就可以晓得，向人家募捐是如何困难的事情。同时兄弟越发佩服林校长爱护本校的精神，林校长虽然是在星加坡很有名望的人，然拜问者虽多，而肯拿出钱来帮忙我们的却很少。

第二，南洋为外人地方，对中国教育之提倡，是不大高兴来帮忙的，因此我们也想到那边法律的规定，募捐须得华民政务司的允准，当林校长去见他说明来意时，他因为是林校长的后辈，非常客气，结果不但准许我们，并且写了好几封介绍信去晋谒各地方当局，这样一来帮助我们募捐不少，约经一个月之久，总捐到有十多万元。

还有一层，我们到星加坡后，胡文虎先生刚好由仰光归来，林校长与兄弟曾经去见他一次谭话（原文如此——编者注）的结果，胡先生非常的表同情，大家都晓得胡先生是很喜欢兴办医院事业的慈善家，因此林校长乘此机会请求胡先生帮忙厦大创办医科，胡先生因特别原因，现在虽未曾捐助我们，但和我们谭话时是有这样的说过："捐款事我以后请胡载坤通知你们……五六月间我或者来厦大看看……"如此谈话，是可见得胡先生对厦大有好感了。

再进去为麻六甲（即马六甲——编者注），在该地募捐的成绩，虽然是不大好，但也值得向诸位报告，其地多数人民的思想非常陈旧，要叫一般人为教育事业而捐款，实在是一桩很困难的事情，幸得林校长在该地很有声望，故一般素来没有捐过款的人，而这次也很慷慨输将，计募得有二万元（其中有二女人捐款），在该地仅停留二三天而有这样的成绩，也可以说是不错了！

过后至四州府之吉隆坡，在我们初到的两三天内，根本谭不到募捐的事情，开会欢迎，请我们吃西饼倒是有的。到了第四天，我们忽然想了一个好办法，先将募捐簿的前面请几个私人捐款数千元，后来我们去募捐时，果然有人愿捐款五千元。花了二小时，共得到二万元。后至一个很小的地方，在他们开盛大欢迎会下，捐到二万元，以后又至一个比前更小的地方，花车费二元，也捐到数千元，计我们在吉隆坡整整花了半个月的工夫，共募来捐款七万元，此项捐款的募来，都是该地商会热心教育诸君努力帮忙我们的结果，由上午九点至十二点，下午二点至五点，无日不是和我们在一同奔走。关于他们的盛意，我觉得我们是应该表示万二分的感谢。

在吉隆坡募来的数目是很多，其中有的是还不能由我们计算出来的，在怡宝太平捐到五万元，即那小小的槟榔屿也捐到五六万元，在兄弟回厦的前一天，募来捐款计共有三十三万元多，这是兄弟个人觉得很可安慰的。

募捐的情形大概是如此，不过兄弟除报告外，觉得还有如下的感想：

在不景气氛围中的南洋，我们去募捐时，一般华侨还有这样的帮忙，这可见得南洋华侨对我们大学的热诚和希望，但我们要怎样才能使到我们的大学，不会使华侨灰心和失望呢？这当然是脱不得我们同学读书的努力和同事做事的认真，做出多少成绩来给他们看看。此外南洋华侨也有这样的觉得，他们金以为我们的大学已有这样伟大的规模，过去的错误我们且不去管他，此后我们是应该和他们多多的发生关系，我们现在已完成了三种使命：

一、实现我们募捐的计划，得到捐款有三十多万元。

二、我们已打通厦大与南洋的关系，同时也希望他们多多的指教我们。

三、我们大学的经费如要发生问题时，我们或许还可以再去一趟，他们也曾经对我们说过"如时气好，没有受这次经济恐慌的打击，我们对于大学的帮助，是没有问题的"。

我们这次去南洋募捐旅费是很节省的，一切膳宿等费用都可不要我们花钱。经过了这次募捐的辛苦，同时我们就晓得陈校董底不要去荷属等地募捐的主张，是有充分的道理存在，免得我们去空跑，留待下次再去。

现学校经费暂告安定，请诸同事不要顾虑，诸同学也可以安心读书了！

后　记

替每一本由自己或撰或编或译的书写上一个后记，差不多一如芭蕾舞演员最后那个例行的谢幕动作，只可惜自己腿短腰粗身更肥，没有芭蕾舞蹈演员那样曼妙的身姿。因此，谢幕的动作就不宜过长，免得倒了大家的胃口。

鉴于书前的编译者序言已对这本书的前世与今生作了详细的交代，那么，在此就长话短说，仅将与本书有关或曾为本书的出版与面世作出了或大或小贡献的人士列出，以示感谢！他们是：

新加坡南洋孔教会会长郭文龙先生，以及沈裕尼小姐、张静小姐。

新加坡国立大学吴恩慈博士、黄贤强教授、李志贤教授及王昌伟教授。

新加坡南洋理工大学严寿澄教授。

厦门大学曾玲教授、周宁教授、潘懋元教授。

海南师范大学韩长日教授、林强教授以及王明初教授等，一直以宽容和理解的态度支持本人对林文庆的研究，为本人的研究工作提供了尽可能的方便，特此表示谢意！

海南师范大学周全根教授、林敏研究员、张兴吉教授、陈平殿教授以及海南泰阳装饰设计工程有限公司总经理杨来铺先生等挚友，平常偶尔小聚，品茗聊天之余，亦谈及学术，使本人在海南的研究与教书生活尚不至于彻底乏味，在此借花献佛，聊表感谢之意！

滴水之恩不敢相忘于怀。对于多年来本人游学路上一路鼓励、支持与提携本人学习和从事研究工作的众多师长们，亦略提及其名讳，以示感谢：日照日报社夏立君老师，华中师范大学刘远传教授、高新民教授，华东师范大学熊哲宏教授，北京师范大学郑万耕教授、周桂佃教授，中国社会科学院甘绍平研究员，等等。

中国社会科学出版社编审郭沂纹姐姐为本书的出版提供了直接的支持，而责任编辑顾世宝博士亦为本书的出版付出良多，一并感谢！

北京大学彭国翔教授和杜维明教授助手王建宝博士，在协调商请杜维明先生写序的过程中，付出心血颇多，特此致谢！

最后的感谢，理应送给当代大儒哈佛大学、北京大学教授杜维明先生！2012 年 12 月 15—16 日，笔者受邀参加在厦门鼓浪屿笔山路 1—5 号林文庆别墅内，由厦门大学和新加坡南洋理工大学联合召开的"纪念林文庆校长国际学术研讨会"。就在是次会议上，笔者有幸遇到了前来参会的杜维明教授。笔者深知先生一向关注林文庆和对林文庆的研究，曾经多次发表关于林文庆的精辟论述，因此就趁会议间歇，向先生汇报了自己近年来研究林文庆的一些心得，结果得到了先生的肯定和鼓励。于是，笔者趁机向先生提出，希望他能将以前在不同场合谈论林文庆的精辟言论整理成一篇文章，以作为笔者编译整理的这本书和另外一本书《林文庆儒学文选》（中英双语版，即将由 World Scientific 出版）的序言，其目的就是想借助先生的盛名来宣扬和扩大林文庆在学术界的影响，结果先生也很痛快地答应了。更令我感动的是，先生的助手王建宝博士告诉我，说先生已经"好多年没给人写序了，这次为你破了例"。感动之余，我也更加坚信：其实先生的"破例"，不只是为我，更是为林文庆！因为先生的"破例"，已足以显示出先生对林文庆儒学思想的高度重视。因此，我希望借助于先生所作的这个序言，能唤起更多人来关注和研究林文庆，尤其是林文庆颇具特色的儒学思想。先生的"破例"，对我个人而言，自然也是一个强有力的无形鼓励与支持，使我更加坚定了倡议和编纂《林文庆全集》的决心。

读书人的使命本来应该是"为天地立心，为生民立命，为往圣继绝学，为万世开太平"。然而，随着时代的发展，笔者常常自忖，"为天地立心，为生民立命"的责任似乎已被主政者接管了，而"为万世开太平"的理想，对于时下的一介书生来说，恐怕也已很不现实，唯有面对"为往圣继绝学"这一条时，书生们似乎尚能鼓捣出一点儿事情。中华文明之所以能上下延续五千年而不坠，依赖的就是读书人的执着。然而，令人倍感痛心的是，五千年未曾间断过的中国传统文化，如今却正摇摇欲坠、沦落为夕阳下欲断未断的袅袅炊烟。几乎可以说，中国传统文化已经到了最危险的时刻。值此中国传统文化悬系于一丝的存亡之际，笔者在痛心之余，也竭诚希望能有更多的同道于沉沦的黑暗中坚持再坚持，始终坚守住"为往圣继绝学"的最后信念，因为，只要一息希望尚存，将来就总有被唤醒和苏醒的时候……

算起来，自 2009 年夏天开始编纂、整理、翻译起，至今已近四年，其间亦曾遭遇一些波折。然而，眼看着一个个模糊不清的图片变成一个个文字和字母、一个个文字和字母又相继变成了厚厚的书稿，心中不免又时常生出些成就感。如果本书的面世，能激发更多的人加入到研究林文庆的行列中，并因此将林文庆的儒学思想发扬光大，进而助力于中华文明复兴大梦的最终实现，则所有的辛苦，也就值了。

"为往圣继绝学"！愿与持相同理念的同道共勉！

严春宝博士记于海口蜗居中

2013 年 4 月 8 日 0 时